頑張りすぎない生き方
Better than Perfect

失敗を味方にするプログラム

by Elizabeth Lombardo
エリザベス・ロンバード
大野 裕●監訳 柳沢圭子●訳

無条件に愛して支えてくれるジェフリーに。
完璧よりもすばらしいことがどんなによいものか，教えてくれてありがとう。

そして，自分の能力を十分だと思えないことに辟易しているみなさんに。
あなたは間違いなく，完璧よりもすばらしいのです。

BETTER THAN PERFECT by Elizabeth Lombardo
Copyright@2014 Elizabeth Lombardo
First published in the United States by Seal Press, a member of the Perseus Books Group

Japanese translation rights arranged with Seal Press,
a member of the Persueus Books Inc., Massachusetts through Tuttle-Mori Agency, Inc., Tokyo

監訳者 序文

　本書の原題は Better Than Perfect です。直訳すると「完璧よりも良い生き方」とでも言えば良いのでしょうか。完璧主義はうつや不安，依存を引き起こす要因として米国でも重視されています。しかし，私はむしろ，完璧主義の問題は日本人こそ取り組むべき課題だと考えています。

　本書の日本語訳が進行していたちょうどその時期に，大手広告会社の若い女性社員が過重労働で自ら命を絶ったことが大きなニュースになりました。そのニュースを耳にしながら，私は，日本社会の持つ完璧主義が若い命を死に追いやったのではないかという思いを強く持ちました。完璧主義は個人の特性としてだけでなく，このように社会の病理にもつながっているのです。

　だからといって，私は，完璧主義が悪いと言っているのではありません。他の性格特性と同じように，完璧主義も，良い面と良くない面の両面があると，私は考えています。本書でも指摘されていることですが，完璧主義というのは仕事でもプライベートでも，そして人間関係でも大切な特性です。完璧主義でない人には安心して仕事を頼むことができません。完璧主義でない人と付きあっていると，どこかヌケがあるのではないかと心配になってきます。

　逆に言えば，完璧主義は上手に使えばとても優れた特性になるのです。しかし，完璧主義が行きすぎると逆に自分を責めたり追いつめたりする結果にもなります。とくに目標が完璧すぎるときには注意が必要です。私たちは，何事にも失敗しないスーパーマンではありません。あまりに完璧な目標を立ててしまうと，目標を達成することができなくなります。その結果，挫折を体験しますし，目標に到達できないために自分が欠点だらけの人間のように思えてきて，さらに傷つくという悪循環に陥ってしまいます。

　それを社会的なレベルで考えると，先に触れた過重労働や過労自殺にもつながります。職場が達成不可能な目標を立てて，その目標に向かって進んでいこうとすると，どうしても無理な働き方を社員に強要することになるからです。働き方改革のためには組織と個人の完璧主義の心理を理解することが大切で，本書ではその心理について第1部でわかりやすく解説しています。

　例えばそれは，良い結果を出したいという健康な願望と完璧にやり遂げなくてはならないという欲求，恐れにもとづく行動と情熱にもとづく行動，好ましくない行動の背景を理解するための表と裏の法則などで，一つひとつが示唆に富む内容になっています。

　そして第2部では，完璧主義を活かすためのコツを，PERFECT（完璧）という英語の頭文字の順番に具体的に解説していきます。その具体的な方法については，ぜひ本書を読んでいただきたいのですが，私自身は，過去を活かしながら将来を見据えるという視点がとても役に立ちました。

　どうしても働き過ぎを強要してしまう日本社会を理解するためにも，またそうした社会の中で自分らしい生き方ができるようになるためにも，本書は素晴らしい道案内となる内容を豊富に含んでいます。ぜひ多くの方に目を通していただくことを願っています。

2017年1月　大野　裕

はじめに

　私は長い間，完璧主義者でした。
　正直にいうと，完璧主義のおかげで得たものも少なくありません。でも，自分自身と周囲の人たちに，無用な悲しみやストレスや苦しみを与えてきたのも事実です。

　午前7時27分。私はすでに数時間前から起きていて，正午前後のニューヨーク便に乗るために，山ほどの用事と格闘していました。どの靴を持っていくかを考えながら荷物をまとめること。リストラ中の職場で質の高い仕事をする方法について，ジャーナリストに回答すること。食器洗い機から皿を取り出すこと。娘たちの朝食を用意すること。そして，8歳の娘に綴りのテストをすることです。
　私のストレス度は確実に上昇していましたが，何とか抑えようと努めていました。
　綴りのリストから，1つの単語を読み上げます。「UNPLEASANT」〔「不愉快な」の意〕。
　私が見守るなか，娘は紙に書きました。UNPLEASENT。後のほうのEは，本当はAでなければなりません。うーん……。
　娘が間違えたとき，私はまさに不愉快な気分になってきました。私自身が綴りが苦手だったことも原因の1つです（コンピューターのスペルチェック機能は偉大です）。でも，さらに大きな問題は，私が完璧主義者だったことです。この状況下では，私の完璧主義が娘と私を最悪の気分に追いやりかねませんでした。
　「ねえ，学校のテストは今日なのよ」と，私はできるだけやる気を刺激するような口調で言いました。でも本当は，娘がテストでこの単語を間違えるだろうという不安でいっぱいでした。
　いま，こうしてあの出来事について書いていると，たった1文字の間違いにあれほど腹を立てた自分が恥ずかしくなります。でも，残念ながら本当に腹が立ったのです。
　娘たちが受け継がないように，私は完璧主義の傾向を常に隠そうとしてきました。でも，このときはまったく隠せていませんでした。キッチンの空気は明らかに張り詰めていました。
　ここで雰囲気を一変させたのが，娘の一言です。「ママ，私たち，深呼吸したほうがいいと思う」
　世間でよく聞くアドバイスを，子どもが口にしたにすぎません。でも，私にとってはもっとずっと重い意味をもちました。あることに気づく大きなきっかけとなったからです。

　私たちの社会では，完璧主義はある程度，報われます。たとえば，ある人はいつも真夜中まで働いて，プロジェクトを完成させるか，仕事全般の質を高めようとしているかもしれません。ある人はスーパーモデルや俳優並みの体型を目指しているかもしれません。またある人は，わが子をハーヴァード大学に入れるために，「ふつう」以上の献身ぶりを発揮しているかもしれません。ご想像のとおり，多くの一流スポーツ選手や，著名な科学者や，有名人にも，完璧主義の特質が見られます。女子テニスの世界ランキング1位で，5000万ドル以上の賞金を稼いだ唯一の女性

スポーツ選手であるセリーナ・ウィリアムズは,「私は完璧主義者なの。すごく貪欲よ」と言っています。

もちろん,みんながみんな,これほど極端な完璧主義者ではありません。それでも多くの人が,日々の生活に悪影響を及ぼす完璧主義の思考パターンや行動を1つはもっているものです。人間関係から仕事に至るまで,さまざまな側面がその影響を受けます。

以下の傾向に心当たりはないでしょうか？

- 人生を白か黒かで考えます。たとえば,「昇進のチャンスを逃した。俺は出来損ないだ」とか,「クッキーを1枚,食べてしまったから,もうダイエットは失敗だ。いっそ1袋全部,食べてしまえ」などという考え方です。

- 多くの場合,情熱ではなく恐れから行動します。恐れとは,「このプロジェクトはとてもストレスがたまる。失敗したらクビかもしれない」などという気持ちであり,情熱とは,「このプロジェクトを最高の形に仕上げるために,自分の強みを活かしたり,人と協力したりするのが楽しい」などという気持ちです。

- 自覚はありませんが,山ほどのルールを自分(とほかの人)に対して設けています。「自分はもっと成功するべきだ」「もっとスタイルをよくするべきだ」「彼女はもっと電話をよこすべきだ」「私が夕食を作ったのだから,洗いものは彼がするべきだ」などです。

- たとえば昇進を人と競い合ったり,難しい仕事を引き受けたりすることなど,何かを試してもみないうちからあきらめてしまいます。「以前,失敗したのだから,あえてまた挑戦する必要はないだろう」「どうせ実現しないのだから,わざわざやってみる必要はない」と考えるのです。

- 何かを判断するとき,歪んだ考え方をよく用います。「彼女は私が怠け者だと思っている」とか,「彼は私を愛していない」などというように,自分は周囲の人の心を読めると思っています。あるいは,ささいなことを大げさに考えて,自分はお先真っ暗だと予想します。「このスピーチで失敗したら,もう自分のキャリアはおしまいだ！」という具合です。

いずれも,かなり「不愉快」な傾向です。でも,これで終わりではありません。

- おそらく,あなたは強いストレスを感じ,満足感をめったに覚えず,たくさんの否定的な独り言に頭を占領されていることでしょう。いつも,「○○を成し遂げさえすれば,幸せになれる」と考えているはずです。幸せは終着点であり,目標の達成によって得られるものだと思っています。あなたの自信は条件付きで,そのときの自分の「成功」度か,人からの反応をもとに決まります。

- もしかしたら,健康状態が自分の望みどおりではないかもしれません。太りすぎのため減量プログラムに苦しんでいるかもしれませんし,逆にやせすぎのため栄養不足に陥っているか

もしれません。平均体重を保っていても，食べもののことで頭がいっぱいというケースもあります。あるいは，止むことのない頭の中の独り言が，ベッドに入った途端うるさくなって，不眠症に陥っているかもしれません。そのほか，医学的に説明のつかない痛みを抱え，エネルギーや人生の楽しみを奪われている人もいるでしょう。

- 人間関係が，自分の望むほど円満でも，満足できるものでもないかもしれません。自分の楽しみや安らぎやリフレッシュの時間を——ときには家族の要求さえ——後回しにして，他人やほかの用事を優先している人もいるかもしれません。甘く見てはいけません。家族は気づいて，怒りを覚えるはずです。

- 仕事に膨大な時間をつぎ込みながらも，成果に十分満足することがほとんどありません。あるいは，完璧には仕上げられそうにないと恐れて，プロジェクトの開始や完了を先延ばしにする場合もあるでしょう。決定を下すのにも苦労し，これでよかったのだろうかと何度も自問するかもしれません。「いつだって時間が足りない」と感じたり，どうせ自分は人の——あるいは自分自身の——期待には応えられないと感じたりします。

このような問題を1つでも抱えていますか？ きっと抱えているに違いありません。だから私はこの本を書いたのです。おそらくあなたは，未来をコントロールしたいという衝動を絶えず感じるか，どれだけ努力しても，なれるはずの自分，またはなるべき自分には決してなれないという不満を抱いて，疲れて——いえ，疲れきって——いるだろうと思いました。私にはその気持ちがわかります。私もそうだったからです。

「僕は完璧主義者なんだ。自分では抑えられないんだけど，少しでも失敗すると猛烈に自分に腹が立つ」

——ジャスティン・ティンバーレイク　ミュージシャン

どこが問題なのか？

完璧主義者からすると，自分のどこが悪いのかがわからない場合が多く，「もちろん，最高を目指したい。なぜ，並みのレベルに甘んじなければならないのか？」と考えて，自分の基準を正当化することがよくあります。

それどころか，完璧主義を捨てましょうと聞くと凍りつく人も少なくありません。完璧主義が自分の生き方となり，ときには成功法にもなっているからです。また，このような人たちは，完璧主義の思考パターンをやめることを失敗とさえ見なしかねません。手放すことへの恐れは私にも理解できます。私自身がこの恐れと闘ってきたからです。

でも，完璧主義の目的は自分に満足感を覚えることなのに，実際には逆効果になっています。なぜでしょう？ それは頭の中に恐ろしい批判者がいて，絶えず「おまえは力不足だ」と（また

はもっと悪しざまに）批判しているからです。

　私には完璧主義者のクライエントが大勢います。ほとんどの人は，「自分の完璧主義をどうにかしてほしい」と相談してきたわけではありません。たいていは，完璧主義がもたらす影響——多くは深刻な影響——への手助けを求めにくるのです。それは，抑うつ，ストレス，不眠，険悪な人間関係，健康問題，仕事上の問題などです。

「完璧主義は勲章になります。あなたは苦しむヒーローの役割を演じるのです」
　　　　　　　　　　　——デイヴィッド・D・バーンズ　精神科医

　この本の目的は，あなたの行動を病気扱いすることでも，自分を変えろと説くことでもありません。自分らしさを捨てろとか，別人になれなどとも言いません。以下のようなありふれたアドバイスもしないことを約束します。
- 「自分にあまり厳しくするのはやめましょう」
- 「細かい事柄は重要ではありません」
- 「完璧にやる必要はありません」
- 「心配するのはやめましょう」

　このような忠告は理にかなっているかもしれませんが，大半の完璧主義者は信用しません。この忠告を実践する方法も知りませんし，実践したいとも思っていません。少なくとも，私はそうでした。

完璧よりもすばらしい人生を送りましょう

　あなたにお尋ねしたいことがあります。
- 満足感がもっと強まり，ストレスが減ったら，あなたの人生はどのようなものになるでしょうか？
- いまより少ない時間とエネルギーで，より多くの成果が出せたらどうでしょう？
- 自分で生み出した不安やプレッシャーのかわりに心の安らぎを得られたら，どのように感じるでしょう？
- もっと幸せになったら，家族，友達，同僚などとの接し方はどう変わるでしょうか？

　私はあなたに本当に幸せになってほしいのです。「楽しそうに見えるから，きっと幸せなのだろう」というレベルを目指すのではありません。心の中で真の喜びと安らぎを感じてほしいのです。あなたが目的と情熱のある人生を歩みはじめることを望んでいます。
　この目的のために，BTP（Better Than Perfect ——完璧よりもすばらしい）プログラムを作成しました。目指すのは必ずしも「完璧主義を弱めること」ではなく，むしろ，もっとバランスのとれた，広範囲にわたる満足感と成功を手に入れることです。あなたの完璧主義ではなく，あなた自身をよい状態に導きます。

完璧主義の傾向が弱い人も，極端な人も，このプログラムからメリットを得られます。いまこそあなたの前進を阻んでいる頭の中の批判者を打ちのめしましょう。BTPの基本方針は，より幸せで，健康で，充実し，成功した人生を送るのに役立ちます。私だけでなく何百人ものクライエントの人生に，大小さまざまな奇跡を起こしてきました。あなたにも効果があるはずです。
　結果として何が得られるでしょうか？　それは，あなたにとって最高の人生です。
　実例を示しましょう。BTPの方略を用いる前，私が考える「満足する」ということは甘んじることでした。完璧以下の人生に甘んじるのです。でもいまは，満足とは人生が与えてくれる贈りもの——人や経験——に心を満たされて，喜びを感じている至福の状態だと実感しています。
　このプログラムを実行したおかげで，私のストレス度は劇的に下がり，幸福度は大幅に上昇しました。要するに，心配することが減り，笑うことが増えたのです。
　以前より肩の力が抜け，子どもや夫や友達と一緒にいることを楽しめるようになりました。常に仕事をしていなければならないというプレッシャーは，もう感じません（以前は携帯電話をひっきりなしに確認していました）。それに，あと何をしなければならないかを心配することもなくなりました。夫との距離はぐんと縮まり，娘たちは私と一緒にいるのがずっと楽しくなったと言ってくれました（もちろん，娘たちがティーンエイジャーになれば気持ちも変わるでしょうから，それまでせいぜいこの関係を楽しむつもりです）。うれしいおまけは，私が子どもにこう振る舞ってほしい，こうなってほしいという見本を示せていることです。ストレスのたまった，何に対しても満足できない親ではなくなったのです。
　睡眠の質も格段に高まりました。朝，目が覚めると，1日が始まることにわくわくして，何にでも立ち向かう気力があふれています。
　BTPの基本方針に従ったことで，さらなる成功を収めることもできました。ここでいう「成功」とは，私がかつて考えていた成功の定義——「重要なことを成し遂げること」——をはるかに超えるものです。それは，現在の状況に感謝すると共に，人間関係，健康，幸せにも重きを置くということです。以前と違って，仕事の質を高めることを最優先するのではありません。また，かつては恐れが仕事の原動力になっていましたが，いまは情熱をもって事業を成長させることのほうをはるかに重視しています。これは私にとって本当に大きな変化で，目覚ましい成果をもたらしています。
　「昔の」自分にとって驚きなのは，完璧よりもすばらしい人生を送ることで，より大きな仕事を成し遂げられるようになったことです。たとえば，以前は人前でしゃべることに強い不安と恐怖を感じていました。失敗するのが怖かったからです。でも，いまでは『トゥデイ』などのテレビ番組で，しくじるのではないかというストレスも感じずに，数百万人の前でしゃべることも珍しくありません。これは劇的な変化ではないでしょうか？
　私の完璧主義が，人間関係，仕事，健康，そして生活全体にどのような恩恵と災難をもたらしたかを，これから随所でお話ししていきます。そのほか，さまざまな人の経験談も紹介します。細かい部分はあなたと違うように見えるかもしれませんが，共通点もたくさん見つかるはずです。

驚くほどの違いが生まれます！

　完璧よりもすばらしい人生を送るためのさまざまな方略を用いれば，以下のような効果が期待できます。

- ✓ 心配が減る
- ✓ ストレスが減る
- ✓ もっと幸せになる
- ✓ 自信が高まり，その自信は結果に左右されない
- ✓ もっと健康な身体になる
- ✓ 睡眠の質がよくなる
- ✓ 人間関係がもっと円満で満足できるものになる
- ✓ より少ない労力で高い生産性を発揮できる
- ✓ もっと経済的に豊かになる
- ✓ 恐れではなく情熱に基づいた人生を送れる
- ✓ 強い満足感を覚えられる
- ✓ 人生をもっとコントロールできる

　生活のほぼすべての部分が，以前よりうまくいくようになったと感じられるはずです。これは空約束ではありません。私のほか多くのクライアントの人生に，このような現象が起きました。
　実は，あなたがすでに収めている成功は，完璧主義の思考パターンがなくても手にできるのです。成功を収めながら人生を楽しむことは可能です。といっても，すべてを変える必要はありません。完璧主義の中でも，プラスに働いている部分はあるでしょう。いくつか例を挙げてみます。

- ✓ よい変化を起こす情熱
- ✓ 自分自身に真の満足感を覚えたいという気持ち
- ✓ 状況を改善する決意
- ✓ ほかの人によい影響を及ぼしたいという熱意
- ✓ 自分や人の人生，そして世界までもよくしたいという思い

　このような長所を保ちながら，プラスに働いていない部分を手放す覚悟はあるでしょうか？たとえば，自分を厳しく責めたり，際限なく仕事をしつづけたり，すべきことを先延ばしにしたり，失敗に対する強い恐れに突き動かされたりする部分です。
　その覚悟があるなら，この本は役に立つでしょう。ぜひ，この本を自分のものにしてください。あなたには効果がない方法には反論し，読み返したい箇所には付箋を貼ってください。意見や感想も書き込んでください。各章にある質問に答えて，人生を変えるプロセスを開始しましょう。この本を徹底的に活用することをお勧めします。自分の考えを頭から取り出して紙に書けば，完璧主義の思考パターンがいかに人生に影響を及ぼしているか，そしてどうすれば有益な変化を起こせるかが，さらにはっきりするでしょう。
　人生によい変化を起こしはじめる覚悟ができたなら，私がお手伝いします。さあ，始めましょう！

目　次

監訳者 序文 …………………………………………………………………… 3

はじめに ……………………………………………………………………… 5
　どこが問題なのか？ ……………………………………………………… 7
　完璧よりもすばらしい人生を送りましょう …………………………… 8
　驚くほどの違いが生まれます！ ………………………………………… 9

第1部　あなたは完璧になろうとしていますか？

第1章　完璧主義とは何なのでしょう？ ……………………………… 17
　生活に及ぼす影響 ………………………………………………………… 19
　完璧主義ではないもの …………………………………………………… 21
　全面的か部分的か ………………………………………………………… 23
　この本の内容 ……………………………………………………………… 24

第2章　あなたは完璧主義者ですか？ ………………………………… 27

第3章　完璧主義のメリットとデメリット …………………………… 31
　全体像を見ましょう ……………………………………………………… 32
　A欄：完璧主義の利点 …………………………………………………… 34
　B欄：完璧主義の欠点 …………………………………………………… 36
　C欄：変化の利点 ………………………………………………………… 38
　D欄：変化の欠点 ………………………………………………………… 41
　完璧主義の利点をとらえ直す …………………………………………… 44
　変化の欠点をとらえ直す ………………………………………………… 46

第4章　恐れか情熱か …………………………………………………… 49
　ディストレス（苦痛）とユーストレス ………………………………… 51
　不安の発生源は？ ………………………………………………………… 55
　考えの威力 ………………………………………………………………… 57
　ストレスを管理する ……………………………………………………… 60
　ストレスの事前管理 ……………………………………………………… 60
　ストレスの事後管理 ……………………………………………………… 61
　すべてはよい動機から …………………………………………………… 63
　表と裏の法則 ……………………………………………………………… 63
　それはあなたではありません …………………………………………… 65
　恐れまたはストレスを利用しましょう ………………………………… 66

第2部　頭の中の批判者を打ちのめし，最高の人生を創造するための7つの方略

第5章　P：自分の過去を検視する 71
　「成功欲求」の芽生え 73
　モデリング 74
　報酬 76
　罰の回避 78

第6章　E：自分の期待を評価する 89
　……ならば，……だ 90
　あなただけの問題ではありません 92
　権利意識 94
　誰のルールブック？ 96
　「べき」の威力 97
　ほかの人に対するルール 99
　自分自身に対するルール 101
　精神的なダメージ 101
　ほかの人の反応の自己関連付け 103

第7章　R：新しい道を踏み固める 113
　野原思考 114
　新たな道を作る 115
　ゾウ対アリ 116
　心理的なガラスの天井 118
　過去と未来の道 119

第8章　F：失敗を未来につなげる 131
　失敗はすべて悪いもの？ 134
　失敗に対する恐れの現れ方 137
　リスク忌避 138
　過剰なエネルギー 141
　決断力の欠如 143
　悪い出来事が起きたとき 145

第9章　E：極端を排除する 159
　極端な考え方の2つの層 160
　失敗の人格化 161
　私はあなたの心が読めるのよ 163
　それほどでもないよ 163
　レッテル貼り 165

私の価値はどれくらい？	167
完璧主義の中の両極端	168
極端な言葉	169
あきらめたほうがまし	171

第10章　C：比較をやめて，創造する　　181

自分対ほかの人たち	182
完璧主義のウォーキングマシン	184
感謝の念を覚える	186
あなたはどう思いますか？	187
歪んだ競争欲	188
競争相手はあなたではなく，私	189
趣味だって？　くだらない！	191
交友を維持する	192

第11章　T：超越する　　201

生活を自分以外のものにまで広げる	202
障害物を克服する	205
感情面の制限を設ける	210
前進を阻ませないコツ	212
行動の手順	214

おわりに　　223

あなたの進捗状況は？	224
ここからどこに行きますか？	226
完璧よりもすばらしい実例	228

謝　辞　　231

第 1 部

あなたは完璧になろうとしていますか？

第1章

完璧主義とは何なのでしょう？

完璧主義の本を書いていることを人に話すと，たいてい以下のいずれかの答えが返ってきます。

- 「それ，私に必要な本です！」
- 「私の妻（または上司，姉，父）に必要な本だ！」
- 「私は完璧主義者じゃありません」

　最初のグループは，予想どおり人数は少ないものの，自分で自分を選んだ正直な人たちです。それに比べると，二番目のグループは人数がはるかに多く，誰もが自分以外の完璧主義者を知っているかのようです。でも，三番目のグループの多さは，ほかとは比較になりません。どうやら，自分を完璧主義者だと考えたがる人はあまりいないようです。それでも，私が完璧主義の意味を説明すると，状況は一変します。最後のグループの人も必ず，「ちょっと待って，それ私のことですね！」と言うのです。

　あなたの最初の反応がどうであれ，この本を読めば得るところがあるでしょう。完璧主義者ではないと思っている人にも，完璧主義と関係する行動や傾向が少しはあるはずだからです。そして，その行動や傾向は，おそらく生産性ばかりか，生活の質——健康，自己意識，大切な人間関係——まで損なっているでしょう。

　元完璧主義者として言わせてもらいますが，「完璧主義」は完璧という意味ではありません。まったく違います。完璧主義の定義は，「非現実的なほど高い基準を設定し，その基準を満たせるかどうかによって個人の価値を測る傾向」です。でも実際には，少なくとも私の定義では，完璧主義はもっと深いものです。これから，完璧主義者がよく示す特徴をもう少し詳しく見ていきましょう。あなたに当てはまる特徴があるかどうか，考えてみてください。

　完璧主義者は，常に一貫して達成することができないような，きわめて**高い基準**をもっていて，それを満たせないと強い苦痛を感じます。多くの場合，この極端な心的傾向は，ほかの人への非現実的な期待に姿を変えます。

　完璧主義者は，「このテストで全問正解しなければ，自分は出来損ないだ」などと，人生の多くの側面に全か無かの考え方を用います。自分の仕事ぶりや，ほかの人や，さまざまな経験を，「完全無欠」か「まるでダメ」の両極端でとらえます。あいにく，この**全か無か**の世界観を用いると，自分が成功したとはめったに思えず，失敗ばかり目につくようになります。

　最大の皮肉は，完璧主義者という名称とは裏腹に，完璧主義者が自らを少しも完璧だと考えていないことです。それどころか，許容できる成功度が「完璧」だけなので——でも，現実には「完璧」な人間などいないので——完璧主義者は心の底で自分を**出来損ない**だと思いがちです。そこで，そう感じないためにはどうすればよいかに意識を向けるのです。

完璧主義の中核には，**条件付きの自己価値**感があります。完璧主義者は自分の価値を，特定の，たいていは達成不可能な目標を達成できたかどうかで測ります。自分には，最近，成し遂げた事柄と同じ価値しかないと考えるのです。

　完璧主義者は，際限のない向上心から**自分を厳しく責めます**。もし完璧主義者の頭にマイクを差し込めるとしたら，「もっと努力すべきだった」とか「俺は惨めな負け犬だ」などという，頭の中の批評者の声が聞こえるでしょう。完璧主義者がこのように自分を批判するのは，向上したいという欲求を感じるからです。つまり，もっと成功し，もっと豊かになり，もっと「完璧」になりたいのです。でも皮肉なことに，このような否定的な独り言は逆効果をもたらすことが少なくありません。ストレスを増やし，成功を遠ざけてしまうのです。

　また，完璧主義者は**人からのほめ言葉にすがる**傾向もあり，人の反応に基づいて自分の価値を決めることがよくあります。ほめられると居心地悪く感じたり，自分の功績について謙遜したりしたとしても，多くの完璧主義者は，自分が成し遂げたことに人がいかに感心したかを聞きたくてたまりません。ほめられるために，自分の都合や用事を後回しにする場合さえあります。たとえば，上司のために徹夜で仕事に取り組んだり，PTAに手伝いを頼まれて，楽しみにしていた同じ晩の「女子会」を欠席したりするのです。

　ほめ言葉で成功を判断する傾向は，完璧主義の別の特質とも関わりがあります。それは，**否定的な評価**を重視すること，そしてそれを恐れることです。この特質があると，真の幸せと心の平安が得られません。表面的には幸せそうに見えても，その「完璧」な見せかけの下では欲求不満と不安が渦巻いていて，過去の否定的な出来事を何度も（しつこく）思い浮かべ，自分がしなかったことや，するべきではなかったことを考えています。

　さらに完璧主義者は，楽しい可能性より，**恐れを原動力として**います。特に，失敗することと人から悪く思われることへの恐れを原動力にします。失敗しない方法に意識を集中しがちで，その結果，「どこがきちんとできているか？」「何をしていたいか？」ではなく，「どこが間違っているか？」「何をしているべきか？」といった自己批判に専念することになります。

　また，循環論法のようですが，完璧主義者は**完璧主義への欲求**をもっています。そのため，完璧主義を手放すことに恐怖を感じます。よい結果を収めたい，優れたものを生み出したい，一番になりたいという思いがあり，それを成し遂げる方法は完璧主義しかないと考えます。確かに，猛烈な働き方や，固い決意，忍耐，厳しさ，勤勉さ，努力などはプラスに働く場合もあります。でも，過剰な心配や，ストレス，非現実的な基準，絶え間のないプレッシャーといったものは，長期的にはかえって能率を下げ，成功の妨げとなります。要するに，**完璧主義は自分にダメージを与える**場合もあるのです。

　失敗への恐れは，**決断力の欠如**につながります。完璧主義者はなかなか決定を下せないときがあります。「誤った」選択をするのが怖いからです。全か無かの考え方により，「正しい」答えは1つだけで，ほかはすべて「間違い」だと信じてしまいます。間違ったことを言いたくないあまり——間違った発言は，自分自身が間違っているか，劣っているか，能力不足である証拠だと思っています——決定的なことを一言も発しない場合も少なくありません。人から自分の決定をお粗末だとか愚かだなどと思われることを恐れます。

　こういった特質から生まれる大きな逆説的現象があります。人並み以上の成果を出す完璧主義者が大勢いる一方で，逆に，**成果を出せない完璧主義者**もときどきいるのです。「自分はこれを完璧にはこなせない。だったら，わざわざやってみる価値はない」という態度から，特定の課題

に取り組むのを避ける人もいます。これは，仕事の先延ばしや回避に似ています。そのほか，やはり同じ態度から，難度の高い仕事で「失敗する」のを恐れ，潜在能力よりはるかに低いレベルの職に留まっている人もいます。さらに，たとえば減量の効果が長続きしない人の投げやりな態度も同じ部類に入ります。「やせてもどうせ維持できないのなら，わざわざ運動する必要はないだろう」と思ったことのある人は多いでしょう。

「完璧主義は最高の結果を目指すことではありません。自分の中の最悪の部分を追求することです。自分は何をやっても不十分だ，もう1度やり直すべきだと命じる部分を追求するのです」
——ジュリア・キャメロン 『今からでも間に合う大人のための才能開花術』の著者

生活に及ぼす影響

　完璧主義は，考え方，感じ方，行動のしかたに影響を及ぼす，支配的な心的傾向です。心理学の研究では，完璧主義の亜型を分類するために，さまざまな区別が行われてきました。ただ，私が臨床の仕事と私生活の両方で気づいたのは，実世界での完璧主義がどのように現れるか，そしてそれが人生にどのような代償をもたらすかを考察するほうが有意義だということです。

　完璧主義は**精神的健康**に影響を及ぼします。完璧主義者はとても意欲的で行動的な傾向があります。外からは，幸せで楽観的で陽気な人間に見えることも少なくありません。でも，その奥では，とてつもない精神的ストレスを感じている場合が多いものです。ストレスからは抑うつ，不安，怒り，恥の意識，無力感のほか，まれに自殺行動さえ起きることがあります。

　身体的健康にも心配な影響が見られます。運動や適切な食事に熱心に取り組む人がいる一方で，健康的なはずの習慣を突き詰めて，かえって不健康になってしまう人がいるのです。何を食べるかを頻りに気にする程度の場合もありますが，完全な摂食障害に至ってしまう場合もあります。「わざわざやってみる価値はない」という投げやりな態度が肥満を招くこともありますし，皮肉にも，健康状態が完璧ではないという理由で病院になかなか行かない人もいます。完璧主義が，必要な手助けを得るのを邪魔するのです。

　完璧主義に伴うストレスが強まると，ストレス関連の問題が起きることもあります。睡眠の問題や，ストレスホルモンの増加，頭痛，その他の慢性痛などです。そのほか，完璧主義の人は物質乱用のリスクも高くなります（すべてを手に入れたように見えた映画スターが薬物の過量摂取で死亡したという記事を読んだら，このことを思い出してください）。

　人間関係についていうと，完璧主義者は精力的に行動する傾向があります。特に，困っている友達を助けるとか，祝日に家族の食事会を催すなど，目立つことをします。とても献身的な場合も多く，ときには自分の健康や楽しみより，ほかの人の都合を優先させるほどです。このように何かを成し遂げようとする傾向は，得てして人間関係をぎくしゃくさせかねません。自分の娘のサッカーの試合に行きそびれたり，家族の集まりに何度も遅刻したりするのです。家族は，その完璧主義者の時間とエネルギーがほかの誰かに奪われ，割を食ったように感じることがよくあり

ます。

　パートナーとの関係では，完璧主義が親密さを妨げることがあります。たとえば，自分の身体が「完璧」ではないことを理由に，相手と寝ることにしり込みする女性もいるかもしれません。あるいは，「この人，洗いものも終わっていないのに，そんなことをしたがるなんて！」という考えにとらわれる女性もいるかもしれません。言うまでもありませんが，完璧主義の考え方をもつ人とは心理的に親密になりにくいものです。そして，それが孤独をもたらす場合もあります。多くの人が，自分の「完璧ではない」部分を見られることを恐れ，人生にほかの人を立ち入らせたがらないのです。

　完璧主義者は自分に対する高い基準をほかの人にも投影しがちです。たとえば，自分を驚かせるために家じゅうに掃除機をかけてくれた夫に，洗濯をしてくれなかったと文句を言う妻がそうです。結婚式に凝りすぎる花嫁も，完璧主義である場合が少なくありません。でも，式の隅々にまで強硬に完璧を求めると，友達や家族はうんざりするかもしれません。

　このほかに**親の完璧主義**というものもあります。たとえば，「間違った」やり方を恐れて，夫も含め誰にも赤ん坊の世話をさせない新米ママもいるでしょう。あるいは，スポーツが得意になるようわが子に重圧をかけ，子どもらしい時間や楽しい時間さえ奪ってしまう父親もいます。子どもは完璧主義の親の否定的な目で監視され，常に批判を受けているように感じ，恥の意識を覚えるでしょう。自分は決して親の期待に応えられない，まったく力が足りないと思ってしまうかもしれません。

　仕事における完璧主義もよく見受けられます。ここでいう仕事には，従来の意味での仕事も，勉強も，家事の切り盛りも含めます。完璧主義者は仕事熱心で，午前2時にメールの返信をし，しかも朝は誰よりも早く出勤します。あるいは仕事を抱えすぎてパンク状態になりながらも，人に責任を委ねようとしない（委ねられない）「支配欲の強い部長」もいます。たとえ仕事の一部を割り振った場合でも，部下全員を細かく管理し，一挙一動に目を光らせます。

　仕事をなかなか完成させられない完璧主義者も大勢います。起業家や小規模企業のオーナーのコーチングをすると，よくそのような例に出会います。自分の作品が完璧ではないことを恐れ，制作したウェブサイトの公開や，書いた文章の発表，仕事のプレゼンテーションをためらうのです。そのために，完璧主義者は融通が利かない傾向があります。企業のリーダーや管理職の大半はこの傾向を歓迎しません。状況に応じて積極的に調整を行ったり例外を作ったりできる，柔軟な社員のほうが好まれます。

　もう1つ，仕事を完成させられない原因としては，精神機能の低下も挙げられます。型にはまった考え方しかできなくなったり，作家がスランプに陥って書けなくなったりする場合がそうです。常に完璧を目指すストレスが，このような事態を招きます。それどころか，仕事の見直しを過剰に行っていると，そのストレスで，仕事を完成させるより投げ出す確率のほうが高まります。

　自宅や職場に**整然とした環境**を求める完璧主義者もいます。多くの人は細部にこだわり，非常に几帳面です（がらくた用の引き出しでさえ，きちんと仕切って，それぞれのスペースにラベルを貼っていたりします）。それどころか，何かの位置が変わっていようものなら，われを忘れて逆上することもあります。

　完璧主義は**経済状態**にも影響を与えます。完璧主義者は，大富豪（企業のCEO，映画スター，プロスポーツ選手）の中にも大勢いますし，『フォーブス』誌の長者番付に載るほどではない高額所得者の中にも少なくありません。私は資産家の完璧主義者を多く見てきました。よく遭遇し

たのは，莫大な財産があるのに，それでは足りないと思っている人です。でも，完璧主義はお金持ちだけのものではありません。完璧主義による仕事の先延ばしや，意欲のなさ，投げやりな態度が，生活苦を招く場合もあるのです。

完璧主義者は**楽しみより生産性を重んじる**傾向があるため，「もう何年も休暇をとっていない」と言うことも珍しくありません。いざ休みをとると，それがたとえ数時間であっても，自分がしている「べき」あらゆることを考えて，ストレスを感じがちです。

人生の目的が失敗しないことに集中しているので，完璧主義者は**霊的な意義**という大切なものをよく見逃してしまいます。細部の「正しさ」にこだわるあまり，自分に本当に大切なのは何かという本質を忘れるのです。そのため，多くの完璧主義者はすべてを手にしているように見えながら，心の中では何かが決定的に足りないと感じていることが少なくありません。このような人は多くの場合，「人生ってこんなものなのか？」という思いを強く感じています。

完璧主義ではないもの

ここで，完璧主義と混同されがちなものをはっきり区別しておきましょう。

完璧主義は優秀さではありません。 完璧という目標をもつこと自体は問題ではありません。多くの場合，最高の成果を狙うのはもっともなことです。完璧主義者はよい結果を出すために努力しますが，それはとても好ましい特質といえます。問題は，100点満点の結果を出せなかったときの態度です。

完璧主義者は「完璧ではない」結果を人格化し，自己価値と同一視しがちです。「自分は力不足だ」と考えるのです。たとえば，調査結果によると，銀メダリストはその種目で全世界の2位になったにもかかわらず，幸福度は10段階評価——1が「とてつもない苦痛」で10が「天にも昇る気持ち」——で4.8前後にすぎませんでした。

毎回毎回100％の成功を収めなければ，出来損ないだというわけではありません。それはただ人間らしいというだけです。よい結果を出したいという健全な願望と，完璧にしたいという，ストレスのたまる厳しい欲求を区別することが大事です。以下のシナリオは，私の言いたいことを端的に示しています。

「初めまして」。私は手を差し出しながら，新しいクライエントに話しかけました。「ドクター・エリザベス・ロンバードです。どうぞエリザベスと呼んでください」

クライエントに自己紹介するとき，私は専門教育を受けていることがわかるように肩書きを使います。そして，気さくな人間であることがわかるように，エリザベスと呼ぶように求めます。

相手からは，「ドクター・スターナーです」という無愛想な返事が返ってきました。

ウィリアム・スターナー医師は，慢性痛に関わる問題を解決するため，主治医から紹介されてきました。でも，私と一切関わりをもちたくないと思っていることは，初対面の瞬間から明らかでした。

オフィスの椅子に腰を下ろすと，ウィリアムは口を開きました。「実をいうと，私はあまり心理学を信じていないんです」。「心理学」と言うとき，ウィリアムはまるでそれが真の科学ではないとでもいうように，両手で引用符を作りました。

慢性痛の問題について話していくうちに、ウィリアムが完璧主義で苦しんでいることが明らかになりました。最近、妻が学校に戻って勉強すると決めたために、家庭でストレスを感じるようになったとウィリアムは語りました。「妻は以前のようには家事をしなくなりました。先週の水曜日なんて、自分が買いものをしてくると言っておいて、してこなかったんですよ」

私が完璧主義という概念を持ち出すと、次のように言いました。「もちろん、すべてが完璧でなきゃいけませんよ！ 私は脳外科医です。人の脳の手術をしているとき、いい加減な仕事はできませんからね」

そのとおりです。

「でも、生きるか死ぬかという手術室の状況と、それ以外の場所でどんなミスも命取りであるかのように振る舞うことは違うでしょう」

私は続けました。「脳手術は別として、仮に、いい結果を出そうと努めても無理だったとき、そのことで自分や人を責めなかったら、人生はどんなものになるでしょうね？ 批判はやめて、どこがいけなかったかを見きわめて、それを正す手段を講じたらどうなりますか？」

ウィリアムは、何をほざいているのかという表情で私をにらみつけました。

ただ、少なくとも4回は私のところに通うと主治医に約束していたので、ストレスを引き起こす考え方（完璧主義も含む）に取り組むことに同意しました。

4回目のセッションのとき、ウィリアムは笑顔でオフィスに入ってきました。握手をしながら、私が「こんにちは、スターナー先生」と言うと、「ウィリアムでいいですよ」と答えました。

腰を下ろした途端、ウィリアムは前日の出来事を生き生きと語りはじめました。妻がウィリアムを椅子に掛けさせ、あなたの変わりようをとてもうれしく思っていると言ったそうです。BTPの方略——この本で紹介するもの——を用いれば、よい結果を出そうと努めながら、あまりストレスをためないこと、あるいは周囲の人にストレスを与えないことができるとウィリアムは悟ったのです。そのうえ、身体の痛みが大幅に和らいだことにも気づきました。

「どうやら、この『心理学』とやらにはすごい力があるようですね」。ウィリアムは微笑みました。

完璧主義はナルシシズムではありません。「ナルシシズム」という言葉は、最近、乱用されている感がありますが、その特徴は、うぬぼれが強く、自分のことばかり考え、周囲の人からの称賛を求めることです。

ナルシシストは自己中心的で、自分自身や、自分の好み、自分の都合しか考えていません。きっとあなたにもこのような知り合いがいるでしょう。ひっきりなしに自分の話をし、あなたの人生の話は聞く暇がないという「友達」がそうです。また、列に並んでいた数十人（あるいはそれ以上の人）に気づかない振りをし、横入りをして飛行機に乗り込んだりコンサート会場に入ったりする人もそうです。そのほか、夜通し大音量で音楽をかける一方で、あなたの来客が自分の家の前に車をとめると警察に通報する隣人もそうです。

「僕は優れていることと完璧であることを混同しないように気をつけている。優れた結果は僕にも出せるけど、完璧は神のわざだ」
　　　　　　　　　　　　　　　——マイケル・J・フォックス　俳優

完璧主義者は仕事を成し遂げることに全神経を集中させるあまり，外からはナルシシストのように見えることがあります。失敗への恐れと，勝ちたいという思いが競争心をかき立て，人には自分のことしか考えていないように映る場合があるのです。「正しい」やり方は1つ——自分のやり方——だけだという信念は，自己中心的な印象を与えることが少なくありません。

実際には，完璧主義者は（たいてい）ナルシシストではありません。ナルシシズムの主な要素は共感の欠如ですが，完璧主義者は共感を欠いてはいません。また，ナルシシストと違って，自分を特別だと考えたり，感情的で芝居がかった振る舞いを見せたりもしません。

完璧主義は強迫症ではありません。完璧主義を説明するとき，「強迫症」という言葉が使われるのをよく耳にします。でも，この2つはまったく別のものです。

強迫症は，強迫観念（止められないように見える恐ろしい考え）と強迫行為（強迫観念を弱めるための反復行動）を特徴とする，不安症の一種です。たとえば，ばい菌によって病気になることを恐れる（強迫観念）人が，繰り返し手を洗う（強迫行為）場合がそうです。また，災いが起きるという迷信的な恐れ（強迫観念）から，100まで数を数えたり，周囲のものを整然と並べたりせずにいられない（強迫行為）場合もそうです。

強迫症はその人を衰弱させることもあります。精神的健康だけでなく，仕事，身体的健康，人間関係における生活の質に大きな影響を及ぼすのです。以前，バスルーム全体（浴槽，トイレ，洗面台，床）を毎晩殺菌するというクライエントがいました。1回につき2時間以上もかかったそうです。

完璧主義者も失敗への恐れという意味では不安を抱いていますし，その恐れに対処するため何らかの方法をとる場合もあります。でも，強迫症を抱える完璧主義者もいるとはいえ，この2つは別個の問題です。

完璧主義は霊的な完璧主義ではありません。この本で話題にする完璧主義——「自分をまあまあの人間だと感じるためには，ものごとを『完璧』にしなければならない」という考え——と，私のいう霊的な完璧主義は，まったく違います。

霊的な完璧主義には，存在するものすべてが完璧だという前提があります。この場合の「完璧」とは，より高等で霊的なレベルでの，現実の受容です。「起きることすべてに理由がある」とか「あなたは完璧な創造物である」とか「神の完璧さ」などの観念が，霊的な完璧主義に属します。

霊的な信念をもつことは，完璧よりもすばらしい人生の大切な要素です。自分はすでに真の意味で明らかに完璧だという説を信じようと信じまいと，霊的な完璧主義と，この本で話題にする完璧主義との違いは理解しておいてください。

全面的か部分的か

完璧主義の特質を，生活のすべて（または大半）の面で広く示す人もいます。
一方，以下のような特定の領域のみで示す人もいます。

- 仕事
- 学業

- 「自由」時間
- 掃除／整理整頓
- 人間関係
- 容姿
- 体重
- 食事
- 体力づくり
- その他の健康問題
- スポーツ
- 金銭管理
- 世界観

あなたの完璧主義は生活のどのような面に現れますか？

この本の内容

　完璧主義には生物学的な基盤があるという証拠もあるにはありますが，完璧主義的なものの見方や，人との接し方は，頭の中で行われる内的な対話によって助長されます。そのため，完璧主義は心理学的な手法で変えられるということが研究でわかっています。実は，この本で紹介する方略は認知行動療法の原則に基づいているのです。これから，完璧主義のパターンを生み出す思考と行動を見ていきますが，この本をさらに役立てていただけるように，どうすればそれを変えられるかも説明していきます。

「自然界では，何ものも完璧ではなく，何もかもが完璧である。木はねじ曲がり，奇妙な形にたわむことがあるが，それでもやはり美しい」
　　　　　　　　　　　　　　　　　——アリス・ウォーカー　作家

　次の章の「あなたは完璧主義者ですか？」には，完璧主義が自分の人生にどれだけ影響を与えているかを測る評価シートがあります。楽しみながらいまの自分の状態を知ることができますし，ほかの人と見せ合うこともできます。
　第3章では，「完璧主義のメリットとデメリット」に注目します。完璧主義のどの部分があなたのプラスに働き，どの部分がマイナスに働いているかを知るお手伝いをします。すでに書いたように，私は自分らしさを捨てろとか，人生の質を真に高めているものを手放せなどとは言いません。この章は，有益な部分を維持する方法や，変える必要がありそうな部分を，よりよく理解するのに役立つはずです。その後の第4章「恐れか情熱か」では，恐れに基づいて行動することの弊害と，情熱を原動力にした場合の利点について考えます。
　次は，第2部の「BTPプログラム：頭の中の批判者を打ちのめし，最高の人生を創造するための7つの方略」です。この7つの方略は，研究で裏付けられた認知行動療法と，私の個人的経

験や臨床経験に基づいています。この基本方針に従うことで，私自身も多くのクライエントも，人生においてこれまで以上の喜び，満足感，コントロール能力，バランス，そして成功を手にすることができました。7つの方略の頭文字を並べると，以下のようにPERFECT（完璧）となります。

Postmortem Your Past（自分の過去を検視する）
Evaluate Your Expectations（自分の期待を評価する）
Reinforce New Roads（新しい道を踏み固める）
Fail Forward（失敗を未来につなげる）
Eliminate Extremes（極端を排除する）
Create, Don't Compare（比較をやめて，創造する）
Transcend（超越する）

第2部の各章では，方略を1つずつ説明したうえで，あなたにふさわしい最高の人生を創造するための「行動の手順」を紹介します。行動のほとんどは手早く簡単にできるものですが，だからといって侮ってはなりません。効果は絶大なのです。

最後の「終わりに」では，BTPプログラムのあなたの進捗度や，足かせとなっている態度または恐れ，そしてそれを克服する方法を知るお手伝いをします。また，あなたがすでに完璧よりもすばらしい存在で，今後も人生に劇的な変化を起こしていけることを再確認します。

この本を読んでいるときでも，それ以外のときでも，疑問が浮かんだら，連絡をください。フェイスブックの私のページ，www.facebook.com/Dr.Elizabeth.Lombardo に，コメントや質問を遠慮なく書き込んでください。

あなたはひとりでこの旅に臨むのではありません。私とBTPコミュニティの大勢の仲間が，あなたの思いも寄らない形で，幸せになるお手伝いをします。さあ，参加してください。次のページであなたをお待ちしています。

第2章

あなたは完璧主義者ですか？

「もし世界が完璧だったなら，そもそも世界は存在すらしなかっただろう」
——ヨギ・ベラ　元野球選手

　それでは，あなたの生活に完璧主義がどれだけ現れているか，もっとはっきり把握しましょう。その手助けとして，以下のような自己採点式の質問表を作成しました。本を読み進める前に，少し時間を割いてこの表に記入することをお勧めします。

　緊張する必要はありません。正解も不正解もないのです。ここではただ，あなたの完璧主義の「引き金」を見つけて，そこに焦点を絞れるようにしたいだけです。

　記入するときは，この本に書き込んでも，ネット上で書き込んでもかまいません。やりやすいほうを選んでください。ネット上で記入したいなら，www.ElizabethLombardo.com/BetterThanPerfect へどうぞ。さあ，始めましょう。

課題：完璧主義の自己評価

各文章がどれだけ自分に当てはまるか，1〜4の点数で評価してください。

4= 常に当てはまる
3= ときどき当てはまる
2= めったに当てはまらない
1= まったく当てはまらない

	常に (4)	ときどき (3)	めったに (2)	まったく (1)
1.「非現実的な期待」を抱いていると人からよく言われる。				
2. 何を成し遂げたかで自分を判断しがちだ。				
3. とても仕事熱心なので，楽しいイベントによく行きそびれる。				
4. 心の中でよく自分を厳しく責める。				
5. 成し遂げたことについて，自分ではいつも謙遜するが，人からはほめられたいと密かに願っている。				
6.「きちんと（完璧に）できないことは，最初からやる必要はない」を座右の銘にしている。				

7. 失敗からは何も得られないと思う。				
8. 初回からすべてをうまくできないと嫌になる。				
9. 自由な時間がない。				
10. 何を達成しても，まだ足りないと思う。				
11. 人が自分と同じやり方をしないと気に入らない。				
12. 人が自分ほどうまく仕事をこなせるとは思えないので，たくさんの仕事を肩代わりするはめになる。				
13. 失敗するのが怖くて，手を着けることさえできないことがときどきある。				
14. 起こりうることすべてに備えておきたいほうだ。				
15. 何かを済ませなければならないと思うと，ストレスや緊張を感じることが多い。				
16. 目標を達成したとき，手柄を喜ぶのはほんの束の間で，すぐ次の課題に取りかかる。				
17. 決定をなかなか下せない。				
18. 細かい部分にとてもこだわるときがある。				
19. 自分や周囲の人に対して用いる基準がかなり厳しい。				
20. 何としてでも失敗を防ごうとする。				
21. 絶対的基準でものを考える傾向がある。ダイエット中にクッキーを1枚食べてしまうと，もうダイエットは失敗なので，もっと食べつづける。				
22. 考えてみると，「べき」という言葉をしょっちゅう使っている。				
23. 楽しむのはかまわないが，それは仕事がすべて終わってからだ。				
24. 自分が成し遂げたことや，それに対する人の反応によって，自信が左右される。				
25. 失敗した経験を何度も反芻する傾向がある。成功したことはたいてい考えない。				
26. 自分がうまく対処できなそうな状況は，先延ばしにするか，避ける。				
27. 改良の余地がなくならないので，仕事をなかなか完了させられない。				

28. よくリストを作成する。				
29. 整然とした環境が好きで，すべてがすっきり整って定位置にないと，なかなか新しいことに取りかかれない。				
30. 競争心が強い。				

採点：合計点を計算し，以下の分類を参考にして，自分の完璧主義のレベルを判断してください。

30：まったく完璧主義ではありません。とはいえ，周囲の完璧主義者をよりよく理解し，もっと上手につき合えるように，この本を読み進めてください。読了後は，この本を本当に必要としている人に譲りましょう。

31〜60：完璧主義の性質が多少あり，本当のあなたを発揮しにくくしているかもしれませんが，深刻なレベルではありません。あなたはBTPプログラムの中に出てくるスキルも十分にもっています。自分自身や，人間関係，仕事，人生をさらに充実させるため，この本でそのスキルをさらに磨き，高めてください。

61〜90：自分には完璧主義の性質が少しありそうだと思いながらも，それがどれだけ生活に影響を与えているかは，質問表を読むまで自覚していませんでした。あなたがそれを完璧主義と呼ぼうと呼ぶまいと，このような特徴のせいで本当のあなたが発揮されにくくなっています。この本を最後まで読みとおし，さまざまなコンセプトを実践して，あなたの生活に現れる効果を実感してください。

91〜119：完璧主義の傾向が生活に深刻な問題をいくつかもたらしています。幸せ，自尊心，身体的健康，人間関係，仕事，経済状態，楽しみ，充実感が望むレベルになっていません。でも，心配は無用です。BTPプログラムは，あなたにプラスに働いている部分を維持し，そうではない部分を変えるのに役立ちます。BTPの方略を実行しはじめ，仕事や人間関係といった特定の領域を改善しましょう。

120：あなたは完璧主義の質問表で「完璧」な点数をとりました（うれしくないかもしれませんが）。ここで本を閉じないでください。すぐにページをめくって，読みつづけてください。この本で説明する手法を，仕事や人間関係といった特定の重要な領域に用いましょう。あなたには，幸せと満足感を味わい，自分にもっとやさしくし，完璧よりもすばらしい人生を送る資格があります。

第3章

完璧主義のメリットとデメリット

　　待合室でアンドルーと初めて挨拶を交わすずっと前から，私の鼻はタバコのにおいを感知していました。アンドルーは，その前の週に予約の電話をかけてきたとき，禁煙について話し合いたいと言っていたのです。
　　オフィスに入って椅子に座ったアンドルーに，私はこう尋ねました。「それで，タバコを吸うと，どんないいことがあるんですか？」
　　「いいこと？」。頭がおかしいのかとでも言いたげな顔で，アンドルーは訊きました。「『いいこと』ってどういう意味です？　タバコを吸って，いいことなんてありはしません。肺がんのもとだし，金食い虫だし，臭いますし」
　　いずれもそのとおりですが，ほかに大事なことがあるはずでした。「では，なぜあなたはタバコを吸うんですか？」
　　「中毒だからです」とアンドルー。
　　「先週のお電話では，これまでニコチン代替薬ではダメだったとおっしゃっていましたね。それなら，ただ身体がニコチンを求めているだけではないでしょう」
　　「そうですね……タバコを吸うと，リラックスできます。特に，ストレスのたまる日は」。その後，アンドルーはタバコについて「いい」と思うことを一つ残らず挙げました。

　　私がタバコ会社と結託しているなんて，どうかツイッターに書き込まないでください。私はこのシナリオの中で，喫煙が「いいこと」だと言っているわけでは断じてありません。リラックスするためにタバコを買いにいくよう勧めているわけでも決してありません。タバコを吸うと，吸った本人だけでなく，周囲の人まで死に至る危険があります。全死亡件数の5件に1件は喫煙と関連付けることができますし，喫煙は心臓病や脳卒中やがんを含む多くの病気の原因になります。
　　では，なぜ私はアンドルーとの会話をここに載せたのでしょう？　それは，少なくとも本人の心の中では，悪い習慣にも「いい」効用があるという現実を物語っているからです。また，習慣を変えるためには，その「いい」効用をもたらす別のものを見つける必要があることも示されています。そうでなければ，古い習慣がもたらす「恩恵」があなたを魅了しつづけ，すぐその習慣に舞い戻ってしまうでしょう。
　　これはどのような行動パターンを変える際でも大事なポイントですが，たいていは見過ごされています。あなたは体重や飲酒量など，何かを変えようと決意しながら，結局は元の習慣に戻ってしまい，自分に腹を立てたことはありませんか？　原因は，あなたの意志が弱いからでも，ダメな人間だからでも，永遠にその習慣から抜け出せない定めだからでもありません。もっと意志の力が必要だったわけでもありません。必要だったのは，その習慣が与えてくれる恩恵を，もっと健全で有益な方法で得ることだったのです。

完璧主義の傾向というのは，ある意味で習慣です。それは，ものを考え，周囲と接し，自分や人を見るときの習慣的なやり方です。もちろん，完璧主義にはプラスの面もあります。それどころか，クライエントと話していると，完璧主義の傾向を変えると考えただけで心底おびえてしまう人が少なくありません。そのようなときクライエントは，過去に成し遂げたことや，成功を目指して努力する姿勢など，プラス面だけに注目しています。目標達成のための血を吐くような努力の中で，しばしば大きな犠牲を払っていることは，頭にありません。

　何が有益——「よい」部分——で，何があまり有益ではないかに目を向けてみましょう。生活の中で変えたいことがあるときはいつでも，この対話を行うことが大切です。人は「変化モード」にあるとき，利点と欠点の方程式の一方しか見ず，すべての変数を特定することを忘れがちです。でも，このような視野の狭い取り組み方では，変化への軌道に確実に乗り，その軌道からそれないために必要な，すべての動機付けをうまく利用することができません。

　もっとわかりやすいように，先ほどのタバコの例を考えてみましょう。大部分の喫煙者は初め，アンドルーと同じく，禁煙したい理由，つまり方程式の「欠点」の部分に注目しがちです。でも，時間がたつにつれて，ストレスの軽減や食欲の抑制といった喫煙のプラス面，つまり「利点」が前面に出てきて，その存在を再び主張することがあります。多くの場合，これが喫煙を再開する原因になります。でも，ストレス軽減といった目標の新しい達成方法を見つければ，喫煙する「必要性」をなくすことができます。

　この本では，あなたにとって本当にプラスに働いている部分は残し，そうではない部分を変える方法を追求します。それによって，喜び，満足感，豊かさ，成功が，思いも寄らなかった形で手に入ります。

全体像を見ましょう

　先ほど書いたように，あることが生活にどのような影響を与えるかを知りたいときは，それに伴うメリットとデメリットの両方を総合的に見ることが大切です。私がクライエントと接していて気づいたのは，「全体像」を見えるようにすることこそ，生活に真の変化を生む最も効果的な第一歩だということです。そのために，「現状と変化の利点と欠点」（PCPC）を紹介しましょう。

　下の表はこれを視覚的に示したものです。

ひな型：現状と変化の利点と欠点（PCPC）

	利点	欠点
現状	A	B
変化	C	D

　表中のA欄は，その人の現在の考え方や行動のしかたの「利点」つまりメリットを表しています。B欄は，現在の行動の「欠点」つまりデメリットを表します。C欄は，現在の考え方と行動のしかたを変化させた場合に得られそうなメリットです。最後のD欄は，そのような変化の「欠点」つまりデメリットとなりそうな事柄です。

　前に紹介したアンドルーの例を使って，単純化したPCPCの表を作成してみました。

見本：アンドルーのPCPCの項目

	利点	欠点
現状	・リラックス効果がある ・友達と一緒に楽しめる	・吸いつづけるなら別れると彼女に言われた ・健康に悪い
変化	・彼女に振られないだろう ・服と自宅があまり臭わなくなる	・ストレスや不安を感じるかもしれない ・太る恐れがある

　上の例では，アンドルーの生活のほんの一部しか取り上げていません。でも，あなたのPCPCではもっと広い範囲を含める必要があります。そのために，以下の7領域における完璧主義の利点と欠点を検討しなければなりません。

- **精神的健康**：その行動はどのような感情的，精神的影響をあなたに与えるでしょう？
- **身体的健康**：身体および身体的健康にはどのような影響を与えるでしょう？
- **人間関係**：パートナー，家族，友達，同僚との関係にはどのような影響を与えるでしょう？
- **仕事**：仕事にはどのような影響を与えるでしょう？　ここでは，毎日，何をして過ごしているかという広い意味で，「仕事」を定義しています。従来の意味での仕事も含みますし，自宅での仕事（専業主婦または主夫，在宅ワーカー），学校での勉強，就職活動なども含みます。
- **経済状態**：収入と支出にはどのような影響を与えるでしょうか？　あなたとお金の関係にはどのように影響するでしょう？
- **楽しみ**：生活の中の楽しみや喜びにはどのような影響を与えるでしょう？（白状しますが，私は以前クライエントに対して，このカテゴリーを提示したことがありませんでした。いつもほかの要素に注目して，クライエントの楽しみを評価することはあまり考えていなかったのです。それは，私自身の完璧主義によって，この要素を軽視する傾向があったからです。でも，楽しみは生活の大切な部分ですよね？）
- **霊的な健康**：霊的エネルギーを強めることにはどのように役立ちますか？　このカテゴリーは宗教を超えて（宗教もここに入るでしょうが），価値観や，人生の目的に関する信念も含みます。確かに，これは「重い」テーマに見えるでしょうが，やはりとても大切な要素です。霊的な健康は，身体的健康の改善や，充実感，決断力，さらなる成功をもたらす場合があるからです。

　もちろん，当てはまるカテゴリーが1つだけとは限りません。それどころか，これら7つのカテゴリーは互いに関連している場合が少なくありません。たとえば，職場の人間関係は，人間関係と仕事のどちらか一方，あるいは両方のカテゴリーに入れられます。また，人間関係は幸福感に，仕事は経済状態に，身体的健康は楽しみに影響することがあります。ここでは，何をどのカテゴリーに入れるかで悩むことが目的ではありません（一部の完璧主義者には悩ましいかもしれませんが）。このカテゴリー分類の目的は，完璧主義の特質によって生活がどのような影響を受けているか——そして，それを変えたら何が改善するか——を総合的に見ることなのです。

　各カテゴリーについて考えるときは，完璧主義のためにいま起きている問題だけでなく，短期的，長期的に起こり得る影響も考慮してください。たとえば，完璧主義に伴いがちな激しいストレスは，いまは健康に影響していなくても，将来は影響し得ることが研究でわかっています（病気だけでなく，早死のリスクさえ高まります）。

「自分がしていることを楽しまなければ，成功はまずあり得ない」
　　　　　　　　　　　　——デイル・カーネギー　著述家，講演者

A欄：完璧主義の利点

では，まず現在のやり方の利点から見ていきましょう。完璧主義からは何が得られるのでしょうか？

課題：完璧主義の利点

以下のリストの中で，自分に特によく当てはまる項目に印を付けてください。ほかに思いついたものがあれば，自由に書き足してください。

精神的健康
☐ ほかの人には簡単にはできないことをするとき，自信を感じる。
☐ ものごとをやり終えるのは気分がいい。
☐ 人生の課題にきちんと取り組んでいるように感じる。
☐ 自分の努力が評価されるのが好きだ。
☐ ＿＿＿＿＿＿＿＿＿＿＿＿＿＿＿＿＿＿＿＿＿＿＿＿＿＿＿＿＿＿＿＿＿＿＿＿＿＿
☐ ＿＿＿＿＿＿＿＿＿＿＿＿＿＿＿＿＿＿＿＿＿＿＿＿＿＿＿＿＿＿＿＿＿＿＿＿＿＿

身体的健康
☐ 自分が決めた厳しい健康法（食事や運動）を守れば，もっと格好いい体型になる。
☐ 食事や運動のしかたが「立派」だと，人からほめられる。
☐ ＿＿＿＿＿＿＿＿＿＿＿＿＿＿＿＿＿＿＿＿＿＿＿＿＿＿＿＿＿＿＿＿＿＿＿＿＿＿
☐ ＿＿＿＿＿＿＿＿＿＿＿＿＿＿＿＿＿＿＿＿＿＿＿＿＿＿＿＿＿＿＿＿＿＿＿＿＿＿

人間関係
☐ 自分は，困っている友達を手助けする。いつでも頼れる存在だ。
☐ 一生懸命に働くことの大切さを，身をもって子どもに示している。
☐ 自分がパーティーを開くと，友達はいつも楽しんでくれる。
☐ ＿＿＿＿＿＿＿＿＿＿＿＿＿＿＿＿＿＿＿＿＿＿＿＿＿＿＿＿＿＿＿＿＿＿＿＿＿＿
☐ ＿＿＿＿＿＿＿＿＿＿＿＿＿＿＿＿＿＿＿＿＿＿＿＿＿＿＿＿＿＿＿＿＿＿＿＿＿＿

課題：完璧主義の利点

仕事
- □ 高い生産性を発揮できる。
- □ 長時間，働く。
- □ ものごとをうまくやり遂げることが好きだし，自分ほどうまくやり遂げる人はいない。
- □ 働きぶりに見合った報酬を得ている。
- □ 起こり得るあらゆる事態に準備しておきたいほうだ。
- □ 自分の作品を自賛するのが好きだ。
- □ 質の高い仕事に敬意を表する。
- □ 有能な人間でいたいと強く思う。
- □ 仕事をてきぱきこなせるのは気分がいい。
- □ 会社／店／クラスで1番になるのが好きだ。
- □ よい成績または評価を得ている。
- □ よい結果を出すことがわかっているので，上司はよく自分に難しい仕事を割り振る。
- □ 一部の同僚は，だらしなさが祟って痛い目に遭っているが，自分はそうならないように気をつけている。
- □ _____
- □ _____

経済状態
- □ よく働くので，収入もかなり多い。
- □ よく勉強している，または働いているので，将来はもっと収入が増えるだろう。
- □ 財布のひもが堅い。
- □ _____
- □ _____

楽しみ
- □ よく働いて収入もいいので，旅行に出かけられる。
- □ 自分はとてもよく働くので，楽しみは労働の対価として得てきたように感じる。
- □ おもしろいもの（たとえば，発売したての最新の電子機器など）を買う余裕がある。
- □ _____
- □ _____

霊的な健康
- □ 毎週日曜日は教会に行く。
- □ 忍耐力と誠実さは自分にとって重要なものだ。
- □ _____
- □ _____

B欄：完璧主義の欠点

完璧主義のプラスの部分を見つけた後は，この世界観の悪い部分を見てみましょう。

課題：完璧主義の欠点

先ほどと同じように，自分によく当てはまる項目に印を付けてください。ほかに思いついたものがあれば，自由に書き足してください。

精神的健康
☐ストレス度が限界を超えている。
☐常に自分を厳しく責めている。
☐うつに苦しんでいる。
☐よく不安を感じる。
☐心配することが多い。
☐過去を水に流すことが難しい。
☐強い恥の意識がある（認めたくはないが）。
☐罪悪感がある。
☐怒りまたは苛立ちをよく覚える。
☐自己批判することが多い。
☐自分に対する愛は条件付きの愛だ。
☐人に恨みを抱くことが多い。
☐自分がしたことに真の満足感を少しも覚えられない。

☐ _____

☐ _____

身体的健康
☐正直にいうなら，自分の食事法はおそらく厳しすぎるだろう。
☐何かを食べるのを我慢した後，むちゃ食いしてしまうことがある。
☐自分にとって「いけない」ものを食べたとき，「もう道を踏み外したんだから，もっと食べても同じだ」と思って，食べつづけてしまうことがある。
☐運動にかなりの時間をとられている。
☐体調が悪いときでも運動する。
☐時間がないので，運動はまったくしない。
☐寝付きがひどく悪い。
☐早く目が覚めて，眠れなくなることがよくある。
☐８時間睡眠はもう長い間とっていない。
☐たいてい，薬を飲まなければ眠れない。
☐強い疲労感がある。
☐筋肉がこわばっている。
☐慢性痛がある。
☐緊張性頭痛が頻繁に起きる。
☐常に神経がぴりぴりしている。
☐胃腸の問題がよく起きる。
☐消耗感がある。
☐すぐ体調を崩す。
☐いまは大丈夫でも，強いストレスは将来，多くの健康問題を招き得ることが研究でわかっている。
☐自分はストレス度が高いので，早死にする危険性が高い（怖いですが真実です）。

☐ _____

☐ _____

課題：完璧主義の欠点

人間関係
□自分が望むほど，友達や家族との時間がとれていない。
□ひとりぼっちだと感じる。
□パートナーと2人きりで楽しむ時間がめったにない。
□家族は，私がいつも仕事をしていると言って怒る。
□人を許して，前に進むことが難しい。
□人の誤りを指摘したとき，腹を立てられたり，うるさがられたりする。
□周囲の人に多くを要求する。
□身近な人に対して，必要以上に腹を立てたり苛立ったりしてしまう。
□身近な人を含めて，ほかの人を批判しがちだ。
□疲れのため，家族や友達との時間をもてない。
□友達や家族と一緒にいても，たいていは別のことを考えているので，相手の言葉を聞きそこなったり，一緒の時間を心から楽しめなかったりする。
□しょっちゅう確認せずにはいられないので，周囲の人にとっては厄介者だ。
□いまの自分の振る舞い方は，長い目で見ると人間関係に深刻なダメージを及ぼしかねない。

□ _____

□ _____

仕事
□もっとがんばれという厳しいプレッシャーを，自分（とほかの人）にかける。
□どれだけ努力してもまだ足りないと感じることがよくある。
□ほかの人たちを細かく管理しがちなので，自分の仕事が大幅に増えてしまう。
□自分は出来損ないだと常に感じている。
□どのような成功を収めても，自分の成し遂げたことをゆっくり噛みしめるのではなく，努力を続けなければならないように感じる。
□すべきことを先延ばしにしがちだ。
□1つの仕事を完了させるのにとても時間がかかる。
□自分の（ときには人の）仕事を何度も見直す。この作業になけなしの時間とエネルギーを吸いとられてしまう。
□間違うのではないかと不安なので，なかなかものごとを決断できない。
□失敗するのが怖いので，特定の状況を避ける。
□自分の能力を職場の人たちに証明しつづけなければならないように感じ，ひどく疲れる。
□深刻な燃え尽きを起こす危険性がある。
□「常識にとらわれずに」考えることが難しい。

□ _____

□ _____

経済状態
□かなりの収入があるのに，まったく十分だと思えない。
□回避や先延ばしの癖のせいで，収入が少ない。
□自分を成功者のように感じたいし，人からもそう見られたいので，（服，最新の車などのステータスシンボル，iPadに）大枚をはたくことが多い。
□お金が十分あると感じることがまったくない。

□ _____

□ _____

課題：完璧主義の欠点

楽しみ
□仕事が終わるまで楽しみを我慢する。でも，仕事は一向に終わらない。
□楽しみは日課に含まれていない。
□楽しみや，家族との団欒の時間はめったにとれない。
□パートナーと私は，ただ純粋に楽しむための時間をあまりとっていない。
□仕事は楽しいが，純粋な楽しみの時間をもつことはめったにない。

□ _____

□ _____

霊的な健康
□人生の目的について考える時間がない。
□生きる意味を見つけるなんて，考えただけでストレスがたまる。
□霊的な健康を自分の優先事項にしたいとは思うが，優先していない。
□自分の霊的な信念がどのようなものか，よくわからない。
□時間を割いて自分の霊的な部分をじっくり考えることはない。

□ _____

□ _____

C欄：変化の利点

今度は，完璧主義の考え方や行動のしかたを変えると，どのような利点があるかを見てみましょう。

課題：変化の利点

完璧主義の考え方を変えると何がどう変わるか，知ることはできません。でも，以下のチェックリストを使って，7つの領域で得られそうな恩恵を考えてみましょう。ここでもやはり，ほかに思いついた事柄があれば，自由に書き足してください。

精神的健康
□ストレスが減るだろう——そうなったら，とてもうれしい。
□もっと楽しい気分になるだろう。
□自分の生活にもっと満足するだろう。
□慢性的な落ち込みから解放されるだろう。
□もっと自信がもてるだろう。
□心配や不安が減るだろう。
□もっと心の安らぎが得られるだろう。
□恥の意識や罪悪感が弱まるだろう。
□自分や人に怒りや苛立ちを感じることが減るだろう。
□自分に対して，いまよりはるかに満足感をもてるだろう。
□もっと喜びを感じるだろう。

□ _____

□ _____

課題：変化の利点

身体的健康
☐もっとよく眠れるだろう。
☐身体のこわばりが軽減するだろう。
☐体調不良が減るだろう。
☐長生きする確率が高まるだろう。
☐胃腸の問題が減るだろう。
☐痛みが弱まるだろう。
☐もっと健康になるだろう。

☐ _____

☐ _____

人間関係
☐家族との距離が縮まるだろう。
☐パートナーとの距離が縮まり，関係がさらに深まるだろう。
☐友達との距離が縮まるだろう。
☐身近な人たちに，「完璧」になれというプレッシャーをかけなくなるだろう。
☐身近な人たちは私からもっと愛情を感じるようになるだろう。
☐大切な人たちと一緒にいるとき，もっとその瞬間に意識を集中するようになるだろう。
☐より深いつながりを築けるだろう。
☐新しい友達ができるだろう。
☐単なる義務感から嫌な人たちとつき合うのをやめるだろう。
☐もっと人を許すようになるだろう。
☐特に細かい事柄に関しては，もっと大らかになるだろう。
☐周囲の人たちともっとうまくやっていけるようになるだろう。

☐ _____

☐ _____

仕事
☐仕事を引き受けすぎなくなるだろう。
☐気に病むことなくノーと言えるようになるだろう。
☐決断力が増すだろう。
☐働く時間が減るだろう。
☐生産性が高まるだろう。
☐創造力と発想力が高まるだろう。
☐仕事がもっと楽しくなるだろう。
☐自分のした仕事にもっと充実感を覚えられるようになるだろう。
☐1日の終わりに感じる精神的疲労が軽くなるだろう。
☐自分のした仕事にもっと満足できるようになるだろう。

☐ _____

☐ _____

課題：変化の利点

経済状態
☐ もっと報酬の多い仕事を引き受ければ，収入が増えるかもしれない。
☐ 自信を感じるためにものを買う必要がなくなるので，支出が減るだろう。
☐ お金との関係がよくなるだろう。まだまだ足りないとばかり思うのではなく，自分がもっているものに感謝することに意識を集中するようになるだろう。
☐ _____
☐ _____

楽しみ
☐ 楽しむことを自分に許すようになるだろう。
☐ くつろいで楽しむ時間が大幅に増えるだろう。
☐ すでにもっているものに喜びを感じられるようになるだろう。
☐ 身近な人たちともっと陽気に接するようになるだろう。
☐ 楽しむことを，人生でもっと優先するようになるだろう。
☐ _____
☐ _____

霊的な健康
☐ 自分の信念をもっと探求するようになるだろう。
☐ もっと充実感を覚えるだろう。
☐ 自分の価値観をもっと実践し，それによってさらに喜びが得られるだろう。
☐ もっと心の安らぎを得られるだろう。
☐ _____
☐ _____

　以上の項目の中で，意外だったものはありますか？　このような恩恵を味わえる人生を想像することができますか？　このような恩恵が得られたら，あなたのものの見方やエネルギーのレベルはどうなるでしょうか？　考えを書いてください。

_____
_____
_____
_____

D欄：変化の欠点

次は，変化がもっているかもしれないマイナス面を考えてみましょう。この作業は重要です。この項目に対処しなかったら，変化を継続させにくいからです。

課題：変化の欠点

精神的健康
☐未知のものは好きではない。不安を感じるからだ。
☐自分が自分をどう定義するようになるか，わからない。
☐変化しても，よい効果がないのではないかと心配だ。
☐もし変われなかったら，どうするのか？
☐自分をいまほど重要な人間だと思わなくなるかもしれない。
☐変化に取り組んでいる間，ストレスが強まるかもしれない。

☐ _____

☐ _____

身体的健康
☐もし，すぐに健康が改善しなかったらどうするのか？
☐食事や運動のしかたをいまより甘くしたら，太るかもしれない。
☐ビタミン剤や薬の服用がいまよりでたらめになるかもしれない。
☐いまほど健康を気にかけなくなるかもしれない。

☐ _____

☐ _____

人間関係
☐友達や家族は新しい自分を気に入らないかもしれない。
☐家族は，大事にされなくなったと感じるかもしれない。
☐子どもの成功のためにかけているプレッシャーを弱めたら，子どもは落第するか，成績が落ちるかもしれない。

☐ _____

☐ _____

仕事
☐怠惰になるかもしれない。
☐仕事の質が下がるかもしれない。
☐同僚は新しい自分を気に入らないかもしれない。
☐上司にたるんでいると思われるかもしれない。
☐自分の仕事量が減ったら，同僚または部下の仕事が増えて恨まれるだろう。
☐逆に，仕事を先延ばしにしなくなったら，仕事が増えてしまうかもしれない。
☐完璧主義ゆえに避けていたストレスの強い状況を，もっと経験することになるかもしれない。

☐ _____

☐ _____

課題：変化の欠点

経済状態
☐ 収入が減るかもしれない。
☐ お金の心配が増えるかもしれない。
☐ 貯金が十分できないかもしれない。
☐ _____
☐ _____

楽しみ
☐ いましている楽しいことが，経済的にできなくなるかもしれない。
☐ 楽しみを「対価」だと考えられるほど働かないことになるので，楽しむ資格がないように感じるかもしれない。
☐ _____
☐ _____

霊的な健康
☐ 本当の自分ではなくなったように感じるだろう。
☐ 自分の信念に疑いがわくかもしれない。
☐ _____
☐ _____

さあ，それではいよいよ，あなた自身の生活に関するPCPCの表を記入していただきます。上記の中であなたに当てはまる文章は，そのまま使ってください。私生活や仕事にあなた独自の大切な要素があれば，遠慮なく書き足してください。あなたをいちばんよく知っているのはあなたです。記入中は，自分を批判してはいけません。利点も欠点も，ふるいにかけたり，軽んじたりしないようにしましょう。できるだけ自分に正直になるのです。正直さは，あなたが求めている幸せと成功を得るうえでとても重要な役割を果たすでしょう。

課題：あなたの現状と変化の利点と欠点（PCPC）

できるだけ多くの情報を盛り込んで，あなた自身のPCPCの表を作成しましょう。作業に取りかかりやすいいすいよう，ひな型を用意しました。

考慮するカテゴリー：精神的健康，身体的健康，人間関係，仕事，経済状態，楽しみ，霊的な健康

カテゴリー		利点	欠点
	現状	A	B
	変化	C	D

記入が終わったら，自分の答えについて考えてみてください。

あなたにとっていちばん意外なことは何ですか？

_____
_____
_____
_____

いちばんうれしいことは何ですか？

_____
_____
_____
_____

いちばん怖いことは何ですか？

_____
_____
_____
_____

　ある女性のクライエントは，失敗するのが怖いと訴えました。「私は物心ついてからずっとこういうふうにやってきたんです。違う人間になんて，なれるんでしょうか？　もしそうなったら，自分が自分ではないような気がするんじゃありませんか？　もし効果がなかったら，どうすればいいんでしょう？　変わるためにこれだけの時間とエネルギーをつぎ込んで，かえって事態が悪化したら？」

　変われないのではないかという不安を和らげるために，私はたとえ話を用いました。「自転車に乗れるようになる前は，サドルに座ってもバランスがとれなかったでしょう。どれだけ左に体重をかけて，どれだけ右に身体を傾ければまっすぐ立っていられるか，わからなかったはずです。自転車に乗ろうとするときは，まっすぐ立っていることに全神経を集中させたでしょう。

　でも，いまは苦もなく乗れますよね。たとえ久しぶりであっても，乗れるはずです。倒れずに座っているにはどうすればいいかなんて，考えもしないでしょう。もう無意識にできるようになったのです。

　完璧主義ではない行動のしかたも，身につける過程は同じようなものでしょう。最初は難しく感じるかもしれません。でも，やればやるほど簡単になって，無意識にできるようになります」

完璧主義の利点をとらえ直す

さあ，あなたがPCPCの表に書き込んだ項目を見ていきましょう。ここからは，特にA欄の「完璧主義の利点」とD欄の「変化の欠点」の項目に注目します。古い行動を維持する利点1つ1つに対して，もっと魅力的な新しいメリットを変化の中に見つけ出す必要があります。以下の例を見てください。

カテゴリー	A欄：完璧主義の利点 古い考え方	完璧主義の利点をとらえ直す方法 新しい考え方
精神的健康	ほかの人には簡単にはできないことをするとき，自信を感じる。	仕事を成し遂げれば自信を感じられるし，過剰な労働もストレスもなく自信を高める別の方法を見つけることもできる。
精神的健康	ものごとをやり終えるのは気分がいい。	過剰なストレスを感じなくても，ものごとをやり終えることはできる。
身体的健康	自分が決めた厳しい健康法（食事や運動）を守れば，もっと格好いい体型になる。	全か無かで考える必要はない。極端に走らず，健康的に食事と運動をすればいい。
仕事	高い能力と生産性を発揮できる。	賢く時間をやり繰りし，休息をとって心身のエネルギーを回復させれば，高い能力と生産性を——もしかしたらこれまで以上に——発揮できる。

今度は，あなたの番です。

課題：完璧主義の利点をとらえ直す

PCPC の表の中で，あなたが A 欄の「完璧主義の利点」に記入した項目を読み直してください。その完璧主義の考え方 1 つ 1 つに対して，同程度か，それ以上の恩恵が得られる新たな方法を見つけましょう。

考慮するカテゴリー：精神的健康，身体的健康，人間関係，仕事，経済状態，楽しみ，霊的な健康

カテゴリー	A 欄：完璧主義の利点 古い考え方	完璧主義の利点をとらえ直す方法 新しい考え方

変化の欠点をとらえ直す

次は，どうすれば変化にまつわる恐れを克服できるかを考えていきます。自分の望む変化を起こしてその恩恵を得るためには，あなたをためらわせている恐れ1つ1つを弱める方法を見つける必要があります。以下に例を示します。

カテゴリー	古い考え方	新しい考え方
精神的健康	未知のものは好きではない。不安を感じるからだ。	何度も繰り返せば，最終的には自分のためになる行動のしかたに慣れてくるはずだ。
身体的健康	食事や運動のしかたをいまより甘くしたら，太るかもしれない。	極端に走ることなく運動し，健康的な食べ方をすれば，身体はもっと健康になるだろう。
人間関係	友達や家族は新しい自分を気に入らないかもしれない。	自分がもっと幸せになれば身近な人たちは喜び，互いの距離がさらに縮まるだろう。
仕事	仕事の質が下がるかもしれない。	頭の中の批判者に怒鳴られなかったら，よりいっそう生産性と創造性が高まるかもしれない。

さあ，今度はあなたの番です。

課題：変化の欠点をとらえ直す

D欄の「変化の欠点」に記入した恐れを読み直してください。望む変化を起こして，その恩恵を得られるように，その恐れ1つ1つを弱める方法を見つけましょう。

考慮するカテゴリー：精神的健康，身体的健康，人間関係，仕事，経済状態，楽しみ，霊的な健康

カテゴリー	古い考え方	新しい考え方

　完璧主義を変えるメリットがわかったところで，いよいよ人生を変える作業を始めましょう。完璧よりもすばらしい人生と出会う心の準備はできていますか？

第4章

恐れか情熱か

　あなたの主な原動力は何ですか？　恐れでしょうか，それとも情熱でしょうか？　言い換えるなら，あなたの行動に強く働いているのは，恐れている結果を最小限に抑えたい気持ちでしょうか，それとも望む結果を最大限に実現したい気持ちでしょうか？　たとえば，数百人の聴衆の前でスピーチをするように言われたら，次のどちらの考えが頭に浮かんできそうですか？

　「ここで失敗して惨めな姿をさらすのは避けたほうがいいな」
　または，
　「自分が気になっていることを大勢の人に話せる絶好の機会だ」

　最初の反応はどちらかというと恐れに根差し，二番目の反応は情熱に根差しています。この章では，この2つのまったく違う原動力が，あなたの人生にまったく違う影響を及ぼす可能性を考えていきます。
　私たちは，身体を動かす燃料を選べるように，人生を動かす燃料を選ぶことができます。それは恐れと情熱のいずれかです。
　完璧主義者が「完璧」を目指すのは，恐れ，特に失敗に対する恐れがあるためです。ミスをしたり，力不足だと思われたりしないよう，完璧主義者は往々にして大変な努力を払います。また，ややもすれば達成不可能な目標の成否で自己価値を測るので，常に自分は力不足だと感じています。このような思いで日々を過ごすのはつらいでしょう。
　原動力が恐れであるとき，意識は望まない事柄に向いています。望まない結果に至る可能性を下げるために，できる限りのことをしようとします。何が起きるかを心配して，悪い出来事を未然に防いだり最小限に抑えたりするために策を講じます。恐れは，怒り，批判，不安，恨み，恥，罪悪感，嫉妬，憎しみ，パニックと同系統のエネルギーです。快い感情ではありません。
　考え方を恐れから情熱に切り替えさえすれば——望まない結果を避けるのではなく，望む結果に向けて努力すれば——もっとやる気が高まり，熱中し，前向きで希望に満ちた気分になってきます。情熱は，生に対する熱意や喜びを含み，恐れとは別系統のエネルギーに属します。ほかにこの系統に属するものは，恋の情熱，喜び，楽しみ，決意，立ち直る力，愛，感謝，目的などです。
　原動力が情熱であるときは，望まない事柄を最小限に抑えるのではなく，経験したいと望む事柄に基づいて行動します。私たちは自分の価値観や強みを活かしているときや，本当の自分でいるとき，そして力がわいてくるような課題に挑んでいるとき，情熱を感じます。本当の自分というのは，満足感を味わったり，自分のすることに意味を見いだしたり，人生が与えてくれるものに喜びを感じたりできる，自分の中の一部分です。
　思い出してください。私はあなたの幸せのコーチです。BTPプログラムの目標は，長続きす

る真の幸せをつかむお手伝いをすることです。そして，情熱を原動力として日々を過ごすことは，喜びに至る最短ルートなのです。

　生活の中で恐れと情熱がどれほど異なる現れ方をするか，例をいくつか紹介します。

見本：恐れに満ちた生活と，情熱に満ちた生活

人間関係	**恐れ**：彼のことが信じられない。浮気されたらどうしよう !? **情熱**：2人が愛し合っていることに目を向けよう。
子育て	**恐れ**：うちの子たちはいい成績をとらなければならない。そうでなければ，いい大学に入れない。 **情熱**：子どもたちが自分の価値観と強みを育めるよう手助けしたい。
健康	**恐れ**：この違和感の正体ががんで，死ぬことになったらどうしよう？ **情熱**：この身体には世話になっているので，今後も健康にいいことを続けよう。
仕事	**恐れ**：このプロジェクトにはとてもストレスを感じる。失敗したらクビかもしれない。 **情熱**：このプロジェクトを最高のものにするために，自分の強みを活かしたり，人と協力したりするのが楽しい。
お金	**恐れ**：一文なしになったらどうしよう？　そうなったら最悪だ。 **情熱**：一部を貯金して，一部を使って，一部を寄付しよう。これだけのお金があって，とてもありがたい。
霊性	**恐れ**：もしあの世がなかったら，どうしよう？ **情熱**：自分はあの世を信じることにしよう。祈ると力がわいてくる。それに，もしあの世がなくても，それがわかったときにはもう死んでいるんだ！

　対照的でしょう？　情熱に根差す気持ちや考えは，まったく違う世界観を生み出します。そして，その新鮮で前向きな考え方は，まったく違う人生を生み出します。恐れに基づく考え方は悪い結果や破滅的な結果の可能性を強く訴えますが，情熱に基づく考え方は感謝の念に重点を置き，右肩上がりの人生を築きます。

　幸い，どちらを人生の原動力にしたいかは自分で選べます。恐れを重んじるか，情熱を重んじるかは選択できるのです。そして，情熱を原動力として生きるのと，恐れを原動力として生きるのとでは，雲泥の差があります。

　さて，いま恐れについて話しているわけですが，恐れとは厳密には何なのでしょうか？　恐れは，脳の産物です。起きないでほしいと思う想像上の出来事です。真夜中に大きな物音が聞こえ，怖いと感じたなら，その原因は，音そのものではなく，何の音だと考えるかです。もしかしたら，ペットが高価な置物を倒したのかもしれませんし，物騒ですが，何者かが家に侵入したのかもしれません。

　私はよく，恐れ（FEAR）を以下の4つの言葉の頭文字に見立てます。

Fictitious〔架空の〕
Envisioning〔想像する〕
Altering〔変える〕
Reality〔現実〕

恐れは架空の（作られた），（頭の中の）想像であり，現実（実際に起きていること）を変えてしまいます。作り話は現実になる場合がありますが，それと同じく，恐れも現実になる場合があります。その一例が以下のシナリオです。

　心理学を学びはじめて3年目，私は精神腫瘍学を勉強していました。精神腫瘍学とは，がんを患う人を手助けする学問です。ある日，「ステージ4〔がんの四段階のうち最も進行した段階〕の乳がんを患う47歳の女性」の相談を受けました。
　実は，この女性は腫瘍外科医でした。つまり，そのときの自分と同じ状態の人をたびたび手術してきたわけです。
　スーザンという名のこの女性は，うす暗いセラピー室で両手に視線を落とし，敗北感を滲ませていました。ステージ4のがんはきわめて深刻ですが，スーザンの苦悩は病状以上に深刻でした。
　スーザンは打ち明けました。「しこりを感じたのは11カ月前のことです。それががんだと気づいて，怖くなりました。ばかですよね。早期発見と早期治療がよりよい結果につながることは承知しています。頭の中ではわかっているんです。なのに，とても怖くなって，見て見ぬ振りをしたんですから。
　母はまだ若いうちに，乳がんで亡くなりました。だからこそ，私は医学部に進んだんです。母のような人たちを救うために。自分の胸に小さな丸い塊を感じた途端，母の最期の日々が目に浮かびました。やせ細っていました。何も食べられなかったからです。化学療法のせいで髪の毛もありませんでした。肌は土気色です。そして，ひどく痛がっていました。その姿がまざまざとよみがえって，自分も間もなく同じようになるんだと恐ろしくなりました。だから，しこりなんて存在しないことにして，それまでどおりの生活をしたんです」
　スーザンの恐れは回避につながり，不幸にも，がんが進行する結果となりました。もっと早く治療していたら，より効果的な介入が受けられたはずです。思考，感情，行動を恐れに支配させてしまったことが，悲劇的な結果を招きました。がんはもう末期状態になっていたのです。

これが恐れの威力です。

ディストレス（苦痛）とユーストレス

　恐れと情熱は，異なる原動力であるだけでなく，正反対のストレス反応を引き起こします。後で「ユーストレス」——建設的で活力をもたらすストレス——について説明しますが，まずはディストレス（苦痛），つまりストレスの負の側面について話しましょう。思考や行動が恐れに基づいているときは，ディストレスがあります。説明をすっきりさせるために，これ以降は「ストレス」という言葉を，ストレスの負の側面という意味でのみ用います。
　完璧主義には，好ましくない感情が満ちあふれています。不安，心配，失敗に対する恐れ，心細さ——どれもこれもストレスです。完璧主義者が対処する負のエネルギーとストレスの量は，生産性を下げるどころか，有害にさえなりかねません。ストレスが人生にどのような影響を及ぼし得るか，考えてみましょう。

ストレスに対する感情面での反応は，あなたもよくご存知のはずです。ストレスがたまっていると，私たちは不安を覚え，心配し，落ち込み，無力感にさいなまれ，苛立ち，怒り，精神的余裕をなくすことがあります。その一方で，身体の生理的反応について知っている人は多くないでしょう。ストレスがあると，ストレスホルモンが分泌されるのです。ストレスホルモンに長期間さらされると，身体のほぼすべてのシステムが悪影響を受ける可能性があります。そして，好ましくない結果を招くのです。

- **皮膚系**：吹き出もの，発疹，抜け毛，しわ
- **消化器系**：胃けいれん，下痢，便秘
- **免疫系**：病気にかかりやすくなる
- **筋骨格系**：筋肉のこわばり，原因不明の痛み
- **心血管系**：動脈硬化

　もう1つ，大きな問題があります。ストレスがたまっていると，あまりはっきりものを考えられないことに気づいた経験はありませんか？　これは慢性的なストレスが，海馬，つまり脳内で特定の記憶処理を司る部位を文字どおり萎縮させるからなのです。その結果，どうなるでしょうか？　答えは忘れてしまいました（冗談です）。ストレス度が高いと，問題解決能力や，注意力，集中力，意欲を感じる能力が低下することがあるのです。

> **BTPアドバイス：回復するにはストレス解消を**
> ストレスの威力は生やさしいものではありません。精神神経免疫学という学問分野があり，心理（特にストレスに関連する心理）と，神経系・免疫系との関係を研究しています。そこでわかったのは，ストレスが傷の回復を遅らせ，感染症への抵抗力を弱める可能性があるということでした。

　それだけではありません。ストレスは太る原因にもなり得るのです。ストレスホルモンは腹部の脂肪を増やすことがあります。そのうえ，認めたくない事実ですが，人はストレスがたまっているときには，いつも健康的な食べものを選ぶわけではありません。大事な試験や仕事の締切が心配なとき，野菜サラダに手を伸ばす人がいるでしょうか？　多くの人が迷わずポテトチップやクッキーを口に運ぶでしょう。それも1枚や2枚ではなく，大量にむさぼります。あっという間に袋が空になるはずです。

　ストレスは人間関係も険悪にします。読者のみなさんがどうかはわかりませんが，私は精神的余裕をなくすと，あまり親切で思いやりのある人間ではなくなります。それどころか，自分自身でさえ，こんな人間には近寄りたくないと思うことがあります。きっと家族も同じ気持ちだと思います。

> **BTPアドバイス：深呼吸を！**
> 手っ取り早いストレス軽減法の1つは，深い腹式呼吸をすることです。簡単すぎて信じられないかもしれませんが，これは本当のことです。深呼吸をすると視床下部が活性化され，それにより，ストレスを生むホルモンが抑制されて，全身のリラクセーション反応が促されます。今度ストレスを感じていることに気づいたら，深い腹式呼吸をゆっくり5回，行ってみてください。

　さらに，ストレスがあると視野も狭まります。ある状況の負の側面に目が向き，プラスの側面が見えにくくなって，本来の価値観や道徳を忘れてしまうことさえあります。ストレスがあると，

人は「生きるか死ぬか」の心理で反応し，何とか生き延びようとして既存のルールから逸脱してしまう危険性が高まります。問題は，ストレスが命に関わることはまずないのに，心身共に生死がかかっているかのように反応してしまうことです。この「災害心理」によって負の側面ばかりに目が向くと，衝動的な反応や，本来の性質とは異なる反応が起きることがあります。逆に，ストレスの強まりを防ぐために仕事を先延ばしにしたり，目の前の状況を回避したりするようになる場合もあります。

「はじめに」の中で，私が出張の準備をしながら娘に綴りの問題を出したという話をしたのを覚えていますか？ その朝，ストレスのたまった精神状態のせいで，私は次のような惨めで情けない状況に陥りました。

　　理性的に考えているときは，自分の仕事の重要性がきちんとわかります。人が頭の中の批判者を打ちのめして，最高の人生を創造できるように手助けをすることによって，このうえない達成感を覚えます。それは，ささやかですが，世界をよりよくするための私なりの方法なのです。大企業のCEOをコーチングして，発見したことを会社の労働環境（と売上）の改善に活かしてもらうこと。ストレスで参っている母親に「母親特有の罪悪感」〔子どもにしてやるべきことをしていないという罪悪感〕を忘れさせること。どちらであれ，私は自分の仕事を心から愛しています。
　　でも，ストレス度が上がると，理性的な思考はどこかへ吹き飛び，恐れに支配されてしまうことがあります。これは誰にでも起きる現象で，どれだけ多くの立派な肩書きをもつ人でも同じです。
　　もし，あの綴りのエピソードの最中に私の頭の中にマイクを差し込んだら，次のような声が聞こえてきたかもしれません。
　　「娘が勉強につまずいているときニューヨークに行くなんて，一体どういう母親よ？」（もちろん，たった1語の間違いを「つまずき」とは呼びませんが，ストレスがたまった頭は理性的に考えられないのです）
　　人はストレスがたまると，自分に質問を投げかけるだけでは終わりません。答えも自分で出すのです。その朝の私は次のような答えを出しました。
　　「私は悪い母親なんだ。家にいて，子どものそばにいるべきなのに」
　　いまのようにストレス度が低く，理性的に考えているときは，自分が悪い母親ではないことがわかります。始終，子どものそばにいるわけではありませんが，家にいるときはその瞬間に注意を集中し，子どもとめいっぱい関わろうと努めます。このように量より質を重んじる方針がよいことは，研究でも裏付けられています。しかも，あの子たちを支える大人は私だけではありません。周囲にはあの子たちを愛する人間が大勢います。
　　それでも，ストレス度が高かった私は，恐れに気をとられてしまいました。悪い母親ではないかという恐れ。仕事のために，娘たちの子ども時代を台なしにしているのではないかという恐れ。そして，このことが娘たちに長期的な悪影響を及ぼすのではないかという恐れです。

共感できる話でしたか？

課題：ストレスに満ちた思考について考える

以下の問いに答えてください。

ストレスがたまっていたときのことを思い出してください。自分の考え方によってどんなふうに状況が悪化したか，その経緯(いきさつ)を書いてください。

___

___

___

___

___

後から考えるとささいなことで，人とけんかしたときのことを書いてください。

___

___

___

___

___

心の中で自分を厳しく責めたときのことを書いてください。

___

___

___

___

___

___

課題：ストレスに満ちた思考について考える

ストレスがたまっていると，完璧主義による恐れはどのように強まりますか？

_____

_____

_____

_____

_____

ここまでは，恐れという原動力のストレス反応を見てきました。これと正反対なのが情熱という原動力のストレス反応で，こちらは「ユーストレス」と呼ぶほうがぴったりきます。ユーストレスとは，前向きな変化を起こしたいと望ませる建設的なエネルギーです。何が起きるかという不安をかき立てるのではなく，逆境から立ち直る力や，気分の高揚，意欲，活気，熱意を特徴としています。ユーストレスがあると，問題解決能力や，革新的な思考力と行動力，障害を乗り越える力が高まります。ほかの人から邪魔が入ったり，嫌みを言われたりしても，めげません。ユーストレスは，決意，忍耐力，不屈の精神を伴います。

ユーストレスの例は，興味のあるものを新たに学ぶこと，大好きな相手とデートをすること，情熱を燃やせる事業を立ち上げること，自分にとって有意義な課題に取り込むこと，怖い映画を観ること（一部の人に限ります），スポーツで競い合うこと，楽しいイベントの準備をすること，新たな技能や才能を伸ばすこと，人の手助けをすることなどがあります。

ストレスか，ユーストレスか。あなたの選択次第です。日々のあらゆる行動の原動力としてどちらの感情を用いるかは，自分で選べます。「本当？」という声が聞こえてきますが，ええ，本当なのです。

不安の発生源は？

では，こうした恐れや情熱という原動力はどこから生まれてくるのでしょうか？　それは「実世界」よりも脳内で起きていることと関係があります。実をいうと，世界をどう見るかが，何が見えるかに本当に影響を与えるのです。

世界をどう見るかが，何が見えるかに本当に影響を与えるのです。

仮に，あなたが青いレンズの眼鏡をかけているとしましょう。何もかもが青みがかって見えます。その状態で，熟したおいしいバナナが食べたくなったとします。でも，あなたには緑色のバナナしか見つけられません。食料品店を探し歩いても，熟したバナナは1本も見つかりません。

そのとき，自分がまだ青い眼鏡をかけていたことに気づきます。外してみると，自分が見ていたバナナの多くが実際には黄色でした。どれも熟していて食べ頃です。でも，青い眼鏡をかけているときは，どのバナナも緑色に見えました。

　もちろん，私たちはいつも青い眼鏡をかけて歩くわけではありません。でも，人間には世界を見るためのレンズがあり，レンズの種類はその人の信念によって決まります。信念というのは，自分自身や，ほかの人，そして世界に関する，深く根付いた考えです。これがその人自身の考え方や，感じ方，行動だけでなく，ほかの人たちからの接し方にまで影響を及ぼすのです。要するに，その人の信念がその人の現実を作るわけです。

　そんな話は眉唾ものだと思う人もいるかもしれません。でも，深く納得する人もいるでしょう。

　例を使って説明しましょう。あなたはパーティーに招待されましたが，予定客の中には知り合いが1人もいません。このパーティーは参加者限定のイベントで，影響力のある人やおもしろそうな人が大勢，出席することになっていますが，直接の知り合いは誰もいません。しかも，参加者限定なので，誰かを同伴していくこともできません。

　ここで二種類の信念を眼鏡のように「かけて」みましょう。それぞれ，あなたの経験にどのような影響——または色——を与えるでしょうか。

　信念は自己成就予言を生み出します。

　信念1：ほかの人に気に入られるためには，完璧な人間にならなければならない。知り合いは1人もいないだろう。何を着ていけばいいかもわからない。みんな，私を批判するだろう。私を気に入りはしないだろう
- **感情**：孤独，緊張，不安，心配
- **行動**：そわそわする，言い間違いをする，言うべきことを必死で探す，人から離れて立つ
- **ほかの人の反応**：私が醸し出している雰囲気を見て，私を避ける
- **考え**：「ほら，誰も私と関わりたがらない。私はダメなやつだ。それにしても，何てお高くとまった連中だろう」

　信念2：人生は冒険だ。人はたいてい親切だし，新たな出会いを求めている
- **感情**：高揚感，（よい意味での）緊張，意欲満々
- **行動**：ほかの人に自己紹介をする，質問をする，相手の言うことに注意を向ける
- **ほかの人の反応**：私と会話し，その人の友人に私を紹介し，私に質問をする
- **考え**：「これって最高のイベントじゃないの！」

　異なる視点から見ると，同じイベントがまったくの別ものになることがおわかりになりましたか？

> **BTP アドバイス：ほかの誰かになったつもりで**
> どのようなレンズをかけるかは，自分で決められます。試しに，「この人のように世界を見たい」と思う映画の登場人物になりきってみましょう。その人のレンズを通して世界を見ながら，その人がしそうな振る舞いや，しゃべり方，立ち方，考え方をしてみるのです。練習すればするほど，簡単にできるようになります。

考えの威力

　私たちの信念と考えは，私たちの現実を作り出すことができます。根拠もなしに言っているわけではありません。プラセボ〔偽薬〕研究がこの説を強力に裏付けているのです。「プラセボ」とは，効果をもった治療薬に見えながら，実際にはそうではないものを指します。糖の錠剤もその1つです。

　プラセボを使用すると，主観的な好ましい変化（痛みや抑うつが改善したという自己報告）だけでなく，客観的な（測定可能な）好ましい変化も報告されることがわかっています。たとえば，うつ病患者向けの薬を投与したときと同じような脳波の変化が起きたり，パーキンソン病患者のドーパミンの分泌量が増えたりしたのです。それどころか，服用するものがプラセボであることを実験参加者に伝えても，やはりプラセボ効果が働くことが，研究でわかっているのです。これは考えの威力を示す大きな証拠です。

　ある研究では，実験参加者に情報を伝達するとき，プラセボ効果が働くことが確認されました。睡眠に関する研究で，参加者を無作為に2グループに分け，一晩，睡眠をとらせた後，一方のグループには眠りが深かったと伝え（REM〈急速眼球運動〉の量で示されます），もう一方のグループには眠りが浅かったと伝えます。実はこの情報はでたらめだったのですが，この後，認知技能を評価する一連のテストを参加者に実施したところ，よく眠れなかったと信じていた人たちのほうが，注意力と情報処理を要する技能の得点が低かったのです。実際の睡眠量とは関係のない結果でした。

　私たちの信念は現実になり得るのです。

　最近，私が出席したワークショップでの出来事を紹介しましょう。誰かが手を挙げて，このコンセプトは自分の人生にこんな影響を与えそうだと発言するたび，講師が「そうおっしゃるなら，そうでしょう」と答えるのです。

　ある人が，「私にはそんなことは絶対できません」と言うと，講師は「そうおっしゃるなら，そうでしょう」と答えます。

　また別の人が，「妻がそんなことを承諾するはずがありません」と言うと，講師はやはり，「そうおっしゃるなら，そうでしょう」と返します。

　この答えが少し鼻についてきた頃，ようやく講師がそう答える理由がわかりました。これはおざなりな返答ではなく，深い知恵を秘めた答えでした。あなたが言うことは，あなたの現実になるのです。

考えがストレスを悪化させる

　どのような独り言を言うかは，感情に影響を与えます。そして，感情は独り言の内容に影響を与えます。相互に作用し合うのです。

自分の脳にマイクを差し込めるとしましょう。何が聞こえてくるでしょうか？　それはあなたの独り言，つまり，考えと信念です。では，どのような考えと信念が聞こえてきてほしいですか？
　恐れに基づくものですか，それとも情熱に基づくものですか？
　ストレスは恐れを強め，情熱の炎をかき消してしまう場合があるので，ストレスを抑えることが大切です。
　現代社会では，ストレスのない場所などないように思えることが少なくありません。ストレスは人生の一部なのです。ですから，私たちはストレスを一掃することは目指しません。現に，ある程度のストレスによって，前向きな変化を起こす気になることもあります。ストレスは先ほど説明したユーストレスを与えてくれることがあるのです。でも，過剰なストレスは，事態を悪化させ，生産性を妨げる可能性があります。

課題：あなたのストレス度

ストレスを，0（ストレスが皆無）から10（生涯で最もストレスがたまった状態）までの段階で考えてみましょう。そして，次のように自分に問いかけてください。

現在のストレス度は？
_____

通常のストレス度は？
_____

ストレスを強めるものは？
_____
_____

ストレスを弱めるものは？
_____
_____

朝，目覚めたときのストレス度は？
_____

夜，寝るときのストレス度は？
_____

　ストレス度が7以上になると，理性的な思考は吹き飛びます。完璧主義のパターンもどんどん強まる傾向があります。
　ストレス度は，状況に対する見方に影響することがあります。それを示しているのが，以下のシナリオです。

「昨日は本当に頭に来ました」とケイティは言いました。ケイティは私がコーチングしているクライエントです。製薬会社の営業担当で，さまざまな医師や病院スタッフと会うために，400kmを超える距離を車で走り回ります。

「何があったのか，教えてください」と私。

「昨日は大変な1日でした。150kmほど走って，ある医師に会いにいったんですが，うちの製品は最悪だから，サンプルさえいらないと言われただけでした。帰り道は大渋滞で，今日1件も売れなかったことを上司にどう責められるか，ずっと考えていました。

家に着くと，夫が夕方5時には帰宅してベビーシッターを帰らせると約束していたのに，7時15分の時点でまだ留守でした。ベビーシッターは，まだ帰らないでくれと夫から電話があったと言っていましたが，私には何の連絡もありませんでした。

夫は，しなければならない仕事があったわけではありません。ただ用事をもう2つ3つ済ませようとしただけなんです。頭に血が上りました。夫はいつもこうなんです。家庭より仕事を優先するんですよ。私は子どもたちの世話をしてから，シャワーを浴びて，ベッドに入りました。話もしたくなかったので，夫には気分が悪いと伝えました」

私はケイティに尋ねました。「そのときのストレス度は，0から10まででいくつだったと思いますか？」

「9です」

「それで，なぜそれほど頭に来たんですか？」

「夫が，子どもたちのことも私のこともベビーシッターのことも気にかけていないからです。自分と仕事のことしか考えていないんです。少なくとも，あのとき私はそう思っていました」

「いまはどうお思いですか？」

「冷静になってから，夫の上司が出張でこちらに来ていることを思い出しました。たまにしか上司と顔を合わせないのに，5時前に帰宅したら心証を悪くしかねませんよね。いまならわかります」

「『冷静になった』ときのストレス度はいくつでしたか？」

「5です」

「いまは？」

「3です」

「9のときから，3になった現在までに，考え方はどう変わりましたか？」

「自分が過剰反応したことがわかります。夫は確かに私と子どもたちを愛しています。ただ上司の心証をよくしたかっただけなんですよね」

共感できる話でしたか？

課題：ストレスを感じているときの考え

猛烈に腹が立って，ストレス度が0から10までの7以上になったときのことを思い浮かべてください。そのとき，頭の中でどのような独り言をつぶやいていたか，書いてください。

_____

_____

_____

_____

_____

その出来事の後，やがてストレスは弱まったはずです。3程度まで下がったとき，考えたこと——そして考え方——にはどのような変化がありましたか？

_____

_____

_____

_____

_____

このように，私たちはストレス度に応じて，違った考え方をするのです。

ストレスを管理する

ストレスにうまく対処するためには，2段構えの取り組み方が必要になるでしょう。事前管理と事後管理です。

ストレスの事前管理

ストレスの事前管理では，ストレス度を効果的に下げる手段を日常的に用います。たとえば，継続的に運動したり，瞑想したり，一緒にいて楽しい人と会ったりすることが挙げられるでしょう。また，十分な睡眠（7〜9時間）と，身体の燃料となる適切な栄養をとることも含まれます。

睡眠と栄養は，それ自体がストレスの原因になりがちなので，少し説明しておきましょう。7〜9時間が長いということは私も重々承知しています。多忙な生活の中ですべての用事を済ませるには，起きている時間を増やす必要があることもわかります。私自身が母親，妻，世帯主，講演者，著述家，心理士，コーチ，運転手，そしてときどき料理人という立場なので，時間の貴重さは理解しているつもりです。

重要なのは，必要なだけ睡眠をとると，人生が一変するといっても過言ではないということです。継続的に質のよい睡眠をとれば，以下のような効果が得られることが研究でわかっています。

- ✓ 体重が減る
- ✓ ストレスが軽減する
- ✓ 幸福感が増す
- ✓ 病気にかかりにくくなる
- ✓ 記憶力が改善する
- ✓ 仕事や勉強の成果が上がる
- ✓ 創造性が高まる
- ✓ 活力が増す
- ✓ 寿命が延びる

ですから，睡眠をとりましょう！

食べものもまた，ストレス度に非常に大きな影響を及ぼす可能性があります。糖分やカフェインのとりすぎはストレスを強める場合があります。加工食品は，脂肪分，糖分，塩分を多く含み，ストレスホルモンのコルチゾールを増やします。脱水症状も身体にストレスを与える恐れがあります。ですから，人間に必要な栄養素——たんぱく質，良質の炭水化物，健康的な脂肪——をたっぷり含んだ，新鮮な自然食品を選びましょう（私自身は，1日の始めにサプリメントと，栄養豊富なシェイクを飲みます。私がいま使用しているものを知りたければ，www.ElizabethLombardo.com/BetterThanPerfect にアクセスしてください）。

> **BTP アドバイス：ぐっすり眠る方法**
> 夜，熟睡するのに効果的な方法の1つは，緊張をほぐす夜の儀式を設けることです。画面（テレビ，iPad，スマートフォン）は神経系を興奮させるので，就寝の少なくとも30分前には電源を切ってください。心身をリラックスさせて眠りに落ちるために，照明を暗めにしたり，本を読んだり，瞑想したり，温かいシャワーを浴びたりしましょう。

ストレスの事後管理

今度は，ストレスの事後管理の方法を見ていきます。これは，ストレス度が上がっていることに気づいたとき役立ちます。自分のストレスが6以上だと気づいたときは必ず，それを効果的に下げる手段をとってください。

どのような手段があるでしょうか？　決まった答えはありません。私はクライエントに，その人に効果のある方法のリストを作るように勧めています。なぜ複数の方法を考えておくのでしょうか？　状況によって，できないことがあるからです。たとえば，ステージ上で2,000人の聴衆に向かって講演しているときは，いくらストレス度が高くても，泡風呂に入ってくるから待っていてくださいとは言えません。

クライエントが使っている方法をいくつか紹介しましょう。

- ✓ 深呼吸をする
- ✓ 瞑想する
- ✓ 元気の出る音楽を聴く
- ✓ 散歩に出かける
- ✓ 陽気な友達とおしゃべりする
- ✓ おもしろいビデオを観る
- ✓ ベッドの上で飛び跳ねる
- ✓ シャボン玉を作る
- ✓ 祈る
- ✓ 腕立て伏せをする
- ✓ 屋外で時間を過ごす
- ✓ いたずら書きをする
- ✓ 温かいシャワーを浴びる
- ✓ サイクリングに出かける

課題：ストレス軽減法

次はあなたの番です。自分にとって効果的なストレス軽減法，つまり，これをすればリラックスできるという方法のリストを作りましょう。最低 10 項目は挙げてください。

1. _____
2. _____
3. _____
4. _____
5. _____
6. _____
7. _____
8. _____
9. _____
10. _____
11. _____
12. _____

このリストをいつも手元に置いておいてください。財布にしまったり，スマートフォンに保存したり，机の上に置いたり，車の中に入れたりしておくのです。ストレス度が高くなるたびに，リスト内の1項目を試しましょう。それでも下がらなければ，下がるまで別の項目を試していってください。

すべてはよい動機から

　私は20年近く臨床家として働くなかで，とても興味をそそるクライエントたちと接してきました。ホームレスの人もいれば，何軒も家がある人もいました。収監された経験をもつ人もいれば，警察官もいました。配偶者や，勤め先や，政府に対して裏切り行為を働いている人もいました。怒りのコントロールに悩む人も治療しましたが，ときどき大声でわめいたほうがよさそうな人も治療しました。クライエントの中には，薬物の売人も製薬会社の営業担当者もいましたし，医師も重病人もいました。肥満の人も，チューブで栄養補給する必要があるほど栄養不良の人もいました。経歴，文化，宗教，社会経済的地位，興味の対象はばらばらでした。でも，すべての人に強力な共通点があったのです。それは，私がクライエントから学んだ特に大きな教訓で，表と裏の法則と名付けたものです。

表と裏の法則

　この法則は，好ましくないと思う（他者の）行動をもっと建設的にとらえる方法です。つまり，表面上の行動がどれだけ「悪い」かにこだわるのではなく，根底にある動機はほぼ例外なくよいものだということを思い出すのです。
　たとえば，職場か学校で，ある人がほかの人をいじめていて，言葉で非難したり嘲ったりするだけでなく，脅してさえいるとしましょう。
　もちろん，いじめはよいことではありません。でも，その事実だけに注目するのではなく，少し立ち止まって，なぜいじめっ子はいじめをするのか，考えてみましょう。それは，いじめっ子が苦しんでいて，もっとよい気分を味わいたいからです。その思考は次のようなものです。
- 「誰かをやっつければ，もっと自分に自信がもてるだろう」
- 「誰かを従わせれば，もっと自分が強いと思えるだろう」
- 「誰かを自分以上に苦しませれば，自分はもっと幸せになるだろう。少なくとも，苦しいのは自分だけではなくなる」

　もちろん，この理屈は正しくありません。そこから生まれる行動は大変なダメージを与える危険性があります。でも，いじめっ子の根底にある動機，つまり，自分にもっとよい感情を抱きたいという動機は理解できます。そのような感情はいらないという人がどこにいるでしょうか？

> **BTP アドバイス：腹立たしい言動を考え直す**
> 身近な人にどのように表と裏の法則を用いることができるか，考えてみてください。たとえば夫に対してなら，「あの人には悪気はないはずだ」という前提から出発しましょう。夫が腹立たしいことを言ったとき，夫の心の内をどのように解釈すればよいでしょうか？ 今日は嫌なことがあったのだと思いますか？ 自分が愛されていることを確認したいのだと思いますか？ あなたの関心を引きたいのだと思いますか？
> あるいは，あなたのお子さんが，いけないとわかっているはずのことをしてしまったとき，表と裏の法則をどう用いれば，その行動の理由をよりよく理解できるでしょうか？ 友達の前で格好をつけようとしたのだと思いますか？ それとも，ただふざけただけだと思いますか？
> この法則を用いても，相手の行動を許せるわけではありません。でも，相手の意図が理解しやすくなり，一緒に前進する努力ができます。

行動と同じく，「ネガティブ」な考えの根底にも，たいていはよい動機があります。

　カーリーはおびえきった顔をして，私のオフィスに入ってきました。「職場で，破格の昇進の話をもちかけられたんです」
　これは予想外の言葉でした。
　なぜそんなに心配そうな顔をしているのかと尋ねると，「そんな仕事は私にはできません」と答えます。
　「その考えの根底にある動機は何でしょうね？」と私。
　「失敗から自分を守ることです。私は失敗したくないんです。とにかく，いい結果を出したいんです」
　「いい結果を出したい気持ちを保つためには，どうやって恐れを情熱に変えればいいでしょうか？」
　カーリーは少し考えました。「そうですね，自分の強みに目を向けることです。自分を信じればいいんです。わからないことは尋ねたり，必要なら特別に指導を受けたりすることもできます」
　「そのように方針を転換したら，どのような変化が起きますか？」
　「手助けや協力がほしいと思ったら，もっと積極的に求めるようになるでしょうし，もっと自分に自信を感じるでしょう」
　「では，いま昇進についてどう感じますか？」
　「楽しみです！」

表と裏の法則は完璧主義を理解するのに重要です。

完璧主義者の表面上の行動や独り言をいくつか挙げてみます。
- 自己批判する
- 働きすぎる
- ものごとを先延ばしにするか，回避する
- ほかの人を支配しようとする

　必ずしも好ましい行動ではありません。でも，根底にある動機には，以下のようなよい衝動が1つは含まれているかもしれません。

- 幸福感を強めたいと思っていて，この方法がそれに役立つと考えている
- よい結果を出したい
- ほかの人を感心させたい
- 自分を重要な存在だと感じたい
- ほかの人の力になりたい
- 人を驚かせたい

間違いなく，以上の動機はすべて，とてもよい原動力になり得ます。肝心なのは，恐れとストレスに基づいた方法ではなく，前向きで情熱に満ちた方法でこの原動力を用い，活かすことです。頭の中の批判者に行動と感情を左右されることのないようにしてください。

「私たちは……自分の力が及ぶ領域で完璧を目指すけれど，それが自分はおろか，子どもにも，満足感や喜びをもたらすとは限りません」
　　　　　　　　　　　　　——サラ・ジェシカ・パーカー　女優

それはあなたではありません

　完璧主義と，その原因である恐れが本当のあなたではないのと同じように，ストレスもまた，本当のあなたと相反する考えから生まれます。ストレスが不快に感じられるのはそのためです。
　「手術」という名のボードゲームを知っていますか？　「手術台」の上に 1 人の男性の絵が描いてあります。男性の身体には，金属で縁取られた小さな「穴」がいくつも空いていて，そこにプラスチック製のさまざまな骨がはめ込まれています。ゲームの目的は，金属の縁に触れずに，穴から骨をピンセットで取り出すことです。縁に触れると，男性の鼻（赤い電球）が光り，大きな音が鳴って，プレイヤーの手術の下手さ加減を知らしめます。
　さて，この手術ゲームを人生の縮図だと考えてみましょう（あきれないで，少しだけおつき合いください）。上手に操作すること——うまく手術すること——は，上手に生きることだと思ってください。それは誤りが一切なく，万事が順調な状態です。でも，ゲーム中に操作を誤ると警報が鳴り，上手な手術の動作から逸脱したことがプレイヤーに知らされます。あなたが「本当のあなた」から逸脱した考えをもったとき嫌な気分になるのは，このようなゲーム中の警報と同じようなものです。それは本来するはずのことではないと知らせる，フィードバックシステムなのです。
　ですから，ストレスが生じたとき——「自分らしくない」投げやりな考えを抱いたとき——は，手術ゲームのときと同じ対応をとりましょう。つまり，やり方を修正するのです。状況や自分自身やほかの人に対する見方と接し方を変えて，調整を行ってください。どのようにすればよいのでしょうか？　これから学んでいくのはまさにその方法です。

恐れまたはストレスを利用しましょう

自分の思考が自分にダメージを与えることがあると知ったら，がっかりしてしまうかもしれません。でも，そのような考えを抱いた自分を責めるより，その考えを自分に役立つように利用しましょう。ここでいう「利用」（USE）とは，以下のような意味です。

U　自分の真の動機を明らかにする（Unveil）
S　情熱と愛情に満ちた方法に転換する（Switch）
E　自分にとってもっと有益な新しい行動をとる（Engage）

この方法の用い方の例を見てみましょう。

　アリーというクライエントは，連休になると姑が泊まりにくることにストレスを感じていました。「いつも私の子育てについて，えらそうに批評するんです。頭に来てしまいます。
　姑が来るとなると，1週間も前から掃除をします。それに，私の料理に小言を言うに違いないので，食事のメニューにも頭を痛めます。もう，神経衰弱の状態ですよ」
　私はアリーに，姑の来訪について自分が言ったことを深く考えるように言いました。その後，USE のシートに記入してもらいました。

見本：恐れまたはストレスを利用（USE）しましょう

U	自分の真の動機を明らかにする：	姑に気に入られたいし，自分の息子が私と結婚したのは大正解だったと思ってほしい。
S	情熱と愛情に満ちた方法に転換する：	姑は，自分が重要な存在で，愛されていると感じたいのだ。姑にそう感じてもらいたい。
E	自分にもっと有益な新しい行動をとる：	たとえば料理など，姑がよく知っていることについてアドバイスを求めよう。夫が子どもだった頃の話をしてもらおう。

恐れと怒りに満ちた方法から，情熱と愛情に満ちた方法に転換したことで，姑の来訪に対するアリーの気の重さは和らぎました。こうすれば，ストレスが弱まり，幸福感が増すかもしれません。試してみてください。

課題：恐れまたはストレスを利用（USE）しましょう	
U 自分の真の動機を明らかにする：	
S 情熱と愛情に満ちた方法に転換する：	
E 自分にもっと有益な新しい行動をとる：	

> **BTP アドバイス：警告に注意して**
> ストレスのことを考えてストレスをためるのではなく，ストレスは，それを利用（USE）することを思い出すための警告なのだと思うようにしましょう。ストレスは「悪い」ものにもなりますが，ものの見方や方法を変えるきっかけにもなります。恐れを情熱に変えて，ストレスを自分に役立つよう利用（USE）してください。

　ここまで，完璧主義とはどのようなもので，そのメリットとデメリットは何か，そして完璧主義が身近な人や仕事や自分自身との関係に，いかにさまざまな影響を与えるかを掘り下げてきました。次は，どうすれば完璧以上のすばらしい人生を手にできるかを学びましょう。

第 2 部

頭の中の批判者を打ちのめし，最高の人生を創造するための 7 つの方略

P：自分の過去を検視する（Postmortem Your Past）
E：自分の期待を評価する（Evaluate Your Expectations）
R：新しい道を踏み固める（Reinforce New Roads）
F：失敗を未来につなげる（Fail Forward）
E：極端を排除する（Eliminate Extremes）
C：比較をやめて，創造する（Create, Don't Compare）
T：超越する（Transcend）

第5章

P：自分の過去を検視する

　犯罪ドラマを観たことがある人は，検視というものを知っているでしょう。検視とは，人の死因を判断するための医学的な調査です。突き詰めていえば，検視官は「なぜ，こうなったのか？」という問いに答えようとします。

　この章では，完璧よりもすばらしい人生を送るための第一段階として，身体の解剖こそしませんが，まさに「なぜ，こうなったのか？」という問いに取り組みます。あなたの完璧主義に対する「欲求」が生まれた経緯を探るのです。なぜ，自分の足かせとなるような完璧主義の思考パターンを抱えているのでしょうか？　いつ始まったのでしょうか？　確かに，それは過去のことです。そして，いくら過去を変えたくても，それは不可能です。でも，変えることが可能な，とても重要な要素があります。現在そして未来にわたって過去が自分に及ぼしつづける影響を，とらえ直すことができるのです。

「過去の自分と決別して，現在の自分になれ」

——パウロ・コエーリョ　作家

　これから紹介するのは，ジョーダン・ケンパーという男性が，よりいっそうダイナミックな現在と未来を創造するために過去をとらえ直した例です。

　「10歳のときに起きた出来事を，僕は一生，忘れません。バスケットボールのコーチが練習中に僕のお腹をつまんで，ぜい肉のことをからかったんです。恥ずかしくてたまりませんでした」

　現在のジョーダンを見ると，「ぜい肉」などという言葉は決して思いつきません。にっこり微笑んでいる29歳のこの青年には，「ボディビルダー」や「スポーツ選手」，あるいは「モデル」という言葉さえふさわしく思えます。

　ジョーダンとはツイッターを通して知り合いました。ジョーダンの情熱と熱意は画面からも強く伝わってきますが，じかに会うとさらに強烈に感じられます。

　ジョーダンには，人をもっと健康にするという使命があります。経営する企業，ワンボディ・インターナショナルのキャッチフレーズは，「身体はたった1つしかありません。妥協は無用」です。

　ジョーダンは大学時代，NCAA〈全米大学体育協会〉大学バスケットボールの選手でした。いえ，少なくとも選手を目指していました。188cmという身長はチーム内では小柄なほうで，

コーチから「トゥイーナー」と呼ばれていました。シューティングガードを務めるほど小さくも機敏でもなく，かといってフォワードを務めるほど長身ではないという意味です。とても努力家で，練習では実績があったにもかかわらず，コーチはジョーダンを先発メンバーに選ぼうとしませんでした。

ジョーダンはこう話しました。「次の試合こそは，いや，その次こそは……。1年生。2年生。3年生。いつまでたっても何も変わらず，退部という選択肢と隣り合わせでした」

「4年生のシーズンが始まるとき，『いけるぞ！』と思いましたね。投票でチームのキャプテンに選ばれて，ついに出番が来たと確信したんです」

でも，ジョーダンが大学に入って初めて試合に出られたのは，チームメートの1人が3回目の試合でけがをし，シーズンが終わるまで出場不能になってからでした。

そのシーズンに，ジョーダンが属する大学は創立以来，最高クラスの成績を収めました。ジョーダンは，1試合で38得点，16リバウンドなど，いくつかの記録を樹立しました。全米1位の大学との試合では，ジョーダンが25点を稼ぎ，チームを勝利に導きました。

結局，ジョーダンは22試合に出場し，1試合につき平均34分間プレイしました。1試合あたり8.6リバウンドという記録は，チーム内だけでなく，大学が属するNCAAのカンファレンス〈いくつかの大学で構成されるリーグ〉内でも最高の数字でした。「トゥイーナー」にしては悪くありません。この忘れがたいシーズンの終わりに，ジョーダンはカンファレンスの最高賞をいくつも獲得しました。

ベンチに座ってコーチのゴーサインを待っていた数年間は，ジョーダンは苛立ち，腹を立て，やきもきし，ついには爆発寸前になりました。ジョーダンは言います。「もう二度と，自分にできることとできないことを他人に決めさせはしないと誓いました。上司や会社の指図を受けなくても成功してやるぞ，と自分に約束したんです」

そのような心境だったので，友人のスティーヴ・フリシュチュク博士からユサナ・ヘルス・サイエンシズの話を聞くと，興味を覚えました。ユサナは独立事業を立ち上げるチャンスを提供しています。起業すれば，ほかの人をもっと健康にする道が開けます。

「健康増進について人を啓発でき，しかも上司もいないなんて，冗談かと思いましたね。まさに僕に打ってつけの話でした」

事業を始めたとき，ジョーダンの銀行口座には1,000ドルもありませんでしたが，6年後には事業規模が100万ドルの大台を超えました。ユサナの栄養関連商品が，ジョーダンの事業，ワンボディ・インターナショナルの重要な一角となっています。

大学で控え選手だった数年間に，ジョーダンには完璧主義の特性がいくつか生まれていました。経営者となったいま，従業員の成功を心から願ってはいますが，「支配欲の傾向」が現れると人になかなか責任を委ねられないことがよくあります。最初の頃は，「自分でやるほうがうまくいく」という態度をとったせいで，従業員の成長が遅れてしまいました。

当初ジョーダンは，ほかの人に創造的な仕事をさせたり，電話会議を取り仕切らせたり，人の集まるイベントでスピーチをさせたりすることがとても苦手でした。自分でやれば，すぐにでも質の高い安心できる結果を得られることがわかっていたからです。葛藤の日々が続きました。

組織が真の飛躍を遂げたのは，ジョーダンが何でも支配したがる完璧主義の傾向を抑えられるようになってからでした。「僕が引っ込んで，各リーダーに指揮を執らせたら，爆発的な成長が起きました」。従業員たちが自分とは異なる優れた発想や手法や提案をもっていることに，

ジョーダンは気づきました。それこそがチームの醍醐味なのです。

人はみな，人生の転機となったつらい出来事に感謝すべきだと，ジョーダンは心から信じています。10歳のときにお腹をつまんだあのコーチがいたからこそ，ジョーダンはその後ずっとトレーニングを続けるようになったのです。「あの日以来，必ず運動しようと心に誓っているんです」。そのときのつらさと恥ずかしさから，太りすぎの問題を抱えた人への強い意識と感性も芽生えました。

現在，ジョーダンはたびたびステージに登場し，ドクター・オズ〈健康番組の司会者で医師〉やダレン・ハーディー〈『サクセス』誌発行人〉などと共に満席の聴衆を感動させています。ジョーダンは，あのつらい出来事を神に感謝しているそうです。美しい傷跡を残してくれたからです。

「傷を英知に変えましょう」
——オプラ・ウィンフリー　テレビ司会者，女優

「成功欲求」の芽生え

あなたはジョーダンの気持ちがわかりますか？
もう二度とこんな目には遭うまいと誓った出来事が，過去にありましたか？
すべてを完璧にこなさなければ，何もかも台なしになると感じることがありますか？

過去を検視することは，BTPプログラムの重要な第一歩です。そうすることで，あなたの行動の理由が明らかになるからです。もちろん，クライアントと話し合うとき，現在と未来を重視することに私は大賛成です。でも，問題の起源を突き止めると有益だということにも気づきました。原因と向き合うと，深い傷を癒やすような効果が現れることがあるからです。完璧主義の根を探らなければ，新たな技能を身につけても，いわば絆創膏を貼るような応急処置にしかならないかもしれません。それが治癒に役立つかどうかはわからないのです。

検視をすることによって，過去を「未来へのプレゼント」に変えましょう。

> **BTPアドバイス：なぜ過去を再訪するのか？**
> 確かに過去は変えられませんが，私たちは過去を変えようとしているのではありません。過去が私たちに及ぼしつづけている影響を変えようとしているのです。見落とされがちなことですが，私たちを苦しめつづけるのは過去ではありません。いまもなお影響を及ぼしているのは，解釈，つまり過去から「学んだ」こと，吸収したことなのです。出来事自体はすでに終わっています。自分の思考こそが，自分を苦しめつづけているのです。

私のクライアントはよく，「自分の完璧主義に理不尽な部分があることは承知しています。でも，やめられないんです」と言います。何らかの変化を起こしたほうがよいと頭ではわかっていても，心が「やめておけ！」と命じているのです。

あなたにも心当たりがありますか？

この態度の根底にはたいてい，昔か最近かにかかわらず，過去に生まれた強固な信念——「失敗するわけにはいかない」という信念——があるものです。この有害な考え方の根本原因を突き

止めるために，完璧主義の３つの芽生え方を見ていきましょう。
- モデリング
- 報酬
- 罰の回避

モデリング

　感謝祭のごちそうを作っている女性についての，ある昔話を紹介します。女性は七面鳥をオーブンに入れる前に，大きな肉切り包丁で七面鳥を半分に切り分けていました。容易な作業ではありません。苦労する母親を見た娘が，「お母さん，どうしてそんなことをするの？」と訊きました。

　女性はしばし手を止め，娘の顔を見つめながら，首をひねりました。「さあ，どうしてかしらね。でも，私の母親がいつもこうしてたの。おばあちゃんに電話して訊いてみましょう」

　電話に出たおばあちゃんは説明しました。「うちのオーブンは小さくて，いつも買う七面鳥が入らなくってね。だから，全部が入るように切らなきゃならなかったのよ」

　女性の家のオーブンは，一羽が丸ごと楽に入る大きさでした。なのに何年間も，汗水垂らして七面鳥を半分に切っていたのです。自分の母親が「慣例」として行っていたことを採り入れたために，時間と労力を無駄遣いしていたのでした。何と腹立たしいことでしょう！

あなたの完璧主義の芽生え方と重なる部分がありましたか？　完璧主義のきっかけになったと思われるほかの人の振る舞いは何ですか？
- 母親か父親がいつも働いている姿を見ましたか？
- 親御さんは，夜間や週末に働いていることがよくありましたか？
- 親御さんは，家に仕事を持ち帰っていましたか？
- あなたの中に，「仕事は楽しみより大切だ」という信念が生まれましたか？
- 親御さんが人一倍きれい好きで，「来客があってもいいように，家の中をいつもきれいにしておかなければ」と考えていましたか？

　ある年の瀬の『ワシントン・ポスト』紙に，「女性にとって，これほどストレスがたまる時期はない」という記事が載りました。何十枚ものクッキーを焼いたり，家の中の隙間という隙間をきれいに飾ったりするなど，昔ながらの年末行事を守っている女性たちを，ブリジッド・シャルトが鋭く描写しています。女性たちはなぜそのようなことを続けるのでしょう？　それは母親がやっていたからです。もちろん母親は，それと同時にフルタイムの仕事をしたり，子どもに平均7.2種類の習いごとをさせたりはしていなかったでしょう。

　中には，完璧主義と正反対の行動のモデリングを見た人もいるかもしれません。たとえば，ある女性のクライエントは，父親がいつも時間にだらしなく，やると言ったこと，特に家事をやったためしがなかったそうです。その振る舞いと態度に母親はひどく腹を立て，ついには離婚してしまいました。この幼少期の体験から，クライエントは，結婚生活の中で愛されるためには父親と正反対の振る舞いをしなければならないという信念を形成しました。それで，自分だけでなく夫にも，完璧主義のルールを設けたのです。

あなたはどうでしょうか？ 子どもの頃，次のようなメッセージを耳にしませんでしたか？
- 「遅刻は大嫌い。遅刻は相手を軽視している証拠よ」
- 「男たるものは，仕事熱心で，家族に不自由をさせないものだ」
- 「仕事が人間の本質を決める。でたらめな仕事をしたら人間失格だ」

課題：モデリングされた完璧主義について考える

たとえば両親など，影響力のある身近な人を見て，あなたが吸収したメッセージをよく考えてみてください。

完璧主義の特性を示していたのは誰ですか？

_____
_____
_____
_____
_____
_____

「完璧」とは正反対だったのは誰ですか？

_____
_____
_____
_____
_____
_____

課題：モデリングされた完璧主義について考える

そのような人の振る舞いから，あなたは何を吸収しましたか？

_____
_____
_____
_____
_____
_____

報酬

　言いたくはありませんが，自分の行動から何らかの報酬を得なかったら，あなたは完璧主義者にはならなかったでしょう。私の完璧主義の思考パターンは，10代の頃，次のように始まりました。

　　昼休みほどつらい時間はありませんでした。カフェテリアに歩いていくとき，先生が出した宿題の多さを愚痴る相手もいません。トレーを持って席を選ぶとき，探す相手もいません。食べながら一緒に笑う相手もいません。
　　7年生になる直前，私の家族は別の州に引っ越しました。知らない土地に住むことになり，馴染みの友達と離ればなれになったのです。両親が私を転入させた小さい女子校は，1年生から12年生までの一貫校で，7年生から入るのはほんの数人です。ほとんどの生徒はもう何年も前から互いに顔馴染みの仲でした。私はよそ者で，惨めな気分でした。
　　友達がほしいと思いました。でも，それ以上に強く望んだのは，自分に自信をもったり，自分に価値を感じたりすることです。残念ながら，そのような気持ちは抱けませんでした。
　　このようなとき，スポーツなどの活動に打ち込む人もいるでしょう。でも，私は勉強に専念することにしました。勉強が生活の中心になったのです。ひとりで過ごす昼休みは勉強していました。スクールバスの中でも──いま考えると，この時間は友達づくりに費やしてもよかったはずですが──勉強しました。帰宅後も，教師の期待をはるかに超えるほど勉強しました。週末も勉強です。ノートの内容をすべて暗記し，20～30ページ，いえ40ページでも，一字一句たがわず空で書き起こせるほどでした。
　　私は，まるで人生がかかっているかのように勉強しました。頭の中では，本当に人生がかかっていたのです。いつの間にか，「Aをとれば大丈夫。Aをとれば，人気者になれる。でも，Aより下だったら私はクズだ」という考え方が芽生えていたのです。
　　そのうち友達ができて，以前よりはるかに社交的になりました。でも，完璧な成績をとる「欲

求」は消えませんでした。周囲の人の目には優等生に映ったかもしれませんが，中毒に近いほど勉強していたせいで，私は充実した人生を送れていませんでした。勉強「しなければならない」からと，重要なイベントへの招待も断っていました（大学院生のとき，大いに盛り上がりそうな友達の結婚式にさえ出なかったのです）。いま考えると，仮に勉強以外の活動やイベントに時間を費やしても，成績は落ちなかったでしょう。

私の完璧主義の思考パターンが始まったのは7年生のときでした。やがて，それは勉強以外の領域にも現れはじめるのです。

上下の法則を思い出してください。たとえ表面上の行動があまり好ましくなくても，ほとんどの行動の裏にはたいていよい動機があるという法則です。私の完璧主義は，よい成績をとって自信をもちたいという思いから生まれました。7年生で転校したとき，私はそれ以前のBやCやDといった成績ではなく，Aをとるようになりました。なぜでしょうか？　引っ越しは自分の力の及ばない出来事でしたが，自分でコントロールできることが1つありました。勉強です。それに，最高の成績をとって教師や親からほめられるのはうれしいことでした。こうして私の自己意識は，完璧な成績をとる努力に覆い尽くされてしまったのです。

例をもう1つ紹介しましょう。

ベンは，「私は軍人の息子でした」と私に言いました。これはつまり，子ども時代に頻繁に引っ越しがあったということです。

「父は軍曹でした。私は17歳になるまでに6つの土地で暮らしました。あちこちを転々としながら大きくなるというのは大変でした。自分の力を繰り返し周囲に示さなければなりませんでしたから。父との接点はスポーツくらいでしたね。ときどき一緒にバスケをやりましたよ。私が練習すればするほど，父は私のことを人に話しました。『息子のフックショットをぜひ見せたいよ』って。父の関心を引けて，とてもうれしかったです」

ベンは父親の——そしてほかの子どもたちの——関心をさらに引こうとしました。毎日，何時間もドリブルの練習をしたり，シュートをしたり，ほかの子たちを集めて試合をしたりしたのです。

「毎日，日が暮れて帰る前に，50回連続でシュートを決めることにしていました。49回まで成功して，最後の1回を外したら，最初からやり直しです。50回じゃなきゃだめだったんです。完璧でなければだめでした」

人から受け入れられたい，好かれたいと思うのは人情です。でも，完璧主義者は人の注目を求めるうちに，幼少期の出来事に基づいて自分の振る舞いに関するある思い込みを抱きがちです。「私が成功したから，人は私を誇らしく思ってくれる」という考えが，「成功しなければ，人は私を誇らしく思ってくれないだろう」に一般化されるのです。それによって成功欲求が生まれ，定着します。そして，消えなくなります。

課題：完璧主義の行動について考える

何かをしてほめられた後,「もう一度,いや,毎回こうしなきゃだめだ」と考えるようになる気持ちが理解できますか？

子どもの頃のことを思い出しましょう。幼い頃,完璧主義の行動をとってほめられた経験をいくつか書き出してみてください。

_____

_____

_____

_____

_____

_____

_____

罰の回避

小さい頃,何かがうまくできないと批判されましたか？
テストで100点をとれないと,叱られましたか？
失敗をばかにされて,もう二度と失敗するものかと心に誓いましたか？
この章の初めに登場したジョーダンはそのような経験をしました。もう1つ,別の例を挙げましょう。

　2009年,ポップスターのケシャは,フロー・ライダーの全米1位となったヒット曲「ライト・ラウンド」のレコーディングに無償でゲスト参加しました。2013年11月には,アメリカン・ミュージック・アワードのステージで,ピットブルの全米1位のヒット曲「ティンバー」をピットブルと楽しそうに歌いました。摂食障害のための滞在型治療施設に入所したのは,そのわずか2カ月後です。
　その前年,ケシャは『セブンティーン』誌のインタビューで次のように語っていました。「おまえにはそんなことは無理だとか,不細工だとか太りすぎだとか言った人間のことは,1人たりとも忘れていません。音楽業界の人は『きみなんて,成功するわけがない』って感じでした。いま,そういうやつらに会うと,『ざまあ見ろ！』と言いたくなります」
　ケシャは「成功」するために有名なプロデューサー兼マネージャーと契約しましたが,体重に関してプレッシャーをかけられたといいます。
　母親によれば,「あるとき電話会議で,ケシャのマネージャーが怒鳴っていました。『やせな

きゃだめだ！薬を飲もうと，断食しようと，のどに指を突っ込もうと，何をしたってかまわない』って。ケシャはあらゆる手を尽くしたけれど，なかなかやせませんでした。そのときです，初めて過食症になったのは」

アメリカの女性の約50人に1人が過食症です。過食症の特徴は，大量の食べものを食べた後，それを外に排出することです。多くの場合，何らかの方法を使って自分で吐きます。

むちゃ食いはストレスと関わりがある場合が少なくありません。排出はたいてい，摂取したばかりのカロリーを多少なりともコントロールしようとする行動です。過食症やその他のむちゃ食い障害をもつ人は完璧主義も抱えている場合が多く，「完璧」な食事をしていないことに自責の念と恥の意識をもっています。

あなたはどうでしょうか？　ケシャに共感できますか？　罰を受けるとか，人から笑われるなどの不愉快な結果を避けるために，何らかの行動をとったことが過去にありますか？　それはあなたの完璧主義にどのような役割を果たしましたか？

> **BTPアドバイス：「手に入れたい」より「失いたくない」**
> 人間は利益を得ることよりも，損失を防ぐことに強い意欲を燃やすことが，研究によってわかりました。たとえば，ある研究では，片方のグループのメンバーに，一定の業績を達成したら年末にボーナスを支給すると伝えました。もう片方のグループのメンバーには先にボーナスを渡しておき，一定の業績を達成しなかったら返してもらうと伝えました。結果はどうだったでしょう？　後者のグループのほうがはるかによい業績を上げたのです。

課題：完璧ではなかったために受けた罰について考える

何かを完璧にできなかったために批判されたり，からかわれたり，罰を受けたりしたときのことを書いてください。

_____

_____

_____

_____

_____

_____

_____

_____

行動の手順：検視を行う
ステップ1：発端となったストーリーを特定する
ステップ2：気づきを得る
ステップ3：引き金を特定する

かつてジョン・F・ケネディ元大統領が言ったように，「私たちの問題は人間が起こしたものなのだから，人間によって解決できる」はずです。そして，問題を解決するためには，原因を理解すると役に立ちます。

完璧主義の傾向が生まれたきっかけについて，あなたがまだ検視を行っていないのなら，いますぐ行うことをお勧めします。その決定的な経験や状況——そして学び取ったメッセージ——は，日々の生活の中でいまも原動力となっています。でも，それは幸せの妨げにもなっています。この行動の手順に従って検視を行ってください。そこで得た情報は，人生を変えるために活用できます。

ステップ1：発端となったストーリーを特定する

この章を読みながら，あなたの頭には，完璧主義の特性が生まれた経緯について，いくつかの考えが浮かびはじめたかもしれません。それは二度と同じ過ちをするまいと誓った特定の出来事かもしれませんし，何かを「完璧」にやってのけて称賛や注目を浴びた場面かもしれません。あるいは，自分に影響力をもつ人が完璧主義をモデリングしたのかもしれません。

ここでは，そのストーリーを紙に書きます。発端となった決定的な出来事や状況をすでに絞り込んだのなら，滑り出しは上々です。これから，その体験を紙に詳しく書く作業に移ります。

セラピーの中で，クライエントはよく，このような出来事や細部を紙に書くのを嫌がります。「自分が何を考えているかくらい，自分でわかる。こんなの，時間の無駄じゃないか」と言いたい人もいるでしょう。でも，ただ考えるだけでなく実際に書いてみることは，とても重要なのです。なぜでしょう？　頭の中には常に無数の考えが渦巻いています。自分で認識している考えもあれば，そうでない考えもあります。そして，そういった考えは，頭の中にあるせいで，単なる解釈ではなく事実だと勘違いされやすいのです。

このような記憶を頭から取り出して紙に書くと，違った見方ができるようになります。過去に受け入れた情報を分析して，それが実際にはどれだけ正しく有益なのかを確かめられます。言っておきますが，書き方は完璧でなくてもかまいません。これは作文コンテストでも国語の授業でもありませんから，文章の上手下手も，綴り方も問いません。頭に浮かんだことを何でも書いてみてください。

課題：完璧主義の発端について考える

あなたの完璧「欲求」が生まれるきっかけとなった出来事を――1つであれ，複数であれ――書いてください。ためらわずに，思いつくまま書きましょう。

それはどのような出来事でしたか？

_____

_____

_____

_____

そこに誰がいましたか？

_____

その人（たち）が言ったことと，したことは何ですか？

_____

_____

_____

その人（たち）が言わなかったことと，しなかったことは何ですか？

_____

_____

_____

あなたが言ったこと，考えたこと，したことは何ですか？

_____

_____

_____

誰かが「～べきだ」または「～べきだった」と言うのを聞いたのは，いつですか？

_____

_____

あなたはどのようなメッセージを受け取りましたか？

_____

課題：完璧主義の発端について考える

特定の機会を絞り込むのが難しければ，次の質問を読んで思いつくことを何でも書いてください。

過去に，以下のような完璧主義の特性を示したのは誰でしたか？
● 全か無かで考える

_____
_____

● ずっと働きどおしである

_____
_____

● 楽しみより仕事を重視する

_____
_____

● きれい好き

_____
_____

ほかにも考えてほしいことがあります。
完璧主義の傾向によって「成功」し，何らかの報酬を得たのはいつでしたか？

_____
_____

間違ったり失敗したりして恥ずかしく感じたのは，どのようなときでしたか？

_____
_____

BTP アドバイス：日記をつける

日記をつける，つまり考えや気持ちを書き記すと，生活によい影響を与えられます。感情を文字に表すことのメリットを数十年にわたって研究してきたジェイムズ・ペネベイカー博士は，心の奥底にある感情や考えを書き記すと，健康状態がよくなったり（病院への受診回数が減り，免疫機能が高まるなど），ストレスに強くなったり，成績が上がったり，気分が改善したりすることを発見しました。
そのうえ，書いたことはほかの人に読ませる必要はありません。あなただけの秘密にすればよいのです。ぜひ試してみてください。

ステップ2：気づきを得る

完璧主義を克服しようとするとき，発端となった出来事や状況を特定しただけで終わりにしてしまう人がいます。私の経験では，これはとても大きな誤りです。過去を追体験するだけでは，傷口に塩をすり込むようなものです。痛みを引き起こして，回復を妨げてしまいます。

だからこそ，次のステップがきわめて重要なのです。ステップ2を実行すれば，過去から学ぶことができます。学ぶことによって，過去が目的を果たします。その目的が何なのかを，これから探っていきます。

過去を追体験するだけでは，傷口に塩をすり込むようなものです
痛みを引き起こして，回復を妨げてしまいます

気づきを得るために，一緒に考えてみましょう。気づきとは，混乱がすっきりと晴れ，苦しみが発見に変わり，ダメージを受ける側から事実を検証する側に移行する大事な瞬間です。

小さい頃，何をするのが好きだったかを考えてみてください。お人形ごっこでしょうか，おもちゃで遊ぶことでしょうか，ゲームをすることでしょうか（私が好きだったのは映画『グリース』の曲を歌って踊ることでしたが，その話は別の機会に譲りましょう）。

次に，「それはいまでも自分の好きなことだろうか？」と考えてみてください。たぶんあなたは，「そんなわけがないだろう」と言うでしょう。子どもの頃に興味があったことも，成長するにつれて不要になっていきます。もう昔のおもちゃで（たぶん）遊ばないのと同じように，子どもの頃の信念の中にも，手放したいと思うものがあるでしょう。もう役に立たない信念がたくさんあるのに，なぜもちつづける必要があるのでしょうか？　完璧主義に関する古い考えについても同じことがいえます。

子どもの頃に芽生えた信念や，特定の出来事から一般化させた信念によって，あなたは知らないうちに自分の人生を狭めているかもしれません。それは，この世に及ぼせる影響力を自分で制限しているということです。完璧主義は，本来なら味わえるはずの喜びと充実感を邪魔します。本当のあなたの口をふさぎ，本当のあなたを抑え込んでしまいます。しかも，身の回りの人にも——よいとはいえない——影響を与えます。

> **BTPアドバイス：手放そう**
> 20年も前の出来事にいまだに苦しんでいたり，悪しき行動パターンを長年，続けていたりするのなら，いまこそ，その非生産的なパターンは変えられると自覚しましょう。あなたにダメージを与えつづけているのは出来事自体ではなく，出来事に対する自分の考えなのです。この本に書いてある手順に従って，自分を過去から解放してください。

完璧主義のルールをなぜ作ったか，そしてそれがいまの自分にとっていかに無用かを理解することは，完璧よりもすばらしくなるために必要不可欠です。

課題：発端となったストーリーを検証する

以下の質問に答えてください。

ステップ1で書いた経験から受け取ったメッセージは，どのようなものでしたか？

_____
_____

どのような恐れが生まれましたか？

_____
_____

どのように振る舞う必要があると考えましたか？

_____
_____
_____

　　ティムは，「私は彼の眼鏡にかなったことがありませんでした」と話しました。彼というのはティムの父親のことです。
　　ティムは，『エスクァイア』誌の表紙を飾ってもおかしくないほどハンサム——特に相手を射抜くような青い瞳——で，『フォーブス』誌のトップページに載りそうなほどの資産家でした。ほとんどの人が，ティムをけた外れの成功を収めた叩き上げの男だと評しました。自分で立ち上げた会社の社長を務め，大半の時間とエネルギーを会社に注いでいました。
　　私に相談に行くように命じたのは，ティムの妻です。その理由を妻はこう話しました。「夫はずっと仕事をしているんです。十分な収入があるのに，決して十分と考えません。いつも6時に帰ると言いながら，帰宅するのは8時以降です」
　　これに対して，ティムはこう説明しました。「6時に帰ると言うときは本当にそのつもりでいるんですが，『もう1通だけメールの返事を書こう』と思うと，次の瞬間には2時間たっているんですよ」
　　ティムは，まだ収入が十分ではないという恐れを打ち明けました。「人には変だと思われるでしょうが，無一文になるのが怖いんです。もっともっとお金がないと満足できないような気がします」
　　実は，私はこの言葉を変に思いませんでした。大富豪のクライエントからでさえ，同じ言葉を繰り返し聞いていたからです。このような人たちは金銭的な完璧主義に陥って，絶えず財産を増やそうと努めます。これは本人にも，家族や職場の人たちにも，激しいストレスになるでしょう。

ティムは子どもの頃，寝室が2つしかないアパートに，両親と3人のきょうだいと共に暮らしていたそうです。「父は厳しい人でした。悪いことをしようものなら，それが何であれ，雷が落ちます。成績にもこだわりました。A以外の成績だと叱られました。Dだとベルトで叩かれます。父の機嫌が悪ければ，Cでも同じ目に遭うことがありました」

私はティムに尋ねました。「お父さんはなぜそんなことをされたんだと思いますか？」

「人でなしだったからですよ」。即答でした。

私はしばらく何も言わず，ティムも黙って私の質問を深く考えていました。

ようやくティムは口を開きました。「父は子どもの頃，本当に苦労したようです。高校1年で学校を中退しなければなりませんでした。働いて家計を助けるためです。家がひどく貧しかったんです。

父は死ぬまで，職を得るのに苦労しました。私たち〈ティムときょうだい〉には絶対に同じ思いをさせたくなかったんですね。私たちには大学に進ませて，自分よりいい生活をさせたがっていました」

ティムはここで中断し，こう付け加えました。「私たちが父のようになることを心底，恐れていました」

父親は子どもたちがもっとよい生活をすることを望んでいました。でも，恐れが原動力になっていたため，愛情と励ましではなく，攻撃的な行動でその思いを表現しました。そしてティムはこの経験を，「家族のためには金銭的に完璧にならなければならないのだ」と解釈したのです。

ティムが得た気づきは，以下のようなことでした。

- 自分は父から叱られるのが怖かった
- 自分が完璧であれば，父は怒鳴ることもベルトを取り出すこともないだろうと判断した
- 実は，自分は父から認められ，愛されたかった
- 父が本当は——父なりのやり方で——自分を愛してくれていたということが，いまならわかる
- 父は子どもの頃，真の意味で愛情を感じたことがなかったため，健全な愛情の示し方がわからなかった
- 「大事なのは自分を信じることだ」ということも，いまは理解している
- 自分を信じると自分を愛せるし，妻や子どもを含むほかの人たちも，もっと十分に愛することができる
- 家族を養うために懸命に働くことと，家庭生活や人生を楽しむことは両立できる

さあ，今度はあなたの番です。

課題：自分の気づきを特定する

過去の検視から，どのような気づきを得られますか？

_____
_____

その気づきを人生にどのように活かせますか？

_____
_____

過去を自分に役立つように利用しましょう。

ステップ3：引き金を特定する

　引き金とは，完璧主義の特性を引き出したり持続させたりしがちな経験，つまり人を完璧主義へ追いやる経験のことです。たとえば，ティムは父親と一緒にいると，あるいは父親のことを考えただけで，必ず自分のした仕事を何度も見直してしまい，帰宅時間が遅れる傾向がありました。父親を連想させるにおいをかいだだけで，この反応が起きました。「タバコのにおいがすると，緊張して，ただただ父親に愛されたい子どもに戻ってしまうことがあります」。

　ストレスの強まりや，状況をコントロールできないという思いも，引き金になりがちです。あるジャーナリストのクライエントは次のように言いました。「本当にストレスがたまると，見直しを延々と繰り返すので，なかなか記事が仕上げられないことに気づきました。精神的余裕があるときは，提出してもいい頃合いがもっとよくわかります」。

　あなたはどうでしょうか？

課題：自分の引き金を特定する

ステップ1で記入した最初の出来事の後で，完璧主義が再び現れたのはいつだったか，特定してください。

そのとき，あなたは何をしていましたか？

_____
_____

課題：自分の引き金を特定する

誰と一緒にいましたか？

心の中で何とつぶやいていましたか？

におい，音，光景など，知覚に関わる引き金があれば書いてください。

どのような感情が，完璧主義の傾向を引き出しがちですか？

どのようなパターンがあることに気づきますか？

　次は，これまでにわかったことを自分に役立てましょう。引き金に遭遇したとき，完璧主義の思考や行動のかわりに何ができるか，見きわめてください。

　たとえば，私はストレスを感じているとき，完璧主義の思考パターンに逆戻りする傾向があります（それ以外に，絶対あり得ないと思っていたことをやってのけます。食事をすることを忘れるのです。空腹になるとさらにストレスと苛立ちが強まるので，完璧主義の思考パターンに拍車がかかります）。強いストレスがあるとき，私は以下のヒントを見ると，ストレスへの効果的な対応を思い出せます。

見本：完璧主義の引き金への効果的な対応

引き金	現在の反応	より健全な対応
スケジュールが詰まっている	ストレスが強まる	瞑想と運動をする（時間は短めでもかまわない）
プレゼンテーションが近い	眠れない	睡眠の時間を予め決めておき，就寝前にリラックスするため，気持ちを鎮める日課を設ける
出張	食事を忘れる	食事の時間を予め決めておく（スマートフォンに通知させる）

課題：完璧主義の引き金への効果的な対応

あなたはどうでしょうか？ 完璧主義の傾向が引き出されがちな機会に備えて，予め計画を立てておきましょう。いまのように冷静で，そのような引き金がないうちに，最善の対策を考えてください。

引き金	現在の反応	より健全な対応

第6章

E：自分の期待を評価する

　子どもの頃，私たちはみな自分自身に期待を抱いていたはずです（私は，大きくなったら医師か化粧品の訪問販売員になると思っていました）。大人になっても，私たちは期待を抱いています。ただ，それは（たいてい）子どもの頃とは違う期待であるというだけです。

　期待とは，将来に関する強い信念，つまり「こうなるだろう」という予想です。目標と異なる点は，目標が努力して達成しようとする事柄なのに対して，期待は，きっとこうなるだろうと自分が予想する事柄だということです。期待が実現しないと，多くの場合，失望します。私が臨床の場で気づいたのは，凝り固まった期待が苦しみのもとになる場合があるということです。

　「私の唯一の望みは，パイロットになることでした」
　スティーヴは，私のオフィスの椅子に背を丸めて座っていました。52歳という年齢の割には老けて見えました。
　かかりつけ医から紹介されてきたスティーヴは，うつに苦しんでいました。でも，うつになったのが最近ではないことは，すぐに明らかになりました。
　「物心ついたときから，自分はパイロットになるんだと確信していました。子どもの頃はずっと飛行機で空を飛ぶことを夢見ていて，飛行機ごっこをして世界各地を旅したものです。飛行機のプラモデル作りにもかなりの時間を費やしました。
　9歳のときには，もう将来設計が完成していました。予備役将校訓練部隊の奨学金をもらって大学に行き，卒業後は海軍に入って，父のように海軍のパイロットになるというものです。
　でも，18歳になったとき，すべてが崩壊しました。大学の健康診断で目の検査を受けたら，色覚異常だったんです。赤色覚異常というもので，赤とオレンジと黄色の区別があまりつきません。頭が真っ白になりました。それを知ったとき，もう自分の人生は終わりだと確信しました」
　色覚異常の人はパイロットになることを禁じられています。「私の夢は砕け散りました。気分的には，死んだも同然でした。
　これからどうすればいいのか，見当もつきませんでした。やがて両親が，会計の道に進んではどうかと勧めてくれました。数学はずっと得意だったんです。パイロットになったら数学が必要になると思っていたので。それで会計を学び，公認会計士になりました。確かに，収入はよかったです（スティーヴは副社長でした）。でも，楽しいと思ったことはありません。これまでずっと，自分の人生は色覚異常を知った日に終わったように感じてきました」
　スティーヴには妻と2人の子どもがいました。家族を愛していましたが，パイロットになれなかった自分への深い失望感から逃れられませんでした。
　そんなある日，スティーヴは自分がリストラに遭うことを知りました。「パイロットは無理だと初めて知ったときのような気分でしたね。20年分の人生を捧げてきた末に，ポイ捨てさ

れたんですから。会社側は私の職を守ろうと努力すべきでした。こちらは会社のためにあれだけ尽くしたんですから，それくらいしてもいいはずです」

　失業したのは，私のところへ来る1年半前のことでした。それ以来ずっと気分が落ち込み，職探しができませんでした。スティーヴが陥ったうつ状態は，本人だけでなく家族にも深刻な打撃を与えました。妻は，就職しないのなら離婚するとスティーヴに言い渡しました。家には毎日，支払いの催促の電話がかかり，子どもの1人は授業料が払えずに大学をやめるはめになりました。

　パイロットになるという子ども時代の期待がかなわなかったことが，スティーヴのその後の人生に暗い影を落としました。さらに，従業員の処遇に関する会社への期待が，スティーヴの幸福感をいっそう深く損ないました。

　あなたはどうでしょうか？
　仕事であれ，スポーツであれ，人間関係であれ，熱心に追い求めていた夢が破れたことがありますか？
　期待が実現しなかったとき，失望したこと，あるいは打ちのめされたことがありますか？
　期待がかなわなかったために，罪悪感や，恥の意識，怒り，無力感，絶望感，あるいは無価値感さえ抱いたことがありますか？
　この章では，期待がどのようにして強い不満や苦痛，そして貧困さえ，もたらすかを見ていきます。また，よい変化を起こしたい気持ちを保ちながら，期待を抱くことなく優れた結果を出す方法も説明します。
　ここで，重要な区別をつけておかなければなりません。状況を可能な限りよくするために努力することには何の問題もありません。いま取り上げて検証したいのは，完璧主義者が，完璧主義の目標や期待を達成できなかったときに示す反応です。

……ならば，……だ

　完璧主義者は，「Xをすれば，Yが手に入る」というような，規則的な展開を好みます。ですから，（私を含めて）多くの人が，勉強に魅力を感じたはずです。「勉強してこの情報を暗記すれば，テストでAがとれる」というわけです。そして，勉強と成績に関する予測はたいてい当たりました。
　「……ならば，……だ」という心理は，ほかにもさまざまな場面で見られます。
- **健康**：「運動を週に5回やれば，やせるはずだ」
- **幸せ**：「この目標を達成すれば，幸せになるはずだ」
- **人間関係**：「いろいろな人とデートをしつづければ，運命の人が見つかるはずだ」
- **仕事**：「懸命に働けば，昇進するはずだ」
- **楽しみ**：「両腕をまっすぐ伸ばしたまま身体を回転させれば，ゴルフボールはフェアウェイ上をまっすぐ飛んでいくはずだ」

　自分と重なる例がありましたか？　現実が期待どおりにならなかったら，あなたはどうなりますか？

心から望んだことがかなわなかった経験は誰でもしています。たとえば，医師になるとか，30歳までに億万長者になるとか，結婚（再婚）するといった願望をもっていた人もいるでしょう。また，人に期待を裏切られて失望した経験も，誰もがもっているはずです。人生は期待どおりに展開するとは限らず，それが失望をもたらす場合もあるということを，私たちは頭ではわかっています。でも，完璧主義者は，期待がかなわないと打ちのめされる場合もあるのです。

　シャノンは，「自分が完全な出来損ないであるように感じます」と言いました。ある火曜日の午前中，2回目のセッションを行っていたときのことです。日の光が窓から差し込み，シャノンの顔と身体の右側を照らしていました。
　シャノンは41歳の女性で，少なくとも社会の基準からすれば大成功を収めていました。会社で出世の階段を上り，いわゆる「ガラスの天井」をいくつも打ち破っていましたし，誰もがうらやむような収入を得ていました。シャノンは言います。「こういったものすべてを手に入れるために，私は一生懸命に働きました。人から与えられたものなんて1つもありません。昔から，勝つためには血の滲む努力が必要だとわかっていました」
　紺色の椅子に座ったシャノンは，涙ぐみながら，不妊の悩みについて語りました。
　私のもとには，この問題について相談に来る人が増えています。実際，CDC〈アメリカ疾病管理予防センター〉によれば，15歳から44歳までの女性の約10％が妊娠または妊娠継続に問題を抱えているといいます。この割合は年齢とともに増加していきます。
　「大人になってからずっと，妊娠しないようにしてきました。でも，いまは妊娠することだけが望みなんです」とシャノンは打ち明けました。
　シャノンの声には強烈な無力感があふれていました。「とてもつらいです。医者からやれと言われたことは全部——本当に，一つ残らず——やりました。ホルモン剤も，注射も，鍼治療も。トムは，医者から言われた宿題に取り組めるよう，5カ月間，仕事のスケジュールを丸ごと変更しました。私も食事を変えたり，瞑想を試したり，何でもやってみました。なのに，ダメなんです！」
　シャノンの場合,「医者の言うとおりにすれば,子どもができるはずだ」という期待によって，妊娠できないストレスが強まっていました。期待が実現しなかったとき，無力感と絶望感がひときわ大きくなったのです。これによってシャノンは精神的に傷ついただけでなく，夫婦関係や仕事にも大きな支障を来しました。

共感できる話でしたか？

課題：あなた自身が抱いている「……ならば，……だ」という期待を書きましょう

私が……

_____

ならば，……だ

_____

配偶者が……

_____

ならば，……だ

_____

同僚が……

_____

ならば，……だ

_____

友達が……

_____

ならば，……だ

_____

あなただけの問題ではありません

　完璧主義の影響を被るのは，本人だけではありません。大切な人の人生にも，大きな影響が及びかねません。それが最もはっきり見て取れるのは，親が子どもに完璧主義の期待を抱いている場合です。例を挙げます。

- 「うちの子は，中国語とスペイン語とフランス語を習っているんですよ。4カ国語で10まで数を数えられます。まだたった4歳なのに」
- 「私たちは毎晩，3歳の子どもにフラッシュカード〈単語や絵や数字を書いたカードで，素早く読み取らせる〉を見せています」

- 「うちの7歳のスージーは今学期，放課後にバレエと，ヒップホップと，サッカーと，写真と，絵と，乗馬と，ラテン語を習っています」

親は子どもの成功を願うものです。もちろん，それ自体はまったく悪いことではありません。問題が生じかねないのは，成功を願うあまり，子どもに無理を強いたときです。完璧主義によって起きる親のストレスは，子どもに大きなダメージをもたらすことがあります。私は，心の健康への影響（算数のテストでたった1問，間違っただけで泣く6歳の子ども）も，身体の健康への影響（学校外の勉強をすべて済ませるために，毎日，夜更かしして疲れきっている13歳の子ども）もよく目にします。

> **BTPアドバイス：かわいい子には失敗をさせよ**
> この社会ではみな，わが子に自信を感じさせることに熱心に取り組んでいます。それ自体はもちろん，よい動機です。でも，それは子どものためにならない場合が少なくありません。子どもに「失敗」させれば，期待が外れたときの対処法を学べますし，最終的に目的を達成するための問題解決法も学べます。ですから，子どもの身の安全を守りながら失敗をさせましょう。そうすれば，根性や，強い意志，立ち直る力，自信，勇気を身につけるのに役立ちます。

ポール・タフは著書『成功する子 失敗する子』の中で，子どもの成功の予測因子に関する研究結果を記しています。6歳で九九を言えることはその中に入っていませんでした。現在であれ将来であれ，成功するかどうかを予測する因子は，逆境から立ち直る力，忍耐力，学習欲，楽観性，自制心だったのです。

ここからどのような教訓が得られるでしょうか？ 今後も，学校の勉強は手助けしてあげてください。でも，それと同時に楽観性や，立ち直る力，好奇心，忍耐力といった特性を身につける手助けもしましょう。遊ばせたり，想像させたり，興味のあるものごとに熱中させたりしてください。そして，何度も失敗をさせてください。それによって，①期待どおりではなくても，よい結果になることはあり得るし，②失敗してもあきらめる必要はなく，③過去の過ちからは教訓が得られるということを，子どもは学べます。要するに，失敗したからといって，出来損ないであるわけではないということです（これについては第8章「失敗を未来につなげる」で詳しくお話しします）。

でも，問題となるのは，子どもに無理をさせたときだけではありません。完璧主義の親は逆の行動をとる場合もあります。子どもが大きな夢のために努力することさえ阻むのです。

美容師のジェシカは自分の仕事の出来映えを確認しながら，「うちの息子は弁護士になりたがっているんですよ」と話しました。「私は，絶対に無理だと息子に言いつづけています。だって，大学の学費なんかどうやって払えって言うんです？ ましてや法科大学院だなんて」

ジェシカが息子に抱いていた期待は，「学費が払えないから，決して弁護士にはなれない」ということでした。いらぬ希望をもたせないように，ジェシカは息子の夢を打ち砕いたのです。

「僕のヒーローは，失敗を耐え抜いた人だ。過ちを犯したけれど，立ち直った人だ」

――ボノ　ミュージシャン

権利意識

期待は，権利意識という形で現れることもあります。権利意識とは，自分には何らかの特典や恩恵を得る権利があると考えることです。たとえば，有名な女性歌手が，特定の銘柄のミネラルウォーターや，緑色のm&mチョコレートだけを楽屋に用意させておくといった話は，誰でも聞いたことがあるでしょう。でも，権利意識はスーパースターだけのものではありません。私は，特に2000年世代――1980年代，90年代生まれ――の人たちの権利意識をよく目にします。

「彼女のせいで頭がおかしくなりそうですよ！」

企業幹部である57歳のダグが話しているのは，妻のことではありません。アンバーという27歳の社員のことです。

「私の言動をいちいち問いただすし，ジムに行くんだと言って残業を嫌がります。それに，いつも私にほめられることを当て込んでいるんですよ。ごくふつうの仕事ぶりなのに。しかも，計画を実行するとき，すべきことを私に命令する権限があると思っているんです。上司はこっちなんですけどね！」

私のコンサルティング事業で需要が急増している分野の1つは，異なる世代どうしがうまく働けるよう手助けすることです。世代間の摩擦を和らげるには，興味の対象や取り組み方の違いを理解しなければなりません。相手の気持ちを理解する能力が重要です。

「この間なんて，次の昇進はいつ頃かと訊いてきました。次の昇進だって？　去年，昇進したばかりなのに。昇進できるほどの手柄なんか何一つ立てていません。彼女は一体，何さまのつもりなんでしょうね？」

2000年世代は，ダグの世代とは異なる考え方をもっていて，学ぶことや，メンターの指導を受けること，創造性を発揮すること，問題解決をすることを重んじる傾向があります。生きるために働くというより，働くために生きていて，仕事に生きがいを見いだしたいと考えています。チームとして働くのが好きで，序列制度は好みません。対等な扱いと，頻繁な称賛を要求します。

また，ハイテク機器も大好きです。

ダグは話を続けました。「アンバーもほかの若手社員も，会議に出るとすぐ机の上に携帯電話を置きます。もちろん着信音はオフにしていますが，失礼もいいところですよ。ひっきりなしに携帯に目をやり，メッセージを入力して，画面に表れる字を読んでは笑っています。あんなもの，床に投げつけて壊してやりたいです」

アンバーの権利意識――に見えるもの――にダグは苛立っていましたが，アンバーが仕事熱

心であることは否定できませんでした。斬新な発想でチームの生産性を高めたことも一度ならずあったそうです。

ほかの人の権利意識に腹を立てる前に，その考え方がどこから生まれたかを理解することが大切です。多くの場合，権利意識は「こういうわけだから，私はあれを得るべきだ」という期待から生まれます。

この考え方を生む大きな要因は，幼少期の教育と，第5章で述べたような，子どもの頃に吸収したメッセージです。ダグの話にはまだ続きがあります。

> 私は，ダグに行っている「幹部コーチング」の一環として，アンバーと会うことができました。「アンバー，仕事でのダグとの関係はどんな感じかしら？」と私は尋ねました。
>
> 「全体的にはうまくいっていると思います。ただ，私が何かしら質問すると，ダグはとても怒るんです。私はただ，何かを指示されたとき，なぜそれをするのか知ろうとしているだけなのに，わからないんでしょうか？
>
> 私が昇進したいと言ったら，かんかんに怒ったんですよ。これにはうんざりしました。私は本当によく働いているし，仕事は立派にこなしています。昇進する資格があります。ダグには言わないでほしいんですが，いま転職先を探していて，履歴書を送りはじめたところです」
>
> 2000年世代は，どこかに出席したというだけで記念品をもらうことに慣れています。チーム全員が1つずつメダルを受け取る場面もしょっちゅう経験してきました。だとすれば，ほかの領域で権利意識を抱くのも無理はありません（もちろん，それが有益なことだは言いません）。
>
> 要するに，アンバーは高給を得て，仕事自体を楽しみ，チームのメンバーを気に入っていて，全体的には高く評価されていると感じながらも，転職先を探すほど，昇進について権利意識が強かったということです。

権利意識を抱くことは，苦しみに陥る近道です。受け取って当然だと思うものを受け取れないと，失望，怒り，恥の意識，悲しみが生まれかねないからです。

BTPアドバイス：「あの若造ども」と一緒に働くには

男性が火星から，女性が金星から来たのだとしたら，ベビーブーム世代は土星から，2000年世代は木星から来たのです。どの世代も独特の世界観をもっています。生産的に交流する秘訣は，互いの考え方を知ることです。ここでは，2000年世代と上手に仕事をするコツをいくつか紹介します（ただし，各世代の全体的な特徴はあっても，1人1人はそれぞれ異なるということを忘れないでください）。

- リードし，手引きする。2000年世代はメンターを求めています。学んで成長することが大好きです。
- 目的を強調する。何かをさせるとき，それをする理由に意味をもたせましょう。2000年世代は，ただ「そういうものだから」というだけで仕事をすることに抵抗し，根拠を理解したがります。理解すれば，計画に従う意欲が高まります。
- 相手の自信とやる気を刺激する。この2つの特質を否定すると，反発される危険性があります。むしろ，最高の仕事をさせるために，これらの特質を利用しましょう。
- 柔軟になる。フィードバックを素直に受け入れましょう。

もしアンバーに，履歴書を送りはじめた理由を図表化してくれと頼んだら，おそらく下のような表になったでしょう。

見本：「私はXを得る権利がある。なぜなら……」

私は……を得る権利がある	なぜなら……	それが実現しなかったとき，私は……
昇進	仕事をうまくこなしているから	正当に評価されていないと感じ，新しい職を探そうと決めた

課題：「私はXを得る権利がある。なぜなら……」

あなた自身に関する表も作ってみましょう。「こういうわけだから，私はあれを得る権利がある」と思ったのに，それが得られなかった経験をいくつか書いてください。そのとき，あなたはどう感じましたか？ そして，何をしましたか？

私は……を得る権利がある	なぜなら……	それが実現しなかったとき，私は……

　人生が望みどおりに運ぶとは限らないことを，私たちは頭ではわかっています。人生は人生の教科書を読んだわけではないので，論理や秩序のない展開をすることもあります。でも，頭でわかっているからといって，必ずしも感情で納得できるわけではありません。

　　　人生は人生の教科書を読んだことがありません

誰のルールブック？

　完璧主義者が抱いている期待は，何が起きるかという予想よりも深層にある，自分のルールブックに根差している場合が少なくありません。人はみな，人生はどうあるべきかを規定する特定のルールをもっています。たとえば，愛情深い配偶者や，思いやりのある友達，社会的地位の高い人間はどう振る舞うべきかといったルールがそうです。これが，自分や他者に対する見方，感じ方，反応のしかた，そして世界観にさえ影響を及ぼすのです。

　ニューヨークで，ニュース番組のインタビューを受けていたときのこと。男性のインタビュアーが「なぜ女性はルールブックをもっているのですか？」と尋ねました。

私は答えました。「誰だってルールブックをもっているんですよ。男性も女性もです。ただ，男性のルールブックがパンフレットのようなものだとすると，女性のルールブックは宣言書のようなものだというだけです」

　私たちの頭の中では，このような期待が単なるルールではなく，事実のように位置付けられています。とても強固な信念になっているので，それが認識で事実ではないということを忘れてしまいがちです。本人にとって，それは固定した不変のものです。でも，生活に大きな影響を及ぼしているにもかかわらず，私たちは多くの場合，そのようなルールの存在にさえ気づいていません。ルールが破られて初めて気づくのです。

　４年前に離婚したニーナは最近，真剣な関係に発展しそうな相手と交際しはじめました。でも，急に事態が暗転してしまいました。少なくとも，ニーナにはそう思えたのです。
　ニーナが悲しんでいたのは，望むほど恋人が自分に関心をもっていないようだったからです。「彼はこの３週間で２回も男友達と一緒に出かけたんですよ。明らかに，私はそれほど大事じゃないということです」
　えっ，何ですって？
　ニーナのルール──信念──によれば，男友達と出かける男性は，彼女と一緒にいたくないというのでした。要するに，愛する女性のいる男性は，いついかなるときも彼女としか一緒にいたくないのです。フットボールのシーズン中も例外ではありません。
　このルールが言葉で表現されたとき，ニーナと私はその内容が正しいかどうか，そしてニーナにとって有益かどうかを考えました。有益かどうかは正否に劣らぬほど重要なポイントです。
　ニーナはこのルールが自分にとって有益でないことに気づきました。もし彼がニーナとまったく一緒にいたがらないのなら，ニーナにあまり気がないのでしょう。でも，友達と一緒にいたいと思うのは当然であって，もしかしたら，よいことかもしれませんでした。
　そのため，次に彼が友達と試合を観にいきたいと言ったとき，ニーナは腹を立てるのではなく，背中を押しました。「楽しそうね。行ってらっしゃい」と心から答えたのです。
　彼はどう反応したでしょう？　ニーナを強く抱きしめて，翌日の晩，ディナーに誘ったのです。

　ニーナは，自分が恋愛にこのような厳しいルールを設けていたことをまるで自覚していませんでした。でも，彼がこのルールを破ったとき，無用な怒りと悲しみを感じたのです。

「べき」の威力

　自分自身やほかの人に対して設けたルールに気づく機会は，ほかにもあります。「べき」という言葉を使ったときです。
　先日，私が自宅から出ると，悪臭がつんと鼻を突きました。それ以前から，かすかに嫌なにおいがすることには気づいていましたが，たぶんガレージのゴミ箱だろうと思っていました。でも，原因はそれではないことがすぐに判明したのです。
　悪臭の発生源を突き止めようと，私は猟犬のように，においを嗅ぎ回りはじめました。家の各部屋に入って，クローゼットに頭を突っ込んだ後，階段を降りていきました。そして，ついに発

見したのです。その強烈なにおいは地下の冷蔵庫の上から発していました。ラビオリのパックが1つ，うっかり放置してあったのです。それはもう，鼻が曲がるようなにおいでした。

「私は，何になるよう求められているかを感じ取って，[その後]そういう人間になるように育てられました。人の目を通して自分を批判しなくなるまで，長い時間がかかりました」

——サリー・フィールド　女優

腐ったラビオリのように，「べき」という言葉は目につきにくいかもしれませんが，とても強力で不快なものです。そのうえ，単なる予測に留まらず，批判の要素も多分に含んでいます。私たちは，誰かが何かをするべきだと思うとき，批判を行っているのです。

自分に対してべきという言葉を使うと，罪悪感または恥の意識を覚えます。自分は劣っていて，力不足で，もしかしたら無価値な存在だとさえ感じます。このような批判は不快なものです。一方，ほかの人にべきを使うと，その人に怒りや憤りを感じます。その人が大変な失敗をやらかしたと思うのです(たとえそれが人生という壮大な物語の中の，比較的ささいな出来事であっても)。

ジェスチャーゲームを思い出してください。チームの1人が，ある語句や題名を仲間に当てさせるために，しゃべらずに身振りでヒントを出すゲームです。もし私が「べき」という言葉を身振りで表現するとしたら，あなたの——またはほかの誰かの——顔の前で，大きな人差し指を横に振ります。べきは，この批判の動作のようなものなのです。

> **BTPアドバイス：自分に対して「べき」を使わない**
> 「べき」のような，一見，害のなさそうな言葉でも深刻な悪影響をもたらす場合があります。そして，それは「単なる語意」レベルの問題ではありません。べきという言葉に付きまとう批判は，基本的に「おまえは力不足だ」というものです。たとえ頭がそれを信じなくても，潜在意識はそれを事実として受け入れてしまうでしょう。この章の課題を行って，自分に対する「べき」の使用をやめれば，心身の健康，人間関係，そして仕事にさえ，よい効果があるはずです。なぜでしょうか？　べきは感情だけでなく，行動にも影響を及ぼすからです。

たとえば，「昼間は私が犬を散歩に連れていったから，今夜は夫が行くべきだ」と思ったとします。でも，夫がいつもの時間に自分から立ち上がってリードを手に取らなかったら，怒りがわき上がり，頭の中で「本当に今夜，行かないわけ!?」というような言葉が鳴り響くかもしれません。そして，結局は自分で犬にリードをつなぎ，「召使いをおもちだと，さぞかし便利でしょうね」などという嫌みを小声でつぶやくことになるのです。

「幸せをとるか，正しさをとるか，2つに1つだ。パートナーを失わずにすべての口論に勝とうと思ったら，面倒なことになる」

——スティーヴ・ハーヴェイ　俳優

どのような状況であれ，べきは人との間に緊張と不和を作り出すだけです。

「あの人はこうするべきなのに」と思って腹を立てたことが，あなたにもありませんか？　この怒りへの上手な対処法は，行動の手順で詳しく説明します。

差し当たっては，「私はどれくらい『べき』という言葉を使うだろう？」と考えてみてください。

そのうえで，今後3日間，自分やほかの人が口にする「べき」に耳を澄ませてみてください。きっとその多さに驚くでしょう。私のクライエントのカールもそうでした。

「信じられないほど，私はこの言葉を連発していました。誰も彼もがそうでした。私は，恋人がこの言葉を使うたびに，それを指摘するようになりました」

私は何も，身近な人に対して「セラピストぶる」ことを勧めているわけではありません（そんなことをしたら，本当に相手の神経を逆なでしてしまうでしょう）。ただ，あなたもほかの人も，この批判的な言葉をいかに乱用しているか，もっと意識してほしいのです。意識したら，もう一歩，踏み込んでみましょう。「べき」という言葉が自分の口から出てくるたびに，立ち止まって，それがどのようなルールを表しているか考えるのです。あるクライエントは，この言葉を口にするたびに，巨大な指が左右に振り動かされている光景を想像しました。そう考えると思わず笑ってしまい，一歩引いて，自分のルールをより客観的に評価できたそうです。

ほかの人に対するルール

長年の間に自分がほかの人に対して設けていたルールについて，もっと詳しく考えてみましょう。以下の文章を読んだとき，あなたの頭にはどのような言葉が思い浮かびますか？

課題：あなたのべきを突き止める

本当の友達は……べきだ

_____

愛情深い夫や妻は……べきだ

_____

善い人間は……べきだ

_____

義理の親は……べきだ

_____

赤の他人は……べきだ

_____

課題：あなたのべきを突き止める

営業担当者は……べきだ

_____

政治家は……べきだ

_____

　自分にとって意外な答えがありましたか？
　あなたが作った一連のルールは，さまざまな要因から影響を受けています。たとえば，文化，子ども時代，両親のルール，友達のルール，マスコミのルール，（今日も含む）過去の経験などです。ルールは潜在意識にしっかり根付いている場合が多く，そのルールを取り込んだことを自覚さえしていないことが少なくありません。ルールは，実際には主観的なものですが，事実であるように見えます。私が新しいクライエントにその人のルールについて尋ねても，たいていは意味がわからないようです。
　なぜ私たちは，ほかの人の振る舞い方についてルールを設けているのでしょうか？
　ここでもやはり，上下の法則が働いています。たぶん，動機はよいものでしょう。私たちはほかの人の言動をどう解釈すればよいのか，わかりたいのです。もし誰かが自分を気に入らなかったり，逆に大いに気に入ってくれたりしたら，当然，私たちはそれを知りたいと思います。「ルール」があれば，人が自分をどう見ているかを読み解きやすくなります。
　問題は，このような硬直した期待を抱く理由ではなく，それによって起きる結果です。自分のルールが破られたとき，あたかも本物のルール——誰もが承知して合意しているルール——が破られたように反応するとすれば，誤った情報に基づいて反応していることになります。
　次のようなシナリオを考えてみてください。あなたはある会社の財務責任者で，仕事は会社の経営状態の報告と，翌年の計画立案だとします。それなのに，実際の利益や損失とは異なる不正確な数字を基に報告書を作成したら，どうなるでしょう？　財務責任者の役目をしっかり果たしているといえるでしょうか？　いえないはずです。
　感情と行動において，自作のルールがあたかも事実であるかのように反応するのは，基本的にそれと同じです。これでは，自分や周囲の人に無用なストレスを与えるだけでなく，事実に反することを言ったりしたりしてしまいます。

　　友達が明らかに私に腹を立てていました。どうしたのと尋ねると，「だって，全然，電話をかけ直してくれないんだもの」という答えが返ってきました。
　　「ごめん。留守電にメッセージがなかったから。いつメッセージを入れてくれたの？」
　　「メッセージは残さなかったけど，携帯に３回も電話したのよ。私からの不在着信を見ながら一度も電話をくれないなんて，それでも友達？」
　　本気で言ってるの？
　　私はこの友達のルールブックについて考えはじめました。そして，最初は理不尽に思えた友

達の反応に腹を立てるのではなく，ひたすら共感することにしました。

「ごめんね。そうか，不在着信があったってことは，私としゃべりたかったってことなのね。実は，毎日たくさん電話がかかってくるから，不在着信はあまり見なくて，メッセージだけ聞いているの。悪いけど，これからは，しゃべりたいときは留守電にメッセージを入れてくれるかな。メールを送ってくれたら，もっとありがたいな。あなたは大事な友達だし，ずっと連絡をとり合いたいから」

私は自分のルールを友達に押しつけはしませんでしたし，友達の怒りが的外れに思えることさえ口にしませんでしたが，この対応には3つの利点がありました。①自分の苛立ちが弱まったこと，②友達に，自分は愛されていると感じさせたこと，③今後の連絡方法をはっきりさせられたことです。

自分自身に対するルール

完璧主義者は，ほかの人に対して以上に，自分に対しても多くのルールをもっています。以下の中で，そのとおりだと思えるものを探してみてください。

「私はもっと成功するべきだ」
「私はもっとスタイルをよくするべきだ」
「私は近所の人を手助けするべきだ」
「私はそれを心得ておくべきだった」
「私はもっと睡眠をとるべきだ」
「私はいつも見苦しくない格好をしているべきだ」
「私は日中にもっと多くの用事を済ませるべきだ」
「私は家族のために夕食を作るべきだ」
「私は家の中をもっときれいにするべきだ」
「私はもっと感謝の念をもつべきだ」
「私はもっと幸せになるべきだ」

あなたは「べき」という言葉をどれくらい自分に対して使いますか？ 期待したことを実現できなかったとき，どのような気分を味わいますか？ 恥の意識？ 罪悪感？ 無力感？ 絶望感？ それとも無価値感でしょうか？

ルールは世界を理解するのに役立つこともあります。でも，正しいかどうかを検証せずにいると，問題を生むこともあります

精神的なダメージ

あなたの望みがかなわなかったときや，楽しみにしていたことが実現しなかったとき，あるい

は予想した結果が得られなかったときのことを考えてみてください。
　以下のうち，どの感情を覚えましたか？
- 怒り
- 恐れ
- 不満
- 罪悪感
- 無力感
- 絶望感
- 恨み
- 悲しみ
- 恥ずかしさ
- 無価値感

　その感情にどのように対処しましたか？
- 荒々しい振る舞い，または陰険な振る舞いをした
- 人との接触を避けた
- 努力をやめた
- あきらめた
- 二度とこのような目には遭うまいと誓った
- 暴食，または不健康な行為に走った

　完璧主義者は，ルールを破られると強く反応し，その反応が長引く傾向があります。よくある反応は，うつになること，怒りを爆発させること，感情が抑制不能になることです。
　なぜ期待は，これほどまでに感情と結びついているのでしょうか？　理由はいくつかあります。第一に，期待は未来を推測する手がかりになりますし，とかく予測不能で常軌を逸したこの世界で，多少なりともコントロール感をもたせてくれます。もし，XをするとYになると考え，実際にそのとおりになれば，気分はすっきりするはずです。何が起きるかがわかれば，安全と安心感が得られます。
　完璧主義者にとって，予測不能はコントロール不能に通じます（これもまた全か無かの考え方の一例です）。そして，コントロール不能な状態を経験するのは恐怖でもあります。これは学習性無力感というもので，自分には事態を改善する手立てが何一つとれないと感じます。要するに，まるで現状をまったくコントロールできないかのように感じるのです。学習性無力感は，ストレスの悪化や，気分の落ち込み，あきらめをもたらすことがあります。ケーブルテレビ担当者が予定どおりに家に来ないと頭に来るのは，これのせいです。また，飛行機の欠航や遅れが発生したとき，相手には責任がないと知りながら，客が発券担当者を怒鳴りつけるのも，主に学習性無力感のせいです。
　期待が裏切られたとき完璧主義者が強く反応するもう1つの原因は，過度な自己関連付けを行う傾向があることです。つまり，完璧主義者は，期待をもとに自分の価値を判断するのです。完璧主義者の考えでは，憧れの企業に採用されなかった場合，原因は企業が求めるスキルの要件でも，ほかの社員たちとの相性でもありません。明らかに，自分の力不足のせいなのです。また，

先ほど登場したニーナのように，恋人が男友達と会いたがる場合，原因は恋人自身にも，男どうしの絆にも，フットボールにもありません。自分が愛されていないことにあります。

要するに，完璧主義者にとっての期待は，完璧主義ではない人にとっての期待より，はるかに強い力をもっているのです。

ほかの人の反応の自己関連付け

クリスマスシーズン——11月末から年明けにかけて——は，期待について考える絶好の機会です。私のもとには毎年，「クリスマスシーズンの乗り切り方」について，インタビューやコーチングの依頼が殺到します。私の考えでは，この時期のストレスを引き起こすものは完璧主義の感じ方です。

以下の中に，あなたと共通する感じ方はありますか？
- 「私は彼女に完璧なプレゼントを用意するべきだ」
- 「私はおいしいごちそうを作るべきだ」
- 「私たちはもっと感謝の念をもつべきだ」
- 「母はもっと力を貸してくれるべきだ」
- 「うちの家族はみんな仲よくするべきだ」

なぜ，このような・べ・きを考えてしまうのでしょう？　煎じ詰めれば，これらはすべて，自分に対する感情に影響するルールです。たとえば，もしあなたが友達に「完璧なプレゼント」を買わなかったら，どうなるでしょうか？

私があるクライエントにこの質問をすると，クライエントは次のように答えました。「そうしたら，友達は私がどれだけその子のことを知っているか，疑問をもつでしょうね。もし嫌いなものを買ったら〈これは全か無かの考え方です〉，本当に自分のことを知っているのか，考え込んでしまうでしょう」

「友達の嫌いなものをプレゼントに買うのは，どのような友達でしょう？」と私は尋ねました。

「最悪の友達です」

「では，最悪の友達というのは，どのような人間でしょうか？」

「負け犬です」

このクライエントにとって，完璧なプレゼントを渡さないのは負け犬になることでした。驚きではありませんか。

「ほかの人を批判するとき，あなたは相手の性質ではなく，自分の性質を明らかにしているのです」
　　　　　　　　　　　　　　　——ウェイン・ダイアー　自己啓発書の著者

あなたは共感できましたか？

完璧主義者はとても批判的な傾向があります。自分の基準を満たしていない人をすぐ批判するのですが，それには自分自身も含まれます。実をいうと，厳しい自己批判をするからこそ，ほかの人を批判するようになるのです。

考えてみてください。もしあなたが常に自分自身を批判していたら，ほかの人に対しても批判的になるでしょう。批判的な考え方が，あなたにとって自然な考え方になるからです。ベストセラーの著者であるウェイン・ダイアーが言うように，「ほかの人を批判するとき，あなたは相手の性質ではなく，自分の性質を明らかにしているのです」。

行動の手順：ルールを変える
ステップ1：自分のルールブックを知る
ステップ2：批判をやめる
ステップ3：新たな方法でコントロールする

では，あなたのルールブックには何が書いてあるのでしょうか？ 前に書いたように，ほとんどの人はルールブックをもっていることにさえ気づいていないので，個々のルールなど知るはずがありません。ただ，自分のルールブックの中身を確認するとき，注意してほしいことがあります。ルールが「よい」か「悪い」かの問題ではないということです。批判の意識はなくすようにして，ただそのルールが正しいか，そして自分に有益かどうかだけを判断しましょう。誰だって，自分の考えをできるだけ正しく有益なものにしたいはずです。

ステップ1：自分のルールブックを知る
以下の文章の空白部分を埋めてください。真っ先に頭に浮かんだことを書きましょう。思ったことを選別したり批判したりせず，いまはただ，そのまま文字にしてください。

課題：自分のルールブックを知る

私が悲しいとき，親しい友達は……べきだ
_____
_____
_____

私が忙しい1日を終えたとき，夫または妻は……べきだ
_____
_____
_____

課題：自分のルールブックを知る

リラックスしてもいいのは，……ときだ

愛情を示すために，親は……べきだ

自分に自信を感じるためには，……をもっている必要がある

親が自分の役目を果たしているなら，子どもは……べきだ

私は……べきだ

課題：自分のルールブックを知る

私は絶対……べきではない

_____
_____
_____

遊んでもいいのは，……ときだ

_____
_____
_____

成功するためには，……べきだ

_____
_____
_____

人は……によって敬意を示す

_____
_____
_____

私がすべきことをしたら，……

_____
_____
_____

自分にとって意外な答えが出てきましたか？
次に，1つ1つの答えを検討しながら，以下の問いについて考えてください。
- このルールはどれだけ正しいか？
- このルールはどれだけ柔軟か？

- このルールはどれだけ有益か？　どのような結果をもたらすか？
- もっと正しくて有益な基本方針にするためには，このルールをどのように変えればよいか？

　例として，前に紹介したベビーブーム世代の企業幹部ダグが，会議中に携帯電話に気をとられている社員に対して抱いた思いを表にしてみます。

見本：自分のルールブックを知る

私のルールは……	このルールがどれだけ正しいか，有益か，柔軟か	改良後の私の新たな基本方針は……
誰かが携帯電話を取り出したなら，それは相手を軽視している証拠だ。職場などでは携帯電話をしまっておかなければならないことを心得るべきだ	私が頭に来るのは，これが侮辱的な行為だと思っているからだ。でも，若い世代にとってはただの日常習慣でしかないことを，本当は理解している	ほかの人のハイテク機器の使い方を，私個人への嫌がらせだと思わないようにする。それと同時に，自分の意見をもっとはっきり言うつもりだ。私が携帯電話にどれだけ悩まされているか，社員が理解するよう期待するのではなく，すべての会議で携帯電話の使用を禁止する

　今度はあなたの番です。以下の表に記入してください。

課題：自分のルールブックを知る		
私の古いルールは……	このルールがどれだけ正しいか，有益か，柔軟か	改良後の私の新たな基本方針は……

ステップ2：批判をやめる

　自分やほかの人の批判ばかりするのをやめたら，人生はどんなふうになるでしょうか？　多くの人にとって，このような仮定はぴんとこないどころか，あり得ないとさえ感じられるでしょう。あるクライエントは，「批判すると，善悪の区別をつけやすくなるんです。もし批判しなかったら，どう振る舞えばいいか，わからないでしょう？」と言いました。

　認識と批判には違いがあります。認識とは，複数の状況の相違点や共通点を含め，ものごとを明確に理解できるということです。批判はさらに踏み込んで，何かの善し悪しを特定することです。

　批判を減らす方法の1つは，あの（鼻につく）言葉「べき」を取り除くことです。「べき」のかわりに，「したい」または「もし～なら，最高だろう／いいだろう／理想的だろう」という言葉を使って，どのような気持ちになるか確かめてみてください。

次の例について考えてみましょう。

見本：「べき」を「したい」に置き換える

「べき」を含む文章	この文章がもたらす影響	「したい」を含む文章	この文章がもたらす影響
私はあの地位に昇進するべきだ	・ストレスを感じる ・何としてでも自分を売り込む ・優位に立つために人を踏みつけにする ・自分に昇進する資格があるように振る舞う ・昇進について上司に話をする ・昇進できなかった場合，怒りと恥の意識を覚える	私はあの地位に昇進したい	・懸命に仕事をする ・その地位に興味があることを上司に話す ・昇進の可能性を高める方法についてフィードバックを求める ・もしその地位に就けなかったら，がっかりはするが，フィードバックをもらって，引き続き能力向上を図るつもりだ

「べき」をもっと穏やかな言葉に置き換えるだけで，批判的なプレッシャーから解放されます。よけいなストレスを取り除けば，その分のエネルギーを目標達成の方法探しに使えます。

今度はあなたの番です。「べき」を含む文章で，自分が最近，使ったものか，よく使うものを特定し，以下の表に記入してください。

課題：「べき」を「したい」に置き換える			
「べき」を含む文章	この文章がもたらす影響	「したい」を含む文章	この文章がもたらす影響

> **BTP アドバイス：" must "（〜しなければならない）もやめましょう**
> 私は " must "（〜しなければならない）や " ought "（〜するのが当然だ）も，「べき」の仲間だと思います。テレビ番組「サタデー・ナイト・ライヴ」の登場人物，スチュアート・スモーリーが「自分をべきでがんじがらめにしてはいけません」と言っていました。

ステップ3：新たな方法でコントロールする

　期待どころか，願いがかなわなかったときでさえ，私たちはすぐに無力感を覚えてしまいます。確かに，何が起きるかは必ずしもコントロールできるとは限りません。でも，コントロールできるものは常にあると認識することが大切です。

　心理学の世界では，問題焦点型コーピングと情動焦点型コーピングを区別します。**問題焦点型コーピング**というのは，問題のある状況を具体的な方法で改善しようと努めることです。一方，**情動焦点型コーピング**というのは，問題のある状況に対する感情面の反応を改善しようと努めることです。両者の違いを詳しく知るために，例を挙げてみましょう。

　ビジネス界で，従業員の特に大きなストレス要因となっているのは，企業の人員削減です。ある企業が近々リストラを行うと発表すると，従業員は多くの場合，不安と無力感を覚えます。リストラに伴う士気と能率の急低下をどうしたらよいものかと，私のもとには企業の人事部からよく相談が来ます。

　失業の可能性が出てくれば，誰でも動揺します。間もなく職場に変化が起きると知ったら，従業員は無力感でいっぱいになるかもしれません。なぜでしょう？　ほとんどの人は，情動焦点型コーピングを知らないために，「この状況にもっと明るい気持ちで向き合うには，どうすればいいのか？」とは考えないからです。多くの人はこの選択肢を知らないので，「この状況を改善するために自分ができることは何もない」とばかりに，自動的に無力感を覚えてしまうのです。そうなると，問題焦点型コーピングを用いること，つまり，目の前の状況に具体的な方法で適応しようとすることも難しくなります。

　私は以前，リストラ中の企業でワークショップを開き，グループのメンバーに，問題焦点型コーピングと情動焦点型コーピングの両方を使って対処する方法を考えてもらいました。挙げられた案は以下のとおりです。

見本：問題焦点型コーピングと情動焦点型コーピング

問題焦点型コーピング	情動焦点型コーピング
経営陣と話をする	ストレス軽減法を行う
履歴書を書く	自分の強みや価値観を用いて，人助けや社会貢献に注力する
同種の企業に勤める友達に連絡して，空きポストの有無を尋ねる	英気を養うために，忘れずに休息をとる
プロジェクトチームに自ら進んで参加する	まだ職があるという感謝の念に意識を集中する

問題焦点型コーピングと情動焦点型コーピングはいずれも有益ですが，私たちは情動焦点型のほうをおろそかにしがちです。でも，これはとても大切です。第4章「恐れか情熱か」で書いたように，ストレスで参っていると，あまり創造的で効果的な思考や行動ができないからです。創造的で効果的な行動こそ，道を開く鍵になるかもしれないのです。

> **BTPアドバイス：コントロール感を取り戻す方法**
> 周囲の状況を自分はまったくコントロールできないと感じたときは，自分には常に選択肢があることを必ず思い出してください。

課題：問題焦点型コーピングと情動焦点型コーピング

今度はあなたの番です。仕事や人間関係や健康状態など，何らかの問題に対して，自分はまったくコントロールできないと思ったときのことを思い浮かべてください。次に，もっと上手に対処するのに役立ったかもしれない問題焦点型と情動焦点型コーピングの方法について考えましょう。ただし，この課題の目的はあなたが実際にとった行動を批判することではなく，将来，使えそうなほかの選択肢を知ることだという点を忘れないでください。

どのような状況だったか，説明してください。

_____

_____

_____

_____

_____

_____

_____

_____

問題焦点型コーピング	情動焦点型コーピング

　ですから，この先，自分にはコントロールできないと感じる場面に遭遇したら，選択肢は常にあるのだということを思い出してください。一歩下がり，深呼吸をして，目の前の状況を切り抜けるのに役立つ問題焦点型コーピングと情動焦点型コーピングの方略を探すのです。

　　遭遇する出来事は必ずしも自分で決められるとは限りませんが，反応のしかたには――見過ごされがちですが――常に選択肢があるものです。たとえば，私はある日の午後，ドレス・フォー・サクセスという非営利団体で研修を行っていました。この団体は，「女性が仕事と人生を謳歌できるよう，仕事用の服，支援ネットワーク，キャリア開発の手段を提供することによって，恵まれない女性の経済的自立」を促進する国際的な団体です。

　さまざまな参加者が自分の身の上を語りました。ジョーンという女性は，クラック・コカインを使用しつつ路上生活をしていた状態から，ドレス・フォー・サクセスに来て，家族を養うために職探しを始めるまでの経緯を話しました。

　人生を変えることについてどう感じましたか，と私が質問すると，ジョーンはきょとんとして私を見て，こう答えました。「ほかに選択肢なんてありませんでしたから」

　いいえ，選択肢はありました。路上生活を続けることもできたのです。でも，ジョーンの中の何かが，とても大きく困難な変化を起こさなければならないと判断したわけです。自分が成し遂げたことの意義を認識して，ジョーンは自分が強くなったと感じ，人生を変えるために行っている努力すべてに誇りをもつようになりました。ジョーンこそ，完璧よりもすばらしい人生の偉大な体現者でした。

第7章

R：新しい道を踏み固める

　完璧主義の特性をもつ多くの人は，生活を支配し規定する，強固な考えや信念をもっています。例のルールブックです。このような考えはとても強力な割には，時間をかけて練り上げたものではなく，往々にして自動的で習慣的なものです。多くの場合，私たちはその存在を自覚すらしていません。でも，それがもたらす影響は認識できます。そして，残念ながらそれは好ましい影響とは限らないのです。

　「自分が何をするべきなのか，わかりません」
　キャロラインが話していたのは，人生の目的のことでした。そして，完璧に整えられた服装や髪型とは裏腹に，感情のほうはあまりよい状態ではないことが間もなくわかりました。
　キャロラインの3人の子どもたちは大人になりつつあり，1人は大学生で，2人は高校生です。真ん中の子どもが車を手に入れ，末っ子の送り迎えをするようになってから，キャロラインは子どもの送り迎えをする必要がなくなりました。
　かつてはビジネスの世界に身を置き，出世の階段を上っていましたが，20年前にその世界に別れを告げて，時間とエネルギー，つまり人生を家族の世話に捧げてきました。でも，もはや家族は自分をあまり必要としていないように感じられました。
　キャロラインは，役割が変わるとき起こりがちな現象，自己アイデンティティの喪失を経験していたのです。この20年間は，自分を「母親」と定義していました。育児に熱心な母親です。その時点までは，子どもの面倒を見ることで人生の意味を感じていました。
　いまでは，「自分は何者なのか？」といった疑問がキャロラインの頭の中に鳴り響いていました。「自分が取るに足りない存在に思えます。私には目的がありません。私を必要とする人なんて1人もいません。私は何をするべきなのでしょうか？」

　私はこのような自己アイデンティティの喪失をよく目にします。オムツがとれて学校に上がった子どもの親や，大学生になった子どもの親。失業した人や，定年退職した人。恋人や配偶者と別れた人。病気で何らかの能力を失った人。要するに，このような人たちが用いていた自分自身の定義は，もう通用しなくなったのです。
　あなたもこの気持ちがわかりますか？
　人生の目的に疑問を抱くことがありますか？
　どの道を行けばよいかわからず，迷子になったように感じることがありますか？
　自分自身の定義として，もはや用をなさなくなったものがありますか？
　幸い，自分自身や人生に対する考え方は，自分で決めることができます。ものの見方も，人生の意味も，情熱の対象も，自分で選べます。キャロラインはそうしました。どうすれば同じようにできるかを，これから見ていきましょう。

野原思考

　想像してください。あなたは広々とした野原の前に立っています。腰の高さまで伸びた萌黄色の草が，そよ風に揺れています。あなたは野原の向こう側に行きたいのですが，道らしい道が1本も見つかりません。どのようにして行きますか？
　踏みならされた道がないので，好きなように道を作れます。まっすぐな道でも，曲がりくねった道でも，輪を描く道でもかまいません。
　仮に，斜めの道を通って野原を横切ろうとしたとします。歩を進めるたびに，草が踏み倒され，1本の道ができます。
　その後，同じ野原を横切りたくなったとき，あなたはどのように行きますか？　たぶん，自分が作った道を通るでしょう。最も抵抗の小さいルートだからです。
　同じ道を何度も通りつづければ，その道はすっかり踏みならされ，草はなくなり，土がむきだしになります。そして，野原を横切るときは必ず同じ道を通ることでしょう。そうすると，地面にますます深く道が刻み込まれていきます。
　私たちの思考は，この野原とよく似ています。

　　信念とは，脳の野原に深く刻み込まれた，踏みならされた道です

　私たちが何か考えを抱くとき，その考えを作り出すために，一部の神経が1本の道を描くように発火します。いったん，この考えの経路を作ると，私たちはその考えを何度も抱きやすくなります。要するに，その神経経路が最も抵抗の小さい道として頻繁に使われるようになるのです。やがて，その経路は自動的に使われるようになります。私はこの一連の過程を野原思考（Open-Field Thinking）と呼びます。
　信念とは，脳の野原に深く刻み込まれた，踏みならされた道です。
　このような道には，用途があります。情報を処理しやすくするのです。人は常に膨大な量の情報にさらされています。でも，そこまで多くのデータを一度に処理することはとてもできないので（1つの情報を処理するだけで精いっぱいの人もいます），このような道によって世の中を効率的に渡っていけるようにするのです。

　　「難しいのは，新しいアイディアを思いつくことより，むしろ古い考えから逃れることだ」
　　　　　　　　　　　――ジョン・メイナード・ケインズ　経済学者

　世の中を渡る手助けとして脳がすることの1つは，スキーマを作ることです。心理学でいう「スキーマ」とは，出来上がった道，つまり何かについて予め抱いている考えを意味します。スキーマは，私たちが自分自身やほかの人に貼る一種のラベルだと考えてください。

例を挙げて説明しましょう。私たちは子どもの頃にスキーマを作りはじめます。隣の家にいる四本足の動物を目にしたとき，母親から，あれは「イヌ」だと教わります。

公園に散歩に行くと，別の四本足の動物に遭遇します。隣の家のものよりはるかに小さく，毛色も違います。「イヌ」と言うと，母親はにっこり笑って「そうね」と答えます。

イヌとは何かというスキーマが作られていきます。

車に乗って，農場を通り過ぎます。農場には四本足の動物がいます。それを指差しながら「イヌ」と言うと，母親が「いいえ，あれはウマよ」と答えます。

このフィードバック，つまりウマはイヌではなく，四本足の動物は一種類だけではないというフィードバックによって，イヌのスキーマの精度は上がり，やがて初めての犬種と出会っても，ウマなどの四本足の動物と区別できるようになります。

スキーマは情報処理を簡便化してくれるので，思考には必要不可欠です。そして，たとえば農場にいる４本足の動物といった複数の刺激を効率的に処理できればできるほど，脳はさまざまな種類のブルドッグなど，高度な刺激を処理できるようになります。

これには利点もありますが，問題点もあります。固定観念や根深い信念にはあまり有益ではないものが少なくありませんが，スキーマはこういった信念を持続させてしまうのです。そのために，スキーマと合致しない新たな情報は吸収されにくくなる危険性があります。まるで，形の違いに気づかずに，四角い杭を丸い穴に押し込もうとするようなものです。

「誤った道を突き進んでいる人に，スピードを上げさせる動機付けは必要ない。
その人に必要なのは，道を引き返させる教育だ」
　　　　　　　　　　　　　　　　　　　　　　──ジム・ローン　講演者

野原思考で考えるなら，スキーマはよく踏みならされた道であって，草のない道に深く刻まれた轍のようなものです。これがあると，新しい道が作りにくくなります。

では，スキーマを完璧主義との関係で考えてみましょう。多くの完璧主義者がもつスキーマの１つに，「もし完璧でないならば，私は『欠陥商品』だ」というものがあります。このような人は，自分には内面的な欠陥があると考えています。まったくの力不足だというのです。このような信念のせいで，完璧主義者は自分が無能で，劣っていて，不完全で，無価値だとさえ感じます。自分の価値を証明することに全精力を注ぐ人もいます。また，あまりにも無価値感が深いために，能力のなさを知られるのを恐れて，ほかの人を近づけない人もいます。ご想像のとおり，このような強い信念からは逃れにくいものです。

新たな道を作る

では，新しい考えを抱きたい場合，どうすればよいでしょうか？　新しい考えを抱くのは，野原を別のルートで横切るということです。今度は斜めの道ではなく，輪を描いたルートをとることにしましょう。この新しい道を作るとき，草はどうなるでしょうか？　足の下で倒れ，そのまま起き上がらない草も多いはずです。振り返ると，新しい道が野原に刻みつけられているのが見

えるでしょう。
　次にこの野原を横切りたいとき，あなたはどちらの道を通りますか？

「いま歩いている道が気に入らないのなら，新しい道を作りはじめればいい」
——ドリー・パートン　歌手

　新しい神経経路を作ることは，野原に新しい道を作るのと同じくらい簡単です。ただ，1回しか使われていない道は十分には踏み固められていません。新しい道の草も倒れてはいますが，古い道は草がなくなり土がむきだしで，最も抵抗が小さいことに変わりはありません。別にそうしなければならないわけではありませんが，私たちは最も抵抗が小さい道を通る傾向があります。そして，頻繁にその道を通ると，考えもせずにそちらを「選択」するようになります。何度も使われた道，つまり何度も繰り返された考えは，自動的なものになっていきます。この過程で，「選択」は意識から潜在意識に移動します。選択をはっきり意識している状態から，まったく意識しない状態に変わるのです。
　簡単にいうと，意識の中に存在するのは自分の気づいていること，つまり頭の中で意識的につぶやいている考えです。ただ，脳内でつぶやくとしても，一度に意識的に処理できる量は限られています。そこで脳は，複雑な環境を突き進んでいけるように，処理を簡便化する手段を作り出したのです。抱いている考えすべてを認識しないのは，そのためです。すべて認識したら，パンク状態になってしまうでしょう。
　一方，潜在意識は膨大な量の情報を収納し，保持しています。もう何年も耳にしていない曲の歌詞や，子どもの頃に住んでいた家のキッチンの様子だけでなく，幼少期から現在に至るまで育んできた根深い信念も，そこにあります。そして，私たちは自分の中には意識的な自己がいると思いたがりますが，実は潜在意識のほうが圧倒的な主導権を握っているのです。潜在意識は意識に絶大な影響を及ぼすだけでなく，身体，感情，行動の多くを支配します。
　私の友人でスピーチのコーチであるヴィンス・ポシェンテは，ベストセラーになった著書『アリとゾウ——自分の指揮をとるもの』の中で，とてもおもしろい比較を行っています。リー・プーロス博士の研究結果を引用しているのですが，それによると，意識は毎秒2000個のニューロンを使用するといいます。それに比べて，潜在意識は毎秒40億個のニューロンを使用します。この比率は，アリ（意識）とゾウ（潜在意識）の違いに匹敵します。
　綱引きを思い浮かべてみてください。意識，つまりアリが綱の一端を持ち，潜在意識，つまりゾウがもう一端を持つとします。勝率が圧倒的に高いのはどちらでしょうか？　ゾウである潜在意識です。

ゾウ対アリ

　このような大きな差があるからこそ，何か新しいことを自分に言い聞かせても，すぐには信念を変えられないのです。自己肯定で使われるような新しい文章を復唱しても，多くの場合，それだけでは効果がありません。なぜでしょうか？　たとえアリが全力で闘っても，相手がゾウであ

ることに変わりはないからです。

　たとえば，私のクライエントだったベッキーは，別のセラピストにかかった後で私のところへ来て，次のように言いました。「幸せになりたいんですが，自分が出来損ないのように感じるんです。別のセラピストは，ただ『私は成功者だ』と繰り返し唱えるように言いましたが，効果がありませんでした。それどころか，以前よりもっと出来損ないになったような気がします」

　このような自己肯定の文章を繰り返すと，本当の自分ではないような気分になることがあります。ある言葉を唱えていても，もっと深層にある潜在意識がその言葉に反論するのです。

　ベッキーの話を野原思考にたとえて考えてみましょう。ベッキーの場合，すでにできていた道は「私は出来損ないだ」という根深い信念でした。ある日，新しい道（「私は成功者だ」という自己肯定の文章）を作りはじめましたが，潜在意識は古い道を使いつづけました。最も抵抗が小さい道だからです。

　たとえを少し変えましょう。あなたは野原を横切る古い道をただ歩いているだけではなく，台車を押しながら歩いているとします。この道を頻繁に通っているので，台車の車輪によって土に深い轍ができています。ある日，あなたは意識的に，台車が轍ではない部分に載るように押して歩くことにしました。もちろん，そうすることは可能です。ただ，意識的な努力をやめた途端，台車は轍，つまり何度も使われた潜在意識の道に戻ってしまいます。

　それと同じく，新しい考えを意識的に作ることは可能です。一度だけでなく何度も作ることや，一定の期間，繰り返し作ることも可能です。でも，そうしたからといって，気づかぬうちに潜在意識が古い道に戻るのを止められるわけではありません。

　そこで，考えてみましょう。私たちは時間をかけて人生を振り返り，変化を起こそうと決めました。でも，高い壁が立ちはだかっています。神経経路の複雑な働きが，ことあるごとに私たちの邪魔をするのです。では，勝ち目はないのでしょうか？　いいえ，あります。有益ではない行動が強化される仕組みを，逆に利用してやればよいのです。とにかく，読み進めてください。

　道を作る方法は，その道を頻繁に使うことだけではありません。感情も，道を深く刻む力をもっています。ある考えが感情と同時に浮かんだ場合，同じ考えが感情なしに浮かんだ場合より深く脳に刻まれます。そして，感情が強ければ強いほど，考えも強くなります。強い感情を抱くことは，100kgの重りを運びながら，すでにできている道を通るようなものです。重りを重くすれば，轍がさらに深くなります。

　つまり，感情は，より深い道を作れるのです。残念ながら，人間の脳は否定的なバイアスに傾きがちであることが研究でわかっています。悪い情報のほうが気づかれやすく，注意を払われやすく，記憶されやすいのです。なぜでしょうか？　一言でいえば，自分の身を守るためです。もし私たちの祖先が，茂みの中で剣歯虎〔漸新世から更新世にかけて生息した食肉獣〕が動く怪しい音を耳にしても「空耳だろう」と思ったとしたら，子孫を残せていないでしょう。何万年もの間，人間が否定的な考えに注意を払うことは文字どおり死活問題でした。だからこそ，悪い情報のほうが「忘れにくい」のです。脳内の否定的な独り言がしつこく続くのはそのためです。

　では，信念を変えるにはどうすればよいのでしょうか？　自己肯定の文章のような新しい情報は，意識的な脳から心に入っていきます。情報はしばらく意識的な脳に留まるかもしれませんし，潜在意識に吸収されるかもしれません。新しい情報を潜在意識に取り込むには，徹底的な繰り返しと感情の両方が必要です。よい変化を長続きさせる方法は，行動の手順で詳しく説明します。

「生きながら，あなたは自分の世界を創造していく」
　　　　　　　　——ウィンストン・チャーチル　元英国首相

心理的なガラスの天井

　女性など，少数派と考えられている人たちの出世を阻む，ガラスの天井という言葉をあなたも聞いたことがあるでしょう。それに劣らぬほど重要だと私が思っているのは，心理的なガラスの天井です。

　自分で自分に課す制限が，心理的なガラスの天井を作ります。それは性別や民族や経歴に関係している場合もあれば，そうではない場合もあります。心理的なガラスの天井は，「そんなことは私にはできない」とか「それは私の能力を超えている」などといった批判的な考えや信念から生まれます。

> **BTP アドバイス：思い描けば，実現する**
> ヒップホップグループ「ブラック・アイド・ピーズ」のファーギーが『セルフ』誌 2012 年 7 月号掲載のインタビューで，ヴィジュアライゼーション〔心に思い描くこと〕の威力について語っています。ヴィジュアライゼーションの基本は，潜在意識を自分にプラスに働くように変えることです。ファーギーはグラミー賞の獲得を思い描きました。そして，ブラック・アイド・ピーズは実際にグラミー賞を 8 回も獲得したのです。

　私が心理的なガラスの天井の影響力にはっきり気づいたのは，『ニューヨーク・タイムズ』紙でベストセラーになった『リーン・イン——女性，仕事，リーダーへの意欲』を読んでいるときでした。著者はフェイスブックの COO（最高執行責任者），シェリル・サンドバーグです。サンドバーグは，職場でリーダーの地位に就くことを女性に勧めていますが，そのためには女性の周囲で採られている外的な方針と，女性が心の中で行う内的な対話の両方を変える必要があると説いています。この内的な対話こそ，私のいう心理的なガラスの天井です。

　この本は，ヒューレット・パッカードが 2008 年に行った研究を引用しています。男性と女性が仕事に応募するとき，男性はそのポストの条件を 60％満たしていれば応募するのに，女性は 100％満たしていなければ応募しないことがわかったのです。この心理的なガラスの天井はかなり強力です。女性の中に，全か無かの思考が働いているのがわかるでしょうか？

　「女性は，『私はまだその仕事ができる状態ではない』という考え方から，『その仕事がしたいし，その仕事をすれば学ぶことができるだろう』という考え方に切り替える必要がある」とサンドバーグは書いています。

　あなたは仕事と私生活の両方で，どのような心理的な壁を築いてきましたか？

　もしあなたの脳にマイクを差し込んだら，どのような制限の言葉が聞こえてくるでしょうか？
以下の言葉の中に，心当たりのあるものがありますか？

- 「……だから，私はそれをすることができない」

- 「ぜひこれをしたいけれど，できない」
- 「私が絶対……できないなんて不公平だ」
- 「私がどれだけ強く望んでも，絶対それは実現しない」
- 「来世ではできるかもしれないけれど，今生では無理だ」

「あなたが同意しない限り，誰もあなたに劣等感を覚えさせることはできない」
　──エレナー・ローズヴェルト　外交官，社会運動家，フランクリン・D・ローズヴェルト大統領の妻

　完璧主義者は，優れた結果を出せることだけをしたがります。といっても，努力するのが億劫なわけではありません。完璧主義者が努力家であることは周知の事実です。そうではなく，失敗することが怖くてたまらないのです。

　ある研究で，小学5年生の生徒たちに，よい成績がとれたのは努力したからだと言ったところ，生徒たちは努力を続け，さらに難しい課題でもよい成績をとる確率が高かったといいます。一方，よい成績がとれたのは頭がよいからだと言われた生徒たちは，努力を続ける確率が低く，悪い成績を能力不足のせいにし，さらに難しい課題に取り組む確率も低かったそうです。

　このことについては次の章で詳しくお話しします。いま，少し考えてほしいのは，このように自ら課した完璧主義の制限を取り払ったら，人生はどんなふうになるかということです。

「何かに夢中で取り組んでいるときは，できる限りそれをうまく仕上げたいですよね。でも，最終的には，幸せになる鍵は『完璧』という概念を忘れることだと，私は基本的に思っています」

　　　　　　　　　　　　　　──デブラ・メッシング　女優

過去と未来の道

　完璧主義者は同じことを繰り返し考える傾向があります。多くの完璧主義者は，まるで牛が反芻するように，同じことをうんざりするほど何度も考えます。この傾向が現れるのは，過去の出来事についてくよくよしているとき（「あんなことをするべきではなかった」）や，将来についてしきりに心配しているとき（「もし……になったら，どうしよう？」）です。

　過去についていうと，完璧主義者はすでに起きてしまった出来事を，なかなか受け入れられない場合が少なくありません。以下がその例です。
- 「私は……と言うべきだった」
- 「彼は……するべきだった」
- 「もし＿＿＿さえ起きていれば……」

現実とは違う結果を願うのは，歴史を変えようとするのに似ています。出来事を頭の中で追体験したり，変えられないことについて自分や人をなじったりしても，誰のためにもなりません。確かに，第5章「自分の過去を検視する」で見たように，過去から学ぶことは大切です。でも，すでに起きたことに抵抗するのではなく，それを受け入れることもやはり大切なのです。

> **BTP アドバイス：現在に意識を集中する**
> 過去のことで腹を立てたり，将来のことを心配したりするのではなく，現在に意識を集中しましょう。つまり，いまここで起きていることに注意を向けるのです。頭の中の否定的な独り言は，黙らせるように努めてください。自分の周囲，そして自分の中で起きていることに集中しましょう。まさにこの瞬間に起きていることを感じるのです。マインドフルネス〈いま，この瞬間に注意を向けること〉は，ストレスを減らし，気分を明るくするのに効果的な手段です。

　将来を心配することにかけても，完璧主義者はベテランです。もし完璧主義者に心配をやめるように忠告したら，まるで歯磨きをやめろと言われたような顔をするでしょう。なぜでしょうか？
　当時，離婚争議のまっただ中にいたあるクライエントは次のように言いました。「心配すると，起きることに対して覚悟ができるんです」
　でも実際には，心配すると無用なストレスを感じる場合もあります。私がよくクライエントにするたとえ話を紹介しましょう。
　初めてセラピストとして個人開業したとき，私はテキサス州ダラスに住んでいました。温暖な気候が好きなので（自宅のサーモスタットは25度に設定しています），秋，冬，春のテキサスの暖かさは大いに気に入っていました。でも，夏は猛烈に蒸し暑くて，数週間連続で38度を記録することもありました。エアコンの効いた場所から一歩外に出た途端，冷静さが溶けてなくなるほどでした。
　それなのに，冬は（少なくとも私の定義では）寒くなるのです。毎年，気温が氷点下になることがあります。
　仮に，あなたが8月半ばに，私のダラスのオフィスに来るとしましょう。外の気温は38度で，あなたは快適な気分でエアコンの効いた待合室に座っています。そこへ私が挨拶をしに出てきます。冬のコートに，スキー帽，手袋，マフラーという出で立ちです。
　あなたは私に何と言うでしょうか？　表向きには「なぜそんなに着込んでいるんですか？」と尋ねるでしょう。腹の中ではおそらく，「この人，どうしちゃったんだ!?」と思うはずです。
　私は次のように答えます。「ああ，いま外が暑いのはわかっています。でも1月には寒くなるので，準備しているんですよ」。あなたはどのように反応するでしょうか？　「このセラピストは頭がおかしい！　ここから逃げなくちゃ」
　ほとんどの場合，暑い時期に冬のコートを着るのはナンセンスです。でも，私たちは思考に関してはこれとそっくりなことをしがちです。将来について心配し，恐れる事態がすぐ起きるかのような感情的反応を示すことは，夏に冬のコートを着るのに似ています。その事態を予想して気が滅入ってしまいますし，「準備」した割にはうまく対応できるとは限りません。

> **BTP アドバイス：冬のコートを脱ぎましょう**
> 心配が頭を占領しはじめたことに気づいたら，「夏に冬のコートを着るのはやめよう」と自分に言い聞かせてください。

私のクライエントは,「でも,対策を立てられるように,最悪のシナリオを考えておくことは大切ではありませんか？」と言います。

ええ,そのとおりです。それは冬のコートをクローゼットの中に用意しておくということです。必要になったときのためにコートを用意してはおきますが,出番が来るまで身に着けはしません。行動の手順の中で,どうすればそのようにできるかを説明します。

クライエントと話していると,多くの完璧主義者が心配するという行為について迷信的な考えを抱いていることに気づきます。心配すれば最悪のシナリオに備えられるという考え方以外に,よく聞く迷信的な言葉が2つあります。

- 「心配すれば,その事態は起きません」
- 「心配すれば,少なくとも私は何かをしていることになります」

最初の言葉を,私は「雨傘症候群」と呼んでいます。「傘を持っていけば,雨は降らない」という理屈です。実際には,これを裏付ける証拠はありません。むしろ,逆のほうが正しいかもしれません（うんざりするほどわかっている方もいるでしょう）。

二番目の,何かをするほうが何もしないよりましだという考えも,やはり正しくありません。それは傷あとを手で押すのと同じようなものです。痛みが増しますし,治癒を助けるのではなく,妨げます。

心配するよりも,直接それに対処する手段をとりましょう。第6章「自分の期待を評価する」で説明した,問題焦点型コーピング（状況を変える努力）や,情動焦点型コーピング（苦痛を和らげる努力）を行うのです。

私は「楽しいことだけを考えましょう」と呼びかけているのではありません。私たちはただひたすら楽天的な世界観がほしいわけではありません。自分の考えを有益なものにしたいのです。だからこそ,迷信的な考えが正しいかどうかだけでなく,自分にどれだけ役立つかという点も検証することが大切なのです。

あなた自身のため,そして周囲の人たちのためにも,夏には冬のコートを着ないでください。

将来について心配するのは,夏に冬のコートを着るようなものです

行動の手順：現実的な楽観主義を身につける
ステップ1：歪みをなくす
ステップ2：新しい道を作る
ステップ3：繰り返す

私は子どもの頃,父の眼鏡をかけてみるのが大好きでした。大きくて茶色いプラスチック製フレームの眼鏡です（何といっても70年代でしたから……）。それをかけて鏡の前に立ち,変身した自分の姿を見るのです。レンズの度がとても強かったので,自分の姿をはっきり見るためにはフレームの上から覗き込まなければなりませんでした。レンズを通すと,何もかもがひどくぼやけてしまいました。

ステップ1：歪みをなくす

あなたはほかの人の眼鏡をかけてみたことがありますか？ もしあるなら，目に映った景色はおそらく少し歪んでいたでしょう。第4章「恐れか情熱か」の中の，青い眼鏡では緑色のバナナしか見えなかった話を覚えていますか？ あの例のように，私たちは自分の心理的なレンズを通して世界を見ます。そして，世界の見え方は自分でも気づかないうちに歪んでいる場合があるのです。これは，ほかの人の眼鏡をかけながら，それに気づかないのと同じようなものです。

では，具体的にはどのような歪みがあるのでしょうか？ 完璧主義の基本的な特徴である，全か無かの思考も歪みの一種です。これについては第9章「極端を排除する」で詳しく見ます。

以下は，完璧主義者によく見られるその他の認知の歪みです。

見本：完璧主義者によく見られる認知の歪み

歪み	内容	例
過度の一般化	悪い出来事について，1つの事例を基に全体的なパターンを作り上げる	・「誰もが私をがっかりさせる」 ・「これは絶対，私には効かない」 ・「人はいつも私の陰口を叩く」 ・「私は毎回，失敗する」
否定的なフィルター	よいことを1つも認めず，悪いことばかりに目を向ける	・「私の人生は災いだらけだ。最悪の人生だよ」 ・「彼は家事を手伝わない」 ・「恋人との関係はめちゃくちゃだ」 ・「こんな身体に生まれてがっかりだ」
読心術	具体的な証拠なしに，人の考えがわかると決め込む	・「彼女は，私にはそんなことはできないと思っている」 ・「彼は私を愛していない」 ・「彼は，私にこれができるとは思っていない」 ・「彼女は，私がこの話をでっちあげたと思っている」
運命の先読み	未来を否定的に予想し，それが事実であるかのような感情的反応を示す	・「私は真実の愛を見つけられないだろう」 ・「状況は悪化する一方だろう」 ・「私は救いようのない大失敗をしでかすだろう」 ・「私は不採用になるだろう」
破局化	極端な見方で過去を解釈したり未来を予想したりする。ささいなことを大げさに考える	・「失敗したら大変なことになる」 ・「すべてを台なしにしてしまった」 ・「これは最悪だ」 ・「私の仕事は地獄だ」

歪み	内容	例
批判への傾倒	客観的事実を単に受け入れたり理解したりするのではなく，人や出来事をよいか悪いかで評価する	・「私のプレゼンテーションはひどい出来だった」 ・「彼は負け犬だ」 ・「彼女は生意気だ」 ・「私の人生は惨めだ。私は惨めだ」
後悔指向	自分が現在もっている能力ではなく，過去の「欠点」に注目する	・「彼は手助けを申し出てくれてもよかったのに」 ・「私はあんなことをするべきではなかった」 ・「あのとき，ああ言ってさえいれば」 ・「私が子どもの頃，彼女がもっと支えてくれたらよかったのに」

　見てわかるように，歪んだ見方に陥ることはとても簡単です。私たち誰もが陥ります。でも，だからといって，ずっとその見方を続けなければならないわけではありません。誤ったものの見方を変える第一歩は，これらの認知の歪みを自分がどのように使っているかを見きわめることです。

　では，今度はあなたの番です。下の表の認知の歪みを1つずつ読んでみてください。そのうえで，自分自身の経験から，各項目につき最低1つ，例を付け加えてください。いえ，1つといわず，思いつく限り書きましょう。歪んだ眼鏡をかけていることに気づかなければ，それを外すこと，つまり非現実的なほど肯定的または否定的に世界を見るのをやめることはできません。

課題：完璧主義者によく見られる認知の歪み

歪み	内容	一般的な例	あなたの実体験からの例
過度の一般化	悪い出来事について，1つの事例を基に全体的なパターンを作り上げる	・「誰もが私をがっかりさせる」 ・「これは絶対，私には効かない」 ・「人はいつも私の陰口を叩く」 ・「私は毎回，失敗する」	
否定的なフィルター	よいことを1つも認めず，悪いことばかりに目を向ける	・「私の人生は災いだらけだ。最悪の人生だよ」 ・「彼は家事を手伝わない」 ・「恋人との関係はめちゃくちゃだ」 ・「こんな身体に生まれてがっかりだ」	

歪み	内容	一般的な例	あなたの実体験からの例
読心術	具体的な証拠なしに，人の考えがわかると決め込む	・「彼女は，私にはそんなことはできないと思っている」 ・「彼は私を愛していない」 ・「彼は，私にこれができるとは思っていない」 ・「彼女は，私がこの話をでっちあげたと思っている」	
運命の先読み	未来を否定的に予想し，それが真実であるかのような感情的反応を示す	・「私は真実の愛を見つけられないだろう」 ・「状況は悪化する一方だろう」 ・「私は救いようのない大失敗をしでかすだろう」 ・「私は不採用になるだろう」	
破局化	極端な見方で過去を解釈したり未来を予想したりする。ささいなことを大げさに考える	・「失敗したら大変なことになる」 ・「すべてを台なしにしてしまった」 ・「これは最悪だ」 ・「私の仕事は地獄だ」	
批判への傾倒	客観的事実を単に受け入れたり理解したりするのではなく，人や出来事をよいか悪いかで評価する	・「私のプレゼンテーションはひどい出来だった」 ・「彼は負け犬だ」 ・「彼女は生意気だ」 ・「私の人生は惨めだ。私は惨めだ」	
後悔指向	自分が現在もっている能力ではなく，過去の「欠点」に注目する	・「彼は手助けを申し出てくれてもよかったのに」 ・「私はあんなことをするべきではなかった」 ・「あのとき，ああ言ってさえいれば」 ・「私が子どもの頃，彼女がもっと支えてくれたらよかったのに」	

> 「変わる必要性が，私の心の中心にブルドーザーで道を作ったのです」
> ——マヤ・アンジェロウ　詩人

　以前，あるクライエントが「私は問題が1つもないような振りをしたくないんです。そんなことは非現実的ですから」と言いました。私は何も，悪いことには気づかないようにしようと言っているのではありません。それこそ非現実的でしょう。私が言いたいのは，無色透明のレンズを通して世界を見ようということです。バラ色のレンズでも，グレーのレンズでもなく（ピンクとグレーの二焦点レンズでもなく），無色透明のレンズです。

BTP アドバイス：表を見返しましょう

自分の認知の歪みを後から振り返って判断するのと，認知が歪んでいるまさにそのとき自覚するのとでは，まったく話が違います。でも，歪みをうまく自覚できるようになるほど，ストレスや，ほかの人との険悪な関係をうまく和らげられるようになります。

　先ほど記入した「完璧主義者によく見られる認知の歪み」の課題をプリントアウトして持ち歩くことをお勧めします。今度，何かに腹が立ったとき——少し苛立っただけではなく，本当に頭に来たとき——いったん立ち止まり，表を取り出してください。できるだけ落ち着いて認知の歪みを読み直し，いま現在，その中のどれかが作用していないか，考えてみるのです。もし作用していたら，深呼吸して，それにかわる新しい無色透明の考えを探しましょう。そうすれば，後で悔いるような言動をしないで済むかもしれません。

ステップ2：新しい道を作る

　自分の古い道が正しくもないし有益でもないと判断したとき——たとえば歪みが思考に影響を与えているとき——は，ブルドーザーを出動させて，別の道を作りましょう。どうすれば作れるのでしょうか？　自分のためにならない考えを，正しくて有益な考えに作り直せばよいのです。私はクライエントにこの手順を教える際，以下のワークシートがとても役立つことに気づきました。わかりやすくするため，この章の冒頭に出てきたキャロラインの例を使いましょう。

見本：キャロラインが作り直した考え

出来事（起きたこと）	感情	自動思考	歪み	新しい考え
子どもたちが自立して，以前ほど私を必要としなくなった	・悲しい	・人生に目的がない	・過度の一般化	・目的は自分で選べる
	・さびしい	・自分の生活には何かが欠けている	・否定的なフィルター	・いまこそ自分のことや，本当にしたいことに専念できる
	・怖い	・もう絶対に明るい気分にはなれない	・運命の先読み	・無限の可能性を秘めた新たなライフステージに，わくわくしている
	・どうすればいいのかわからない		・破局化	

以上がキャロラインの状況です。今度は，あなたが検討したい自分自身のつらい経験を選んでください。以下の表に記入していきますが，まずは左の４列，つまり出来事（起きたこと），感情，自動思考，歪みだけを書き込んでください。最後の１列は後で記入します。

課題：自分の考えを作り直す				
出来事（起きたこと）	感情	自動思考	歪み	新しい考え

　たぶん，あなたが上の表に記入した状況評価は，あまり有益でも現実的でもないでしょう。有益で正しい新たな考えを見つけるために，以下の「作り直しのための」質問に答えてください。
- 「自分はこの状況をどのように見たいだろうか？」
- 「起きたことに対して，別の解釈のしかたはあるだろうか？　あるなら，どのような解釈が考えられるだろうか？」
- 「自分が尊敬する人はこの状況をどのように見るだろうか？」
- 「友達が同じ状況に陥ったら，私はどのように助言するだろうか？」
- 「自分は（自分，ほかの人，状況に関する）どのようなプラス面から目を背けているだろうか？」
- 「このように考えることは自分にとってどれだけプラスになるだろうか？」
- 「自分がもっとくつろいだ気分だったら，この状況をどのように見るだろうか？」

　この作業に取り組む際の秘訣は，「新しい考えを心地よいものにしたい」と思うことです。心配はいりません。新しい考えを信じる必要は（まだ）ないのです。必要なのは，信じたいという気持ちです。
　次のようなシナリオについて考えてみてください。

　　あるホームレスの男性が３年前から同じコートを着ています。このコートを着たまま食べ，眠り，暮らしてきました。もう1,000日以上，洗濯していません。

このコートはどのようなにおいがするでしょうか？　想像もしたくありませんよね？

では，この男性がコートを脱いだら，あなたはそれを身に着けますか？　着なければ凍死するという状況ではないときに，あなたはそのコートを身に着けますか？

もちろん，着ないでしょう。

でも，否定的な考えで頭がいっぱいのとき，私たちはまさにこれをしているのです。歪んだ考え方をするのは，悪臭ふんぷんのコートを着るのと同じようなものです。

におうコートはもう脱ぎませんか？　新しいコートに着替えてはいかがですか？

におうコートのかわりに，すてきなオーダーメイドのコートを着たらどうでしょうか？　素材はカシミヤかシルクか革で，肌触りは最高ですし，身体にぴったり合います。それどころか，あまりにもぴったりなので，「絶対に脱ぎたくない！」と思うほどです。

新しい考えはこのオーダーメイドのコートのようなものです。あまりにも着心地がよいので，もう脱がなくてよいことが信じられません。うれしいことに，これからずっと着つづけてもよいのです。

「人は，その人の考えの産物にすぎない。人はその人が考えるものになっていく」
　　　　　　　　　　　　　　　　　　　　　　　　　　　　　　――ガンディー

さて，表に戻って最後の列の「新しい考え」を記入しましょう。「歪み」の種類がわからなければ，ステップ1の認知の歪みの表を見直してください。新しい考えが思い浮かばない場合は，キャロラインの例を見直してください（カシミヤやシルクの手触りを思い浮かべましょう）。

ステップ3：繰り返す

新しい有益な考えを見つけたら，今度はそれを定着させます。目標は，この新しい前向きな考えの経路を，最も抵抗の小さい自動的な道にすることです。繰り返しその道を通り，どんどん深く刻んでいくのです。その考えを，一時的で意識的な考えから，潜在意識に定着した信念に変えましょう。どのようにして変えればよいのでしょうか？　この章の冒頭で紹介した方法を使うのです。

新しい道の作り方には，以下のような2つの要素があります。

- その道を繰り返し通る。
- その道を通るとき，重みを加える。

ということは，新しい考えを身につけるためには，以下の作業が必要です。

- その新しい考えをできるだけ頻繁に繰り返す。
- 感情の重みをうまく利用する。

最初の要素，つまり新しい考えを繰り返すためには，以下のようなさまざまなコミュニケーション手段を使ってください。

- **認知**：新しい考えを，頭の中で考える。

- **筆記**：新しい考えを何度も繰り返し書く。
- **口頭**：新しい考えを声に出して言う。
- **動作**：ボディランゲージを使って，あたかも新しい考えが事実であるかのような振りをする。
- **イメージ**：もし自分がすでにこの考えを信じているとしたら，どのような人生になっているかを思い浮かべる。

　動作についてですが，人は何かが事実であるかのように振る舞うと，それをどんどん信じるようになります。仮にあなたの新しい考えが「私は何にでも対処できる」ということだとしたら，それを心から信じている人のような身体的姿勢をとってみましょう。胸を張り，顔を上げ，微笑みを浮かべるだけでなく，歩くときはふんぞり返ってみてください。姿勢が考え方に影響を与えるということは，研究でわかっています。たとえば，オハイオ州立大学の研究では，就職面接を受けた参加者のうち，座ったとき胸を張るよう指示された人は，背を丸めるよう指示された人より，自分自身と自分のスキルに強い自信を感じました。

「いままでどおりの反応を示したい誘惑に駆られたときは必ず，自分は過去にとらわれていたいのか，それとも未来を切り開きたいのかと考えましょう」
　　　　　　　　　　　——ディーパック・チョプラ　医学博士，著述家

　新しい道を作るもう1つの効果的な方法は，イメージすること，つまりヴィジュアライゼーションです。これは潜在意識を刺激するのに役立ちます。目を閉じて，新しい考えをすっかり信じている自分を想像してください。どのような生活を送っているでしょうか？　あなたはどんなふうに振る舞っていますか？　あなたに対するほかの人の反応はどうでしょう？　あなたはほかの人とどのように接していますか？　どのようなことを考え，どのような行動をとっていますか？　気分はどうですか？　身体は何をしていますか？　その感覚を存分に味わうようにしてください。

　この最後の部分が大切です。感情をうまく利用すると神経経路を深く刻むのに役立つので，新しい考えを強い信念に統合するうえで，感情は大きな役割を果たします。ですから，いま考え，書き，口に出し，動作で表している自分に関する新しい前向きな考えは事実であると想像しましょう。もしそれを完全に信じていたら味わうはずの感情や身体感覚を味わってください。これを頻繁に行えば，そのイメージを現実にすることができます。

　ヴィジュアライゼーションのもっと詳しい例は，第11章「超越する」で紹介します。

> **BTP アドバイス：笑って！**
> ボディランゲージは，ほかの人に思いを伝えるだけではありません。自分の脳にも伝えるのです。たとえば，私たちは楽しいことを経験すると，にっこり笑います。このとき，特定の神経経路が発火します。これを，あなたの野原にある，「私は楽しい，だから笑っている」という名の道だと考えてください。
> この理屈は，いまの私たちの目的にも利用できます。基本的に，その道は一方通行ではなくどちら側からも歩けるのです。あまり楽しくなくても笑顔を作れば，笑顔の身体動作が，「あれ，私は笑っている。私は楽しいに違いない」というメッセージを脳に送ります。そして，その結果，少し楽しくなるのです。
> ある調査研究で，マンガを読みながら（本人が気づかなくても）微笑んでいた人は，しかめ面で同じマンガを見た人よりも楽しい気分だったと報告しています。
> ですから，この理屈をうまく利用してください。もっと楽しく感じたかったら，できるだけ笑いましょう。楽しくないときでも，いえ，楽しくないときこそ笑うのです。その道を両側から歩きましょう。

新しい考えを心から信じたら，あなたはどのような気持ちになるでしょうか？

- 楽しくなる？
- 安心する？
- 気分が高揚する？
- 力がみなぎる？
- 希望を抱く？
- うれしくなる？
- 熱意がわく？
- 最高に幸せになる？
- わくわくする？
- 愛情深くなる？
- 誇らしくなる？
- 満足する？
- 自信をもつ？
- 腹が据わる？
- 心が広くなる？
- やる気が出る？
- 元気になる？
- 勇敢になる？
- エネルギッシュになる？
- やさしくなる？

先ほど挙げたコミュニケーション手段を使って新しい考えを繰り返すときは，必ずあなたが望む感情を十分に味わうようにしてください。

「繰り返す」ステップ――新しい道が定着するように，そこを頻繁に歩くこと――を確実に実行できるように，スケジュールを決めるのもよいでしょう。以下はキャロラインが作ったスケジュール表です。

見本：キャロラインの新しい道

今週，私は右のような新しい考えを信念にするように努力する	いまこそ自分のことや，本当にしたいことに専念できる
具体的な方法	自分のためにこの時間を費やしたら，人生がどう変わるかを思い描く
タイミング	朝，目が覚めたとき
回数	週に最低3回
忘れないようにする方法	目覚まし時計の横にメモを貼っておく
具体的な方法	鏡の前でこの考えを声に出して言う
タイミング	歯磨きをするとき
回数	1日に2回
忘れないようにする方法	洗面所の鏡に付箋を貼っておく
具体的な方法	頭の中でこの考えを繰り返す
タイミング	終日
回数	5回
忘れないようにする方法	携帯電話の通知機能を設定する

さあ，今度はあなたの番です。前の項で書いた新しい考えから1つを選んでください。それを定着しやすくするために，あなたがどのような方法でこの新しい道を踏み固めるつもりか，下の表に記入してください。

課題：新しい道を作る	
今週，私は右のような新しい考えを信念にするように努力する	
具体的な方法	自分のためにこの時間を費やしたら，人生はどう変わるかを思い描く
タイミング	
回数	
忘れないようにする方法	
具体的な方法	鏡の前でこの考えを声に出して言う
タイミング	
回数	
忘れないようにする方法	
具体的な方法	頭の中でこの考えを繰り返す
タイミング	
回数	
忘れないようにする方法	

もしうまくいかなければ，自分を俳優だと思ってみましょう。あなたが演じている人物は，新しい考えが間違いなく100％事実だと心から信じています。さあ，この人物らしく歩き，話し，感じ，振る舞い，この人物になりきってください。そして，新しい道があなたの人生にもたらす果実を味わってください。

第8章

F：失敗を未来につなげる

「人が起こせるものの中で最も貴重なのは過ちだ。
完璧さからは何一つ学べない」
——アダム・オズボーン　持ち運べるコンピューターを初めて発売した実業家

　失敗恐怖症とは，失敗を激しく恐れる病気です。この病気を抱える人は，失敗する可能性を考えただけで強い恐怖と不安を感じ，吐き気を催したり気分が悪くなったりします。汗をかき，動悸を感じ，はっきりしゃべったり考えたりすることに支障を来し，自分をコントロールできなくなるように感じ，場合によっては本格的なパニック発作を起こすこともあります。このような人は失敗を避けるためなら何でもしようとします。その一方で，自分が感じる極度の恐怖は必ずしも合理的ではないとわかっている人も少なくありません。恐怖の対象が実際に危険をもたらすことはめったにないからです。

　ほとんどの完璧主義者は，精神疾患の診断基準をすべて満たしてはいなくても，ある程度の失敗恐怖症を抱えています。完璧主義者，そして完璧主義の傾向をもつ多くの人にとって，失敗は破滅や大惨事と同義で，何としてでも避けなければならないものなのです。

　でも実際には，過ちは発見の扉になることもあります。

　この章では，失敗を未来につなげるというコンセプトを見ていきます。目標は，「失敗」の概念を見直して，激しく怖がるのではなく，喜んで受け入れられるようになることです。まず初めに，ある女性の失敗が，本人や同じような境遇の人たちにまったく予期せぬ未来をもたらした例を紹介しましょう。失敗を未来につなげることによって，画期的な世界平和の実現計画に情熱を注ぐことができたのです。

　マリリン・キングは，1972年と1976年の夏季オリンピック大会にアメリカチームの一員として出場しました。5種競技（障害走，砲丸投げ，走り高跳び，走り幅跳び，800メートル走）という過酷なスポーツの選手だったのです。

　1979年11月のある日，高速道路を走っていたマリリンの車に，トラックが追突しました。この事故によって，マリリンは1980年のモスクワ・オリンピックに向けた調整ができなくなりました。1日6時間から8時間に及ぶ必要なトレーニング——短距離走，跳躍，投擲，重量挙げ——がこなせなくなったからです。それは20年間続けてきた日課でもありました。

　初めてマリリンに会ったとき，私は相手を射抜くような青い瞳に引きつけられましたが，話を聞きはじめると，その内容に釘付けになりました。

　オリンピック選手になった経緯を尋ねると，マリリンはクスッと笑って答えました。「中学

のとき陸上をやっていたんです。まあまあ優秀で，いつも2位か3位に入っていました。それで満足でした。

ある日，私が負かした選手を，アメリカオリンピック委員会がオリンピックの強化合宿に招いたんです。そのとき，『私のほうが実力は上なのに。あの子がオリンピックに行けると見込まれたのなら，私も行けるってことじゃないの』と思ったんです。

ばかげた考えだったから，胸にしまっておきました。誰にも言いませんでしたが，その思いを頭から追い出せなくて。毎日毎日，そのことを考えました」

そして，マリリンはそれを実現させたのです。

授業前，放課後，週末，休日。可能な時間はすべて，オリンピック選手になった自分を思い描くことと，選手になるのに必要なありとあらゆることの練習に当てました。

情熱をもって何かに取り組むとき，越えられない壁はありません。それに，マリリンは問題解決の達人でした。学校に女子チームがなかったことも，マリリンが練習用に見つけた朽ち果てたトラックにハードルがなかったことも，障壁にはなりませんでした。古パイプで作った軽量のハードルを置き，マニキュアを使ってトラックに目印を付け，日没後もトレーニングができるようにトラックの縁に懐中電灯を貼り付けました。

努力は報われました。1972年に初めてオリンピックチームに加わり，ミュンヘンで戦ったのです。

競技場に足を踏み入れたときのことを，マリリンは次のように表現しました。「口が開いたまま，ふさがりませんでしたね。ぼう然としました。それまでに見たことのない光景でした」。この大会では選手というより観客のような気分のまま，はるかに格上のソ連や東ドイツの選手と対戦しなければならなかったので，次回のオリンピックにも必ず出場し，もっと互角の勝負をしようと誓いました。

1976年のモントリオール・オリンピックでは16位でした。マリリンは4年後のモスクワで有終の美を飾ろうと決意しましたが，運命は違う計画を用意していました。

自動車事故の後，マリリンはベッドに横たわったまま，ずっと「私はオリンピックの代表選考会で上位3位に入る。身体は日に日に回復する」と考えつづけました。

にもかかわらず，何ヵ月たっても身体は回復しませんでした。でも，問題解決の達人であるマリリンは，代表選考会のために身体を使ったトレーニングはできなくても，精神的な練習はできると気づいたのです。精神的なトレーニングは7ヵ月に及びました。5種目すべての世界記録保持者のビデオを見たり，トラックに立って，各種目に取り組んでいる自分の姿を思い描きました。

ついに1980年のモスクワ大会に向けたアメリカ代表選手選考会が開かれると，身体的なトレーニングを行わなかったにもかかわらず，マリリンは2位となりました。アメリカ代表の座をかけて戦った相手のうち，1人を除く全員に勝ったのです。

でも，マリリンは1980年の大会に出ることはできませんでした。ソ連によるアフガニスタン侵攻に抗議して，当時のジミー・カーター大統領が大会をボイコットしたため，アメリカ人選手全員が出場できなかったのです。

もちろん，マリリンは出場できないことに意気消沈しました。けれども，自分が成し遂げたことにあ然としてもいました。「私は平凡な人間なのに，説明のつかない非凡なことを実現させた」

もっと学びたいと思ったマリリンは，カリフォルニア大学バークレー校でのコーチの仕事を辞め，3年間，人間の並外れた業績に関する研究を行いました。

　1980年の自分自身の経験と，研究と，ほかのオリンピック選手の協力によって，マリリンは次のようなことに気づきました。「人が並外れたことを成し遂げるときは，常に3つの要素が存在しています。

　1つ目は**情熱**です。成功する人の原動力は情熱です。する『べき』だとか，するのが当然だなどという義務感では決してないんです。意志力ではなく，いわば『欲求力』ですね。情熱は人をベッドから引きずり出し，人を創造力に満ちた問題解決の達人にします。

　2つ目は**ビジョン**です。優れた結果を出す人はとても独特な方法でものを考えます。私はそれを，ビジョンに導かれていると表現しています。誰もがときどきそのような考え方をしますが，オリンピック選手は毎日それをしています。

　3つ目は**行動**です。オリンピック選手など，優れた結果を出す人たちは，行動的です。目標に一歩ずつ近づけるような日々の練習を行います。でも，それは身体を使った練習だけではありません。最高レベルの結果を出すには，精神的な練習も必要なんです。精神的な練習は，高度な成功を収めるのに決定的な影響を及ぼします。

　つまり，一流の結果を出すためには，情熱，ビジョン，行動という三要素が揃っている必要があるんです。私はこの3要素を『オリンピック選手思考』と呼んでいます。そして，スポーツ選手だけでなく誰もが，自分の成し遂げたいあらゆることに，これを用いることができます。

　オリンピック選手思考を自分の世界に用いると，何もかもが変わります。考え方だけでなく，自分の仕事や人間関係や今日一日のこと，そして人生に対して抱く思いも変わります。これは『破壊的技術』です。でも，いちばん重要なのは，この思考はもっと大きな世界にも適用できるということです。全人類にとってよい世界を作るのに役立つんです」

　マリリンは，全世界の平和という次なる進化を，この破壊的技術が文字どおり加速させると確信しています。「平和なんて達成できないとか，絵空事だなどという考え方を私は『忌々しい思考』と呼んでいるんですが，人がその考え方を改めて，オリンピック選手思考を用いれば可能なんだと気づけば，いまほとんどの人が生きている『相対的な平和』から，私の言う『美しい平和』へと，人類が一段階，向上するのを速めることができます。

　人はややもすれば十分な情報を得ていなかったり，誤った情報を吹き込まれていたりします。それに，問題ばかりを取り上げる従来のメディアが形成した，偏った情報に基づく信念をもっています。でも，十分な情報を得て，いま人類がかつてないほど盛んに国際協力を行い，問題解決を果たし，成功例を教え合っているという事実をすべて理解すると，考え方が『無理だ』から『もしかしたら可能かもしれない』に変わりはじめます。そのときこそ人は，自分にできる向上に対する貢献の方法を，より効果的に，そして創造的に考えはじめるんです。ほぼすべての人が望む平和に貢献できるように，自分の日々の行動を調整しはじめます。

　情熱，ビジョン，日々の行動というオリンピック選手思考の三要素をすべて揃えることで，私たちは個人的な夢も，平和という人類共通の夢もかなえられるんですよ」

　マリリンの使命は，世界中のオリンピック選手を媒介者として，すべての若者にオリンピック選手思考を広めることです。それによって，若者自身の人生，コミュニティ，そして世界に，よい影響を及ぼすようにしたいのです。

　マリリンの身体に大きなダメージを与えた自動車事故を，オリンピック出場の大きな障壁と

見なした人もいたでしょう。でも，マリリンは別の強力なトレーニング方法を見つけました。失敗を未来につなげたおかげで，自身にとって3大会目の代表選考会で2位になれただけでなく，誰もが世界平和に貢献できる方法を発見し，それを伝える取り組みを始めることもできたのです。

過ちは発見の扉になることもあります

失敗はすべて悪いもの？

完璧主義者は完璧を求めているように見えるかもしれませんが，多くの場合，最大の原動力は「完璧」願望ではなく，失敗したくないという願望です。この恐怖が中核にあるのです。絶えず失敗について心配している完璧主義者は，何時間分もの心身のエネルギーを失敗を防ぐことにつぎ込んでいます。第4章「恐れか情熱か」で書いたように，これは情熱を原動力とする場合と正反対の状態です。ほしいものに向かって進むのではなく，自分に降りかかってきそうな苦痛を減らすために努力しているのです。

少し立ち止まって，両者の違いを考えてみてください。単に言い方を変えただけのように見えるかもしれませんが，まったく異なる人生をもたらします。

その一因は，望まないものを最小限に抑えようとすると，さらに負のエネルギーが発生するということです。何が起きるかを心配し，最悪の事態が起きたらどうしようと頭を悩ませ，自分の決断についてくよくよ考えます。つまり，ストレスで疲れてしまうのです。すると，完璧主義に伴いがちな，燃え尽き，不安，不眠，うつといった多くの問題が現れる危険があります。

「成功は厄介な教師である。賢い者に，自分は負けるはずがないと思わせてしまう」

——ビル・ゲイツ　マイクロソフト共同創立者

それに引き換え，自分が望むことに目を向けると，よい変化を起こす意欲がわきやすくなります。それを「しなければならない」からではなく，したいからするのです。この場合，エネルギーは前向きで，肯定的かつ建設的です。有益な目標に取り組むことに専念すると，希望，逆境から立ち直る力，強さがみなぎってきます。

マリリン・キングの話は，このような強力なプラスの特徴を表しています。だからこそ，私たちをこれほどまでに力づけてくれるのです。オリンピック選手思考を日常的に用いたら，あなたの人生はどのように変わるでしょうか？

「過去の失敗や挫折はすべて，現在の新たなレベルの生き方を生む知識の土台を築いていたのだ，と私は考えるようになりました」
—— トニー・ロビンズ　講師，コーチ

　完璧主義者は，自分の望むものに向かって邁進していると考えていることが多いのですが，実際には最大の不安，つまり，つまずくことと「失敗」を人に見られることの回避に全力を注いでいます。
　ところが，おもしろいことに，失敗とも思われそうな出来事が大成功につながる場合もあります。
　たとえば，スリンキーがそうです。スリンキーとは，胴の部分がバネでできた犬の形の玩具で，バネを伸縮させながら階段を1段ずつ下りることができます。これまでに何百万もの人がこの玩具で遊んできましたが，もともとは「失敗作」でした。1943年，船舶内で壊れやすい機器が落下して破損するのを防ぐために，あるエンジニアが安定化装置を作ろうとしていました。開発したバネはその役には立ちませんでしたが，楽しいおもちゃに変身したのです。
　『トイ・ストーリー』というアニメ映画を観たことがありますか？　アカデミー賞を獲得したこの映画も，ほかの多くの作品も，失敗がなければ誕生しなかったでしょう。よく知られているように，スティーヴ・ジョブズは自身が創立したアップルから追放されてしまいましたが，その後，アニメーションスタジオを買収し，それをピクサー・アニメーション・スタジオに生まれ変わらせました。それ以降，ピクサーは14本の長編映画を製作し，数多くのアカデミー賞を受け，『トイ・ストーリー3』が稼ぎ出した10億ドル以上を含めて80億ドルを超える売上を上げています〔原著執筆時点〕。
　それに，女優のニコール・キッドマンも結婚に「失敗」しています。2001年，キッドマンは11年連れ添った夫のトム・クルーズと離婚しました。その2年後にアカデミー賞を獲得したものの，結婚の破綻が女優としての快挙の喜びを曇らせてしまいました。『マリ・クレール』誌のインタビューで，キッドマンは次のように語っています。「私は大きなダメージを受けて，この先，自分がまた誰かとああいう関係になれるかどうか，わかりませんでした。まさか41歳で子どもを授かるなんて，夢にも思いませんでしたね。でも，将来，何が待ち受けているかなんて決してわからないものです」
　その数年後にキッドマンは『ヴァニティ・フェア』誌のインタビューで，「トムと過ごした歳月を軽んじるつもりはないけれど，私はいま，すばらしい愛にめぐり会ったの」と言っています。つらい経験があったおかげで，本物の愛と幸せを見つけられたのです。

課題：「失敗」をとらえ直す

自分自身の経験を振り返ったとき，人生の中で一見「失敗」に見えた出来事が，よい結果に，あるいは真の幸せにさえつながったことがありますか？　その経験をここに書いてください。

_____
_____
_____
_____
_____
_____
_____

「失敗した」と思った後で，その考えが変わったのは，どのようなときでしたか？

_____
_____
_____
_____
_____
_____
_____

失業した後，もっとよい仕事を見つけた経験がありますか？　その経緯を書いてください。

_____
_____
_____
_____
_____
_____
_____

課題：「失敗」をとらえ直す

自分にとって大切だった人と別れた後，さらによい相手を見つけたことがありますか？　その経緯を書いてください。

_____

_____

_____

_____

_____

_____

「強さは勝利からは生まれない。もがくことが強さを育むんだ。試練を経験して，負けまいと決意したとき，それが強さになる」

――アーノルド・シュワルツェネッガー

　私は心理職に就く前に理学療法士をしていましたが，理学療法士の教育を受けているときに学んだことがあります。筋肉を発達させるためには，まず筋肉を痛めなければならないということです。たとえば，ウェイトリフティングをすると，筋肉が収縮します。ウェイトが（その重さまたは反復回数のために）筋肉にとって過負荷になると，筋肉の組織線維の一部が切れます。つまり，筋肉の一部が過負荷によって「破綻する」のです。

　休息すると，筋肉は再生し，以前より強くなります。筋肉が強くなるにはこの種の「破綻」が必要なのです。

　これと同様に，失敗は私たちの心構え次第で，さらなる成功を収める手段にもなります。

失敗に対する恐れの現れ方

　完璧主義者の失敗への恐れは，矛盾しているようにも思える形で現れることがあります。
- リスク忌避
- 過剰なエネルギー
- 決断力の欠如

それぞれが生活の中でどのように現れるか，見ていきましょう。

リスク忌避

「リスク嫌い」の人は，失敗に終わりそうだと思う状況を避けます。仕事をできる限り先延ばしにしたり，完全に避けたりします。金銭問題や心理的な問題を恐れる人は多いでしょうが，完璧主義者は人間関係や健康，そして遊びにおいてもリスク忌避を示すことがあります。たとえば，ある人がプールに入りたいと思っているとします。その場合，プールの性質を知っておく――浅い部分に爪先を少し入れて深さを確かめる――ほうが，知らないまま深い部分に飛び込んで，そこが本当に深いと気づくよりも安全です。プールで泳ぐことは，楽しいだけでなく，大きな満足感さえ与えてくれるかもしれないのに，危険があり得るのならリスクを冒す必要はないと思う人もいるのです。

「最大のリスクは，いかなるリスクも冒さないことだ……
目まぐるしく変化する世界で，確実に失敗する唯一の戦略は，リスクを冒さないことだ」
　　　　　　　――マーク・ザッカーバーグ　フェイスブック最高経営責任者

恋愛や結婚はその好例です。

「もう二度とあんな状況には身を置きません」と，ケイティは泣きじゃくりながら言いました。
半年前，17年連れ添った夫が「もうきみのことを愛していないんだ。離婚したい」と告げ，ケイティにショックを与えたのでした。
「世界全体が崩壊するような感じでした。初めは，ただ私と別れたいという話でした。でもその後，私より10歳若い職場の女性と浮気をしていたことがわかったんです。ありふれた話です。
なぜ私がこんな目に遭うんでしょう？　私は夫を信用していました。夫を大事にしていました。夫のために何でもしました。それなのに，こんな仕打ちをするなんて。
いまだに吐き気がします。夜もなかなか眠れません。自分をどうしようもない負け犬のように感じます。これからはもう二度とあんな傷つきやすい立場には身を置きません。
友達は，いつになったら外に出てデートを始めるのかと，しつこく訊いてきます。言っておきますが，私はもう，深く愛していた人に心をずたずたにされるような立場には，二度と身を置きたくありません」

ケイティに共感できますか？　あなたは，
- 傷つけられるのが怖いために，人と距離を置いてしまいますか？
- 関係が壊れるのが怖くて，相手と親密になるのを避けてしまいますか？
- 失敗に終わるのが心配で，仕事になかなか取りかかりませんか？
- 何かに興味をもっても，自分はうまくできないに違いないと思って手を出しませんか？
- 最終的には失敗が待っていると思って，成功を恐れて（あるいは避けて）しまいますか？

これこそリスク忌避にほかなりません。完璧主義者は，賭けより確実性をとります。たとえ，

賭けによって得られるもののほうが魅力的でも，やはり確実性を重んじるのです。その結果，どうなるでしょう？　充実感の足りない人生になってしまうのです。

> **BTPアドバイス：恋愛ではリスクを冒しましょう**
> 恋愛関係で絆を深めるためには，無防備になることがとても大切です。確かに，最初は怖いでしょう。でも，痛い目に遭うことを心配するより，本当の自分でいれば親密度が高まることに目を向けるようにしましょう。そして，歪んだ考え方，特に全か無かの思考には注意してください（第7章の「見本：完璧主義者によく見られる認知の歪み」を参照してください）。無防備でいることに慣れましょう。思いきって冷たい水に足を入れたなら，長く浸けているほど水温に慣れてくるものです。それと同じく，予測されるリスクを恋愛の中で冒すことにも，だんだん慣れていくはずです。

次に，仕事の領域ではどのようにリスク忌避が現れるかを考えてみましょう。
あなたは，
- 新しい地位の職責を果たせるかどうか不安で，昇進を断ったことがありますか？
- 「失敗」するのが怖くて，キャリアアップに役立ちそうなプロジェクトに名乗りを上げなかったことがありますか？
- 拒絶されるのは耐えられないと感じて，求人や何かのプログラムに応募しなかったことがありますか？
- うまく実行できないのではないかと不安で，プロジェクトに着手するのを避けたことがありますか？
- 失敗するのが怖くて，何かを延期したことがありますか？
- ストレスがさらに増すだけなのに，仕事を先延ばしにしたことがありますか？

人は，失敗しそうだと思う課題に「時間の無駄」というラベルを貼ることがあります。
「そんなもの，私には何の役にも立ちません。まったくの時間の無駄ですよ」とスコットは口をとがらせました。
47歳のスコットは，身長が190cmもある白髪まじりの紳士です。もう何週間もよく眠っていないような顔をしていて，実際に睡眠の問題を抱えていました。
比較的大きな法律事務所に弁護士として勤めていましたが，3カ月前に失業しました。4人の子をもつスコットは深く落ち込んでいました。気分は暗く，好きだったこと（子どもと一緒に過ごすことなど）ももう楽しめず，無気力で，絶望感を覚えていました。
朝，ベッドから起き出すことすら，ままならない状態でした。それどころか，私のオフィスで座っている姿を見ると，髪の乱れが目につき，ここ数日，入浴さえしていないのではないかと思われるほどでした。
失業による抑うつはきわめて多く見受けられます。失業は当然，経済的な影響をもたらしますが，多くの人にとても深刻な精神的苦痛も与えるのです。人は自分という人間を仕事と同一視していることが少なくありません。仕事を奪われると，自己意識も奪われます。
スコットと私は，再就職を果たすためにとれる手段を考えていました。このセッションでは，ネットワーキング〔社交的な集まりを通じた人脈作り〕について話し合っていました。
アメリカ労働統計局によれば，すべての職の70%が人脈を通じて見つけられているといいます。でも，スコットを含む多くの人はネットワーキングをしようとしません。理由は，それが自分に役立ったことが——まだ——ないということです。

スコットは，ネットワーキングのかわりにパソコンの前に座って求人情報を検索し，企業に応募していました。でも，それは1つの職に集まる何千枚という履歴書の1枚になるにすぎません。また，スコットはネットサーフィンにかなりの時間を費やしてもいました。ひいきのスポーツチームの記事を読んだり，最新のニュースを閲覧したり，ユーチューブの動画を見たりしていたのです。

あなたはスコットの気持ちが理解できますか？

「母はいつも，あんたはぐずぐずしているから，大物にはなれないだろう，と言っていました。私は，『とにかく待っていて』と言い返しました」
　　　　　　　　　　　　——ジュディ・テヌータ　女優，コメディアン

自分に問いかけてほしいことがあります。もしそれをしたら最終的には
- もっと幸せになる
- もっと健康になる
- 人間関係が改善する
- 仕事がもっとうまくいく
- 儲かる
- 霊的な健康が得られる

かもしれないのに，避けていることは何ですか？

少し考えてみましょう。仮に逃げるのをやめて，避けていたプロジェクトに実際に取り組み，避けていた人に向き合い，避けていた役割を引き受けたら，あなたの人生はどんなふうになるでしょうか？

　私たちはセッションの中で，ネットワーキングに対する見方を変える方法について話し合いました。ネットワーキングは就職するうえで欠かすことのできない活動ですが，スコットは「何の役にも立たない」と思い込んで避けていました。
　そこで，私たちはネットワーキングの目的を「就職すること」から「新しい人と知り合うこと」に見直しました。確かに，新たに知り合った人が職探しを手伝ってくれる可能性はありますが，たとえば自分を支えてくれる人たちの輪を築いたり，新たな機会と資源を発見したり，ほかの人を手助けする方法を見つけたりするなど，別の目的に役立つ可能性もあります。
　見直し後の目標は，純粋に人と知り合うことでした。それも，「今日は名刺を21枚もらった」というような形ではなく，「今日は3人の本当におもしろい人たちに出会った」と思うような知り合い方にするのです。スコットはネットワーキングを避けることで，人と知り合う機会を自分から奪っていました。でも，人と知り合うことは人間の基本的欲求であって，就職をはるかに超える恩恵をもたらすはずです。

この新たな考え方を携えて,スコットはあるネットワーキングの催しに出かけていきました。私のオフィスにやってきたのはその翌週のことです。

「失業したばかりの男性に出会いましてね。いまにも泣き出しそうな顔をしていましたよ。私はそいつを会場の隅に引っ張っていって,私が何とかしてやると言って聞かせたんです。翌日2人で会って,そいつの履歴書を全面的に書き換えました。

誰かを手助けするのはいい経験でした。それに,同じ境遇の男性と話せたのも幸いでした。私は再就職して家族を養おうと努力していますが,妻から仕事を見つけろとがみがみ言われて,まるで去勢された気分ですよ。でも,あいつの奥さんはうちよりもっとうるさいようです。気の毒に」

> **BTPアドバイス:ネットワーキングを役立てるために**
> スコットのようにネットワーキングの目的を見直せば,効果的な行動をとることができます。そのほかに,ネットワーキングを役立てるコツを3つ挙げておきます。
>
> - **得ることより与えることに注力する**。人を手助けすれば,自分の幸福感や自信が強まるだけでなく,相手があなたに恩返しをしたいと思うことが研究でわかっています。
> - **人を紹介する**。誰かに誰かを紹介すると,あなたは両者を助けるリーダーとなります。一石二鳥です。
> - **フォローをする**。フォローというのは,新しい知り合いの興味を引きそうな記事を送ったり,重要な会議の結果を尋ねたり,次に会う日程を調整したりすることです。このように,もう一手間をかけることで,自分を覚えてもらうだけでなく,よい印象を与えることもできます。

リスクを避けることは,多くの「試合」に参加しないということです。競技場に足を踏み入れることさえ拒んでいるのです。失敗したい人などいませんが,私たちが使うこの防衛機制は過剰防衛で,充実した人生を送る邪魔をします。

わざわざそのようなことをする価値があるでしょうか?

リスク忌避についてもう一言,言っておきましょう。先延ばしや回避をなぜするかというと,不安や恐怖の対象を「ストレスが大きすぎて,いまは対処できない」と判断し,延期するためです。でも,皮肉なことに,先延ばしと回避はかえってストレスを強めます。その作業に取りかかるまで,「あれをやらなきゃ」という考えがずっと重くのしかかるからです。つまり,回避と先延ばしは,減らそうとしているものを増やしてしまい,おまけに不愉快なツケさえ招くかもしれないのです。

過剰なエネルギー

リスク忌避とは逆の行動が多い――あるいはそればかりの――完璧主義者も大勢います。それは,労力をかけすぎるということです。

そのとき私は数百人の聴衆の前で,職場に幸せをもたらすことについて講演を行ったところでした。幸せな従業員のほうが打たれ強く,医療サービスの利用が少なく,生産性が高く,企業の売上への貢献度がはるかに高いことが研究によって示されているという話です。まあ,それはさておき本題に戻りましょう。

私の講演を見て,メッセージに共感したグレッチェンという女性が近寄ってきて,次のよう

に言いました。「スピーチについて相談したいことがあるんです」

　最初のセッションで顔を合わせたとき，グレッチェンは抱えている悩みを説明しましたが，ステージ上での話しぶりは見事なものでした。悩みを理解できるようにと本人が送ってくれたビデオを見て，それがわかったのです。

　グレッチェンは次のように話しました。「人からはいつも，スピーチをほめられます。でも，私は失敗することが死ぬほど怖いんです。たとえば，ステージ上で言うべきことを忘れたら，どうすればいいんでしょう？　スライドが動かなかったら？　ステージに上がるとき転んだら？　致命的なミスをしてしまったら？」

　このときにはもう，グレッチェンはパニック状態に陥っていました。「失敗」の可能性を考えただけで十分だったのです。その恐怖心は手に取るようにわかりました。目が大きく見開かれ，手と首の筋肉がこわばっています。とても強い恐怖だったので，私までストレス度が上がったほどでした。

　「ストレスを和らげるために，どのようなことをしていますか？」と私は尋ねました。

　「練習です。スピーチを何度も何度も練習するんです」

　確かに，スピーチには練習が効果的です。でも，グレッチェンの場合，それがさらにストレスを強めていました。

　「練習するとどうなるか，教えてください」

　「ええ，1件のプレゼンテーションにつき50〜75回，練習します。『練習』というのは，プレゼンテーション全体，つまり60分間を50〜75回，通してやるということです」

　グレッチェンは平均で2カ月に1度の割合でスピーチを行っていたので，相当な量の練習をしていることになります。そして，これだけ徹底的に準備するのは，ひとえに失敗が怖いからなのです。

　でも，このやり方が100％有益なわけではないことを，グレッチェンは認めました。練習時間の長さが，さまざまな影響を生んだのです。「夫との関係がとても険悪になります。かける時間だけでなく，私のストレスも一因です。

　それに，本番の1週間ほど前になると，よく眠れません。健康に悪いですよね」

　さらに考えた末に，グレッチェンは，「もしかしたら，あれだけ練習するとスピーチの出来がかえって悪くなるかもしれません。いままで考えたことがありませんでしたが，練習しすぎるとストレスが強まって，いい結果を出せなくなるかもしれません」と言いました。

　原稿どおりにしゃべれるかどうかを心配するのではなく，大まかなコンセプトを覚えておき，それを伝える練習をするほうがずっと効果的で，健康的でもあるという結論にグレッチェンは達しました。

　私は尋ねました。「失敗に対する恐れをなくせたら，どうなるでしょう？　できるだけ多くの人を助けるためにメッセージを伝えることに集中できたら，どうなるでしょうか？」

　そこで，グレッチェンはメッセージを伝えることに集中してみました。失敗に対する恐れが頭をもたげると，そのたび，聴衆に何を得てもらいたいかに意識を向けました。また，自分を追い詰めるのをやめ，以前よりゆったりした気分になりました。

> **BTPアドバイス：「完璧」なスピーチはつまらない**
> 友達や家族と会話するとき，耳を澄ませてみてください。リラックスしてしゃべっているときは，言葉を忘れたり，何かをうまく説明できなかったり，少し間を挟んだりすることが多いはずです。これこそが自然な話し方なのです。ですから，ステージに上がっているときや，スピーチをするのが不安なときは，気楽に構えましょう。「完璧」な言葉が出てこなかったり，考える時間が必要になったりしても，どうということはないのです。それに，完璧というのはつまらないものです。特に，聴衆の前でしゃべる場合はなおさらです。スピーチが完璧だと，嘘っぽく聞こえたり，リハーサルのしすぎのように感じられることがあります。情報を伝える最良の方法は，素の自分のまま心から話すことです。

　もう1つ，完璧主義者が忘れがちな大事なことがあります。がむしゃらに働くことと生産性が高いことは同じではないということです。確かに，手間暇をかけた分，よい結果が出る場合もあります。でも，そのような働き方に心身のエネルギーをつぎ込むと，最良の結果が出せない場合もあります。

がむしゃらに働くことと生産性が高いことは同じではありません

決断力の欠如

　この本の執筆中にテレビ番組『トゥデイ』で受けたインタビューは，完璧主義がいかに蔓延していて，それがどのように決断力を損なうかを如実に示していました。完璧主義者は決断を下した後，しばしば「正しい」決断を下したかどうかに悩み，自分を責めます。決断を下すことも，いったん下した決断を守ることもできず，「分析麻痺」に陥ります。以下はインタビューの抜粋です。

　『トゥデイ』の司会者の1人であるホダ・クトゥブが，私に言いました。「番組のフェイスブックのページに，おもしろいコメントがあったんですよ。ある女性が，『私の大きな悩みの1つは，自分ではまったく決断を下せないことです。ささいな問題でさえ決断できません』と言っています」

　キャシー・リー・ギフォード：「決断できない原因は何でしょう？　それは恐れではありませんか？」

　私の答え：「そうです，間違いを犯すことへの恐れです。そのまま [あなたの決断のまま] 突き進みましょう」

　キャシー：「でも，どうやってそのまま突き進めと自分に言い聞かせればいいんですか？　恐れはその人にとって，とてもリアルなものです」

　私は次のように答えました。「恐れはリアルです。そして，恐れを克服する最もよい方法は，

それを直視することです。私たちの社会はとても完璧主義で、『完璧な決断を下さなきゃ』と考えてしまいます。でも、『完璧』な決断などありません。ですから、決断して、そのまま突き進みましょう。望む結果にならなかったら、後で変更すればいいんですよ」

このような悩みに共感できますか？

- 「間違った」決断をするのではないかという恐れから、なかなか決断を下せないことがありますか？
- どのような決断が「正解」なのかわからないという恐れから、身動きできなくなることはありますか？
- 決断を下した後、自分を責めることがありますか？

あなたが決断できない事柄は、以下のような問題かもしれません。

- 何を着るか
- どのようなプロジェクトを立ち上げるか
- 夕食のメニューを何にするか

確かに、この中には私自身がときどき決断に悩むものもあります。

でも、実のところ、たった1つの方法が正しくて、ほかはすべて間違いだということはありません。何かをするとき、とれる方法はたくさんあります。それに、私たちが下す決断のほとんどは生死に関わるほど重要ではありません。第1章に出てきた脳外科医を覚えていますか？　確かに、あの脳外科医が誰かの脳を手術できるかどうかは生死に関わります。でも、明日、職場に赤いジャケットを着ていくか、青いワンピースを着ていくかは、そこまで重要ではありません。

肝心なのは、自分の手元にある情報を検討して、その時点で下せる最良の決断を下すことです。たとえその決断がうまくいかなくても、

- ✓ 自分が悪いと思うのはやめましょう。結果が思わしくないからといって、あなたに決断を下す能力が少しもないわけではありません。
- ✓ 自分を許しましょう。そのことで自分を厳しく責めるのはやめてください。
- ✓ あなたはそのとき手元にあった情報で、その時点でできる最良の決断を下したということを思い出しましょう。
- ✓ いまある新しい情報を使って、新たな道を選びましょう。

三番目のポイントがきわめて重要です。「月曜の朝のクォーターバック」という言葉を知っていますか？　これは、週末に行われたフットボールの試合を振り返りながら、ああするのではなく、こうするべきだったなどと批評する人を指す言葉です。たとえば、クォーターバックが投げたボールが敵に遮られた場合、「ボールを持って走るべきだったんだ」と言う人がいるかもしれません。確かに、実際の試合展開からすると、そのほうがよかったのでしょう。でも、それは後知恵です。投げたほうがうまくいく可能性も十分あったのです。

宝くじを買ったことがありますか？　買ったことがある人は，後日，当せん番号を見て，「これを知っておくべきだった」と思ったことがあるでしょうか？　たぶん，ないでしょう。当せん番号が何になるか，わかったはずがないからです。

それと同じように，何か決断を下すとき，あなたはいま手元にある情報をもとに下します。後で新しい情報が手に入ったら，その決断のよし悪しが明らかになるかもしれません。でも，とにかくいまは自分を信じることです。自分はいまある情報を利用して，可能な限りよい選択ができるのだという自信をもちましょう。

> **BTP アドバイス：決断のプロセスを簡素化する**
> 決断を下すときは，私の恩師であるアーサー・ネズ博士とクリスティン・マグス・ネズ博士が教えている方法を検討してみてください。ある決断を下した場合，以下の5項目がどうなるかを判断するのです。
>
> - 実際に問題が解決されるか
> - 自分にどのような影響（精神面，身体面，所要時間，必要な労力など）があるか
> - ほかの人（身近な人，社会，環境）にどのような影響があるか
> - 短期的にはどのような結果になるか
> - 長期的にはどのような結果になるか
>
> このチェックリストを使えば，決断のプロセスをかなり簡素化できるでしょう。

あなたはその時点で利用できる情報をもとに，可能な限りよい決断を下すのです

自分を追い詰めないことが大切です。次は，「期待を裏切った」のが自分以外の人だった場合に，完璧主義者がどのような反応を示すか見てみましょう。

悪い出来事が起きたとき

中学1年生の学年末。コネティカット州の雪はすでに溶け，春の気配が漂っていました。鳥や蜂が群をなして飛んでいました。

私は大親友のキムと，しょっちゅう一緒にいました。毎晩，長電話をし，金曜の放課後は街へ繰り出してピザを食べました。週末の夜はお互いの家に泊まりました。ある土曜の夜，ジョン・クーガー・メレンキャンプの『ジャック＆ダイアン』の歌詞を一言も漏らさず書き取ろうと，午前2時過ぎまで起きていたことを覚えています。

中学1年生の頃の私は太っていました。もっと小さい頃は家に「お菓子禁止」のルールがあったのですが，中学に入って自由を知ってからはそれに反抗して，お菓子を食べられるときはいつでも頬張っていたのです。

ある日，学校にいるとき，2週間後にパーティーがあることを知りました。男女混合のパーティーです。私は招待されていませんでした。

まるで，唐突にパンチを食らったようでした。

さらに悪い知らせがありました。パーティーの主催者は，親友だと思っていたキムだったの

です。すでに倒れているところへ，痛烈なジャブを浴びせられました。

　落ち込みましたし，拒絶されたように感じました。ふてくされて，友達を避けようとしました。みんな，パーティーに招待されているように見えました。

　ついに私は，勇気を振り絞ってキムに尋ねてみました。「どうして私を招待してくれなかったの？」

　本当に善意からだったのだと，いまでは思いますが，キムは私を見て答えました。「恥ずかしくて来られないと思ったの」。そう言いながら，私のウエストに視線を落としたのです。

　あれほど信頼していた相手から——私の考えでは——完全に拒絶されたことに打ちのめされ，自分を筋金入りの出来損ないのように感じました。なぜ自分はこんなにダメな人間で，しかもそれに気づきさえしなかったんだろう？

　共感できる話でしたか？

　何かに傷ついたり，がっかりしたりすると，人はいつも，そのようなことが起きた理由を理解しようと，頭の中で出来事を処理します。その処理は，自分独自のものの見方，つまりスキーマというフィルターを通じて行われます（スキーマについては前の章で説明しました）。この例でいえば，「大親友はパーティーに招待してくれるものだ」というのが私のスキーマでした。でも，現実のデータが青写真——世界観——と食い違ったとき，苦しみや混乱が起きるのです。

　この出来事があるまで，私が抱いていた友達に関する信念は，「信頼できて，自分を手助けしたいと思ってくれている人」というものでした。キムは友達だったので，信頼が置け，私にとって最善のことを望んでくれていると思っていました。

　私にとって世紀のイベントに思えたパーティーに招待されなかったとき，私はこう考えました。「キムは私に隠れてこんなことをした。私をばかにしたんだ。みんなが私を笑っている。私はダメな人間だ」

　いま考えると，これは事実とほど遠かったと思います。でも，当時は完全にこのように信じていたのです。

　現実が自分の信念と一致しないときに感じるストレスを，心理学では認知的不協和と呼びます。認知的不協和は強いストレスを引き起こすので，人はよく，潜在意識の中でそれを解消する手段をとります。その手段とは，調節と同化です。

　調節は，既存のスキーマに変更を加えて，信念と矛盾する新しいデータを納得できるようにすることです。**同化**は，データのほうに変更を加えて，既存の信念のパターンに合わせようとすることです。キムのパーティーから締め出された話から，この2つの認知の働きを考えてみましょう。

　同化を用いた場合，私は次のように言っていたはずです。「もしキムが友達で，友達は信頼でき，私にとって最善のことだけを望む存在ならば，私が何か悪いことをしたに違いない。友情が壊れたのは私の落ち度に違いない。私がこんなに太ってさえいなければ，キムは絶対にこんな仕打ちをしなかったはずだ。私はダメな人間だ」

　同化を用いたとき，私はこれまでの友達の定義を正しいと考えつづけます。ですから，現実に対する私の解釈が友達の概念と一致しなければ，出来事に対する解釈を変えて，私がダメな人間だということにするのです。

> **BTP アドバイス：トラウマに対する反応**
> トラウマを経験した人はよく，同化または過剰調節という潜在意識の対処機制を用いて，その出来事を処理します。
> 過剰調節とは，たとえば自動車事故に遭った人が，車に乗るのは安全ではないという信念を抱くことです。性的暴行を受けた人なら，男は誰一人として信用できないと思うかもしれません。
> 同化の一例は，パートナーから虐待を受けている女性が，暴力を振るわれる原因は自分にあると考えることです。このような女性の心は次のようにつぶやきます。「もし彼が私を愛しているなら──愛し合う人たちは暴力など使わないから──彼にこう振る舞わせるような悪いことを私がしているに違いない」
> つらい状況のとき抱く強い信念には注意してください。自分の信念が正しく，しかも有益になるように心がけてください。

　一方，もし調節を用いたなら，私は友達の定義のほうを変えていたでしょう。調節を健全に用いた場合，定義は「友達は信頼できる場合もあるが，常にそうだとは限らない」となるかもしれません。もちろん，感情的になっているときは，健全な思考や有益な思考ができるとは限りません。この出来事のときのようにストレス度が高いと，過剰調節も起きやすくなります。

　過剰調節とは，激しい不協和を調節するために世界観を極端に変えることです。そうすると，どうなるでしょう？　たとえば，「誰も信じられない」などと考えるのです。明らかに，この新たなスキーマは今後の人間関係すべてに深刻な影響を及ぼす危険性があります。

　でも，人は認知的不協和に対して，どちらかの反応を意識的に選ぶわけではありません。ショッキングな出来事を理解しようとするときは，両方を少しずつ用いることがあります。私もそうでした。パーティーに招待されなかったという事実を処理するために，「私は太っているからダメな人間だ」という結論と，「人は信用できない」という結論を下したのです。意識的に考え方を変えたのではありません。ただ，そのときはそうすることが私にとって理にかなっていたのです。

　二度とあのようなショックを味わわないように，私は新たな考え方と，人との新たなつき合い方を編み出して，今後の失敗を防ごうと努めました。人を信用せず，すでに友達だった相手とも距離を縮めないようにしたのです。また，朝食と昼食を抜くというような不健康な方法でダイエットにも励みました。

課題：悪い出来事を考え直す

これまでの人生の中で，つらい失敗を理解しようと努めたときのことを思い浮かべてください。同化を用いたこと――それまでの信念と一致するように出来事を解釈し直したこと――はありましたか？　あるいは，過剰調節を用いたこと――出来事を理解するために，人やものや状況に対する考え方を根底から変えたこと――はありましたか？

恋愛や結婚で傷ついた後，「どんな男も信用できない」または「女はみんな要注意だ」などという新しいルールを作りましたか？　その経緯を書いてください。

_____
_____
_____
_____
_____
_____
_____
_____

ショッキングな出来事が人生に起きたとき，あなたは自分がその出来事の「原因」だと判断して，自分を厳しく責めましたか？　そのとき感じた気持ちを書いてください。

_____
_____
_____
_____
_____
_____
_____
_____

課題：悪い出来事を考え直す

過去の「失敗」の原因について厳格な説明を考え出し、現在それを法律のように見なして、同じ失敗をしないように自分の行動を制限していますか？　その新しいルールが何か、書いてください。

_____
_____
_____
_____
_____
_____
_____
_____

行動の手順：失敗を未来につなげる
ステップ1：「データ」対「失敗」
ステップ2：赦す
ステップ3：自分の価値観を知る

　失敗に対する恐れを克服するには、失敗とは何なのかという概念を変える必要があります。そのために、過去の「失敗」が結果的に福に転じた例を思い浮かべてください。もしかしたら、前のパートナーとの問題だらけの関係を断った結果、はるかによい相手を見つけられたかもしれません。あるいは、失業したことが、さらによい仕事を得ることにつながったかもしれません。恐れではなく、価値観や望みに目を向けていきましょう。あなたらしさを恐れに決めさせてはなりません。本当のあなたを発揮してください。

ステップ1：「データ」対「失敗」

　「失敗」に対する考え方を根底から変えられるとしたら、あなたはどう思いますか？　ある出来事を失敗ではなく「データ」と見なしたら、どうなるでしょうか？
　高校で受けた化学の授業を思い出します。教師は私たちに実験をさせて、その結果を記録させました。実験結果は、私たちの予想と一致することもあれば、しないこともありました。ただ、予期せぬ結果が出たときでも、仲間と私は「ああ、大失敗だ」などとは思いませんでした。「なぜこのような結果が出たのか？」と問うように教わったのです。
　原因を知るために、私たちは以下の疑問を考えるように教わりました。
- 手順を忠実に守ったか？

- この結果を引き起こした可能性のある要因は何か？
- 分量や細かい条件を調節する必要があるか？
- ほかにどのような要因が影響した可能性があるか？

　要するに，私たちは予期せぬ結果をデータ源として利用したのです。それによって，実際に起きたことから学び，今後もっとよい結果を得られるよう修正を加えることができました。これは「失敗」などではなく，科学的手法にほかなりません。

　この考え方は，人間関係，健康問題，仕事など，生活のありとあらゆる部分に大いに応用できます。たとえば，あなたが引き受けたプロジェクトが，望む結果にならなかったとします。このとき，「失敗」を自分のせいだと考えるのではなく，先ほど挙げた4つの問いを自分に発し，データをチェックして，改善のチャンスを探ってみてはどうでしょうか？　企業は売上が予想以下だった場合，その失敗のことをくよくよ考えたりはしません。翌月の売上を改善する方法を見つける努力をします。あなたも同じようにできないでしょうか？

　人からの「フィードバック」を受け入れることも，この考え方を日常生活で役立てる方法の1つです。完璧主義者は，パートナーや，上司，友達，同僚，近所の人，あるいは赤の他人からでさえ耳の痛い指摘を受けると，次の反応のいずれかを示しがちです。
- 「あの人の言うとおりだ。私はまったくダメな人間だ！」
- 「何を的外れなことを言っているんだろう。ばかみたい！」

　あなたも身に覚えがありますか？

　もし，このように反応するのではなく，フィードバックに耳を傾けて，それが有益な指摘かどうかをできるだけ客観的に判断したら，どうなるでしょうか（確かに，なかなかそれができないときもあります。でも，とにかく読み進めてください）？　相手は善意から言っているのであり，あなたを傷つけるつもりはないものと想定して，努力してみましょう。そのうえで，次の問いを自分に発してみてください。

- もし相手の言うことが本当だとしたら，どうなるか？
- 自分を高めるために，この情報をどのように活かせるか？
- 私はそうは思わないが，もしかして相手はそれが事実だと思っているのか？　もしそうだとしたら，相手ともっとうまく意思疎通するにはどうすればよいのか？

　起きたことや言ったことを失敗だと判断して自分を責めるのではなく，それをデータとして活かし，次はもっとよい結果にしようと前向きに考えてください。

> **BTP アドバイス：人はなぜ「フィードバック」を与えるのか？**
> 人はなぜ否定的なフィードバックを与えるのか，理由を考えることがありますか？　そのような指摘の内容は正しいのでしょうか？　それとも，あなたをけなそうとしているだけなのでしょうか？
> この質問に答える前に，別の質問に答えましょう。チョコレートケーキには何が入っていますか？　唐突な質問に思えるでしょうが，私と一緒に考えてください。チョコレートケーキには何が入っていますか？
> 材料は，チョコレート，砂糖，バター，小麦粉，卵，バニラなどですよね？
> では，次の質問に移ります。チョコレートケーキは小麦粉だけでできていますか？　違います。卵だけでできていますか？　いいえ，違います。
> チョコレートケーキを作るには，すべての材料を混ぜ合わせて，特定の方法で焼き上げなければなりません。ケーキの作り方と，人があなたについて言う意見と，どう関係があるのでしょうか？　人が何かを言うとき，その発言はたいてい多くの材料からできています。誰かがあなたにフィードバックを与える場合，相手は疲れていらいらしているために，マイナス面に目を向けているのかもしれません（脳が否定的な見方に傾きがちであることを思い出してください）。あるいは，相手はあなたの技術がより高まることを心から望んでいるのかもしれません。あるいは，あなたを見て昔の知り合いなどを思い出し，それがあなたへの態度に影響しているのかもしれません。もしかしたら，これらすべてと，ほかの多くの事情が絡んでいるのかもしれません。
> ですから，誰かのフィードバックによって気が滅入ってしまったら，その発言にはさまざまな要素が入り交じっている可能性があることを忘れないでください。言われたことの一部はデータとして利用でき，その気になれば将来，役立てることもできるかもしれません。相手の言動の原因がすべて自分にあるとは思わないようにしてください。あなたとは無関係な部分が大半を占めるはずです。

ステップ 2：赦す

　赦しは複雑な概念で，意味は人によって違うかもしれません。心理学でいう赦しは，過去の出来事に関する怒りや恨みを手放すことを指します。自分を赦すという場合，それは自分が抱いている罪悪感や恥の意識を手放すことです。

　恨みを抱きつづける場合，私たちは基本的に「違う結果になればよかったのに」と思っています。それどころか，違う結果を強く願うからこそ，赦さないという場合も多々あります。現実には，もちろん，時間をさかのぼって成り行きを変えることはできません。すでに起きたことは，どうしようもないのです。けれども，私たちはこの無力感に打ち勝とうとして，自分自身やほかの人を厳しく非難することがよくあります。「かわりに○○が起きてさえいれば，状況はまだましだっただろう」と考えるのです。

　赦しは失敗を未来につなげるために必要不可欠です。理由は 3 つあります。①赦すことによって，批判，つまり「失敗」の意識がなくなります。②赦さなければ，過去にとらわれたままになります。③赦すことによって，過去から学ぶことができます。

　では，どうすれば赦せるのでしょうか？　大切なのは，赦しとは何であって，何ではないのかを理解することです。多くの人は，赦しの内容を正しく理解していません。そのために赦しの恩恵を受けそびれている場合が多いのです。

「人生に起きる出来事はすべて，恐れより愛を選ぶ機会なんだと思います」
　　　　　　　　　　　　　　　　　　　　　　　　——オプラ・ウィンフリー

赦しは，
- 起きたことを大目に見たり正当化したりすることではありません。

- 「大した問題ではない」と言うことではありません。
- 相手（または自分自身）の責任を免除することではありません。
- その出来事の再発を許すことではありません。
- 人と和解したり，元の関係に戻ったりすることではありません。
- 起きたことを忘れることではありません。

また，赦しはほかの人のためにすることでもありません。それどころか，ほかの人の存在が（赦してくれという依頼さえ）なくても，赦すことはできます。

赦しは，
- どれだけつらい出来事であっても，それを受け入れることです。
- すでに起きてしまったことを変える努力をやめることです。
- 恨みや，怒り，罪悪感，恥の意識を手放すことです。
- 過去から学び，自分の現在と未来によい変化を起こせるようにすることです。

言い換えれば，過去の出来事を赦し，それを自分に役立てるということです。対象が自分であれ，ほかの人であれ，何らかの状況であれ，神的な存在であれ，赦すことは失敗を未来につなげるために不可欠です。前進し，自分の人生をよりよくするためのデータとして，その出来事を利用しましょう。失敗を繰り返すことへの恐れを手放し，赦すのです。

恨みや恥の意識を引き出す古い思考パターンが現れたら，かわりに次のように考えてみてください。

- ✓ 「過去は変えられないけれど，現在と未来は変えられる」
- ✓ 「私はあの経験から学ぶことにする」
- ✓ 「あの経験はつらかったけれど，実際に収穫（友達，知恵，人を助ける能力など）もあった」
- ✓ 「あの経験のおかげで，以前より強くなった」
- ✓ 「耐え抜いた自分を誇りに思う」
- ✓ 「いまはその理由がわからないとしても，ものごとは何か理由があって起きるのだと思う」

課題：データから収穫を得ることと赦すこと

うまくいかなかった出来事を1つ思い出してください。そのうえで，以下の文章の続きを記入してください。

あの経験はつらかったけれど，収穫もあった。私が得たのは……

_____
_____
_____
_____

課題：データから収穫を得ることと赦すこと

今度，あのようなことが起きたら，私は……

_____

_____

_____

_____

もしあなたにとって赦すことが難しかったら，心の中が恐れや怒りではなく，赦しでいっぱいになった場合に人生がどうなると思うか，書いてください。

_____

_____

_____

_____

_____

_____

_____

_____

赦すと，以下の領域の状態を改善できます。
- ✓ 精神的健康
- ✓ 身体的健康
- ✓ 人間関係
- ✓ 仕事
- ✓ 経済状態
- ✓ 楽しみ
- ✓ 霊性

このようなメリットを心に留めて，赦すことと失敗を未来につなげることに取り組んでください。

> **BTP アドバイス：毒を飲むのをやめましょう**
> 赦しは弱い人間がすることだと言う人もいますが，実際には，赦すためには大変な強さがいる場合もあります。赦しの作業に取り組むより，恨みを抱きつづけるほうがはるかに簡単です。
> それに，赦さないことで最も被害を受けるのが誰か，わかりますか？ あなた自身です。赦さないことは，自分で毒を飲みながら相手が死ぬのを期待するようなものだと言われています。
> では，あなた以外で被害を受けるのは誰でしょう？ それはあなたが愛する人たちや，その他の身近な人たちです。害など及ぼしていないと思う人は，現実を直視してください。影響は目には見えないかもしれませんが，あなたの恨み（や恥の意識）は，人を愛し，情熱に満ちた人生を送り，本当の自分でいる能力を損なう危険性があります。

ステップ3：自分の価値観を知る

　失敗への恐れにとらわれ，常にその危険性を最小限に抑えようとするよりも，人生の中で手に入れたいものに目を向けたらどうなるでしょう？ 嫌なことを減らすほうに目を向けていると，恐れと不安をもっと感じて，全体的にストレスを強めてしまう傾向があります。逆に，よいことを増やす——望むものを得ようと努める——ほうに目を向けると，やる気や充実感が強まります。

　望むものに意識を向ける方法の1つは，自分の価値観を毎日の生活に組み込むことです。価値とは，本質的に好ましく，よいと見なされる特質です。自分の価値観に従って生きる，つまり，時間と労力を自分の大切なものごとに注ぐと，もっと幸せで前向きな気分になり，自信と強さを感じます。いわば，「ああ，私はこれをする定めだったんだ」という気持ちになるのです。

> **BTP アドバイス：価値観を点検しましょう**
> まず，自分の価値観を考えてください。次に，自分の時間の使い方を振り返ってみましょう。2つは一致していますか？ 価値観が時間の使い方に反映されていない人は大勢います。たとえば，あなたは楽しみを重視しているかもしれませんが，その価値観が，真の楽しみのために割いている時間と労力に反映されているとは限りません。時間と価値観のバランスをとれば，完璧よりもすばらしい人生に一歩近づくでしょう。

　もしかしたら，あなたは自分の価値観がどのようなものか，はっきりわからないかもしれません。自分の価値観を知る方法はいくつかあります。その1つが，次の課題を行うことです。

課題：自分の価値観を知る

尊敬する人，たとえばお手本にしている人，恩師，憧れのヒーローやヒロインを挙げてください。生きている人でも故人でもかまいません。実在するか架空の人物か，有名人か身近な人かも問いません。

_____

次に，その人の特にすばらしいと思う特質を3つ挙げてください。

_____

_____

_____

実はこれは，あなたが自分自身と自分の人生の中で特に大切に思っている3つの特質なのです。この特質がわかったところで，今度はどうすれば自分の人生にそれを組み込めるかを学びましょう。

ゲアリーは部下から不満を訴えられて，私のところへ来るようになりました。ゲアリーは仕事はきちんとこなしていました。それは確かなのですが，部下が言うように，「仕事をしながら，私たちに嫌な思いをさせるんです」。

ゲアリーは会社のエースでしたが，お荷物でもありました。最高の売上を上げてはいましたが，部下の管理のしかたが原因で，最大の離職率を引き起こしてもいたのです。上司は，ゲアリーと働くのが嫌で次々やめていく部下を補充しなければならず，その手間と費用にうんざりしていました。

ゲアリーは部下について次のように話しました。「私はみんなの尻を叩かなければなりません。私たちはいい結果を出さなければならないんです。失敗するわけにはいきません。失敗という選択肢はないんです」

ゲアリーは価値観の課題に取り組んだとき，以下のように答えました。

尊敬する人：	カリフォルニア大学ロサンジェルス校（UCLA）の伝説的なバスケットボールのコーチ，ジョン・ウッデン

その人の特にすばらしいと思う特質3つ：
- 自ら模範を示して指導した。その指導力がすばらしい。
- あれだけ実績を上げながら，勉強しつづけた。その向学心がすばらしい。
- 決して音を上げなかった。その忍耐力がすばらしい。

次にゲアリーは，上記の価値を自分の人生に取り入れる方法をそれぞれ5つずつ挙げました。

特質：指導力

1. 毎週，1人の部下と昼食をとり，よりよいチームにする方法について意見を聞く。
2. 年に1回，フィードバックを求める。
3. 年に4回，話し合いをもつ。
4. 誰かに何かを指示する前に，「自分でやろうか？」と考えてみる。
5. 全員のがんばりに対して率直に感謝の意を示す。

これらのコンセプトを仕事の中で用いはじめると，多くのことが学べました。ゲアリーは部下に指示を出すだけではなく，部下の言い分にもしっかり耳を傾けました。このようにして部下の強みをよりよく理解すると，それをチーム全体にさらに役立てることができました。

結局，望まないこと（失敗）ではなく，望むこと（よきリーダーになること）に意識を向けたことで，ゲアリーは自分のストレス度が下がったことに気づきましたが，部下のストレスも下がりました。その結果，ゲアリーの部署は，以前ほどの離職者を出さずに，利益を12％も増やし

たのです。

　ご覧のように，ゲアリーがこの手法をうまく使った結果，本人だけでなく周囲の人も恩恵を受けたわけです。

課題：あなたの価値観を人生に組み込む

今度はあなたの番です。先ほど挙げた尊敬する人の3つの特質それぞれについて，自分の人生に取り入れる方法を5つずつ書いてください。

特質： _____

1. _____
2. _____
3. _____
4. _____
5. _____

特質： _____

1. _____
2. _____
3. _____
4. _____
5. _____

特質： _____

1. _____
2. _____
3. _____
4. _____
5. _____

「自分の評判よりも自分の人格を気にかけなさい。人格は，自分が本当はどんな人間かということだが，評判は単に，人からどのような人間だと思われているかということだからだ」

——ジョン・ウッデン

あなた独自の価値観を見きわめる手助けとして，www.ElizabethLombardo.com/BetterThanPerfect に評価フォームを用意してあります。

第9章

E：極端を排除する

「何ごとにも節度を。節度にも節度を」
——オスカー・ワイルド　作家

　完璧主義者の思考は極端で，たとえば，人や出来事や状況を「全か無か」で考えます。このような完璧主義の特徴をもつ人はあまりにも多いので，私たちは極端な考え方がどれほどの影響を及ぼすかに気づいてさえいません。この種の考え方の好例は，毎年，元日に見られます。

　「チョコレートとポテトチップとデザートを完全に断ちます。ファストフードをやめます。お酒も飲みません。そして毎日，ジムに通います」
　これは，アニーが初めて私に予約の電話をしてきたとき口にした言葉です。その日は12月22日で，私たちは最初のセッションを元日の直後に行おうと調整していました。1,500万人以上のアメリカ人と同じように，アニーもまた，やせるという新年の誓いを立てていたのです。
　会話の中でアニーは，やせたり太ったりを繰り返してきた過去を打ち明けました。「ありとあらゆるダイエットをやってきました。脂肪抜きダイエット，『夕方6時以降は食べないダイエット』，『クッキー』ダイエット。クッキーといっても見た目だけで，味は食べられたものではありません。それと，3週間ほど冷凍の食事だけを食べていた時期もありましたが，あまりにもひもじくて，やめざるを得ませんでした。
　一度，炭水化物を一切やめて15kg以上やせたことがありました。でも，その後，体重はまるまる戻って，さらに増えてしまいました……。もしかしたら，また炭水化物をすべて断ってみたほうがいいんでしょうか？」
　この29歳の女性は，何としても減量して，やせた体型を維持したいと切望していましたが，過去の経験にとらわれていました。
　時間を早送りして，最初のセッションを行った1月5日に飛びましょう。窓の外ではにわか雪が舞っています。アニーと私はオフィスで一緒に座っていました。
　「私は本当に情けない人間です。意志の力がまったくないんです。こんなことをしたって，絶対に無駄です。今日の予約はキャンセルするべきでした。私は救いようもない人間なんです」とアニーは話しました。
　何があったのでしょうか。「元日にブランチに行ってしまったんです。元日ですよ！　何も食べないぞと意気込んでいたのに。まじめにがんばるつもりだったんです。何しろ，新しい自分になったんですから。

でも，結局どうなったでしょう？　私は負けたんです。屈服したんです。失敗したんですよ」
　アニーは事の次第を説明しました。「最初の1時間ほどは我慢したんです。ほかのみんなは，むしゃむしゃ食べていました。本当においしそうで，私はずっと『こんなの，あんまりじゃない。私だってあのペストリーとか，ベーコンとか，ほかのものも全部，食べたいのに』と思っていました。とてもお腹が空いていたんです。
　それで，負けてしまいました。シナモンロールを1個つかんで，丸飲みするように食べました。後はなし崩しです。目に入るものを片っ端から食べはじめました。吐き気がするほどお腹いっぱいになるまで。やせられっこありません」
　運動のほうはどうなっているのかと私が尋ねると，アニーは，頭がおかしいのかと言いたげな目で私を見ました。「もうダイエットには失敗したんです。運動なんてするわけがないでしょう？」

アニーの極端さが理解できますか？　あなたは以下のように考えたことがありますか？
- 「食べる『べき』ではないものを1つ食べてしまったんだから，もっと食べても同じことだ」
- 「今週は運動を1回，休んでしまったから，来週に入ってから再開しよう」
- 「過去に失敗したんだから，わざわざもう一度，挑戦する必要はない」
- 「そんなことは私には絶対できない」
- 「私はいつも失敗する」
- 「状況は決して変わらないだろう」

極端な考え方の2つの層

完璧主義者はものごとを極端に考えます。
- 全か無か
- 黒か白か
- 完璧か失敗か

この極端な考え方には2つの層があります。
- 出来事に関する極端な考え方：「私（またはほかの人）がすることは完璧か失敗かのどちらかだ」
- 失敗の人格化：「私のすることが失敗なら，私は出来損ないだ」

　この，完璧主義の第二の層は強力ですが，あまり話題になりません。実は，完璧主義を手放すのが難しい一因はまさにここにあるのです。第一の層に取り組みながら，第2の層を放置していては，これまでの完璧主義の呪縛から解き放たれませんし，完璧よりもすばらしい人生を送ることもできないでしょう。
　失敗の人格化を見過ごさないことはとても大切なので，こちらから見ていきましょう。

> 「完璧主義の悪循環を断って，恐れをもたない母親になるいちばんの近道は，完璧にやろうという考えを捨てることです。それどころか，不確かさと不完全さを喜んで受け入れることです」
> ——アリアナ・ハフィントン 『ハフィントン・ポスト』の創設者

失敗の人格化

　完璧主義者は，人から「緊張しないで。完璧でなくてもかまわないんだから」と言われたとき，確かにそのとおりだと頭では理解しています。でも，心の底では「もし完璧にできなかったら，それは失敗ということだ。そして，それが失敗なら，私は出来損ないということだ。つまり，この人は私が出来損ないであってもいいと言っているのだ」と考えています。でも，完璧にできないから出来損ないである人など，どこにもいません。
　このように失敗を人格化するからこそ，完璧主義者は完璧を目指し，目標に達しなかったとき極端な反応を示すのです。これは自尊心の問題です。
　心理学者アブラハム・マズローの欲求階層説によれば，尊重は人間が求めるものの1つだといいます。尊重の欲求には，人から認められ，重んじられたいという気持ちが含まれます。そして完璧主義者は，自分がする行為とそれに対する人からの反応を，自尊心の基盤にすることがよくあります。
　よい例は，私が「新米ママ症候群」と呼ぶものです。産院から初めて自宅に赤ちゃんを連れ帰った多くの母親が，何でも完璧にこなそうとする状態を指します。私は確実にこの状態でした。

　出産予定日の12日前，夫と私が病院に到着した11時間後に，かわいらしい女の赤ちゃんが生まれました。
　髪の毛はなく，身長53cm，体重2,440gという小ささでした。指がとても長く，将来はこの子のひいおばあちゃんのように，ピアノ弾きになるに違いないと私は思いました。
　腕の中の小さな生きものを見つめ，この子が自分の中から出てきたことに驚異の念を覚えながら，私はずっとこの子の面倒を見よう，無条件の愛を注ごう，完璧な母親になろうと誓いました。
　すでに出産前に，ありとあらゆる育児書を読んでいました。ですから，母乳で育てることがいかに大切かも，どの月齢のときどんな視覚的刺激を与えるのが最適かも，睡眠・食事・遊びの規則正しいスケジュールを作ることがどれだけ重要かも，先刻承知していました。
　ついに赤ちゃんが家にやってきたのだから，学んだ知識をすべて活用しようと私は決意しました。何しろ，完璧な母親になると赤ちゃんに約束したのですから。
　私の新米ママ症候群はこのようにして始まりました。私は何もかも「正しく」やろうと固く決心していました。それがどのような代償をもたらすかなど，思いも寄りませんでした。
　私は乳幼児突然死症候群を恐れて，昼夜を問わず娘を見守りました。その結果，私が睡眠をとれなくなりました。

夫がオムツを替えようものなら，その一挙一動を見張って（頼まれもしないのに）意見しました。
　友達が手伝いにいくと言ってくれても，断りました。完璧な母親はひとりですべてをこなすと思ったからです。
　さらに，母乳へのこだわりがありました。私は母乳だけで育てようと決めていました。それが自分にどれだけのストレスを与えようと（大きなストレスでした），どれだけ大変であろうと，娘には母乳しかあげないつもりでした。毎日何時間もかけて，娘にもっとたくさん飲ませようと奮闘し，最後は授乳の専門家を雇ったほどです（完璧にやろうという意気込みが母乳の出を悪くした可能性など，当時は考えもしませんでした）。
　娘はよく泣く赤ん坊で，生後3カ月間は1日に18時間も泣いていました。泣いて，叫んで，また泣くというありさまでした。
　うちに遊びにきた姉は，夫にこう言いました。「よく泣くとは聞いていたけど，大げさに言っているのかと思っていたの。だって，赤ちゃんは泣くものでしょう。でも，こんな泣き方を見たのは初めてよ」
　姉の言葉を聞いて少しホッとしましたが，私は自分を完全に母親失格だと思っていました。娘はひっきりなしに泣いていました。私は母乳を飲ませられませんでしたし，数週間，ろくに眠っていませんでした。このような状況はまったく予想外だったのです。
　私が読んだ育児書には重要なことが書いてありましたが，娘はその本を読んではいません。私は自分と家族に本当に合う方法をとる必要がありました。そして，その方法を見つけ出さなければなりませんでした。
　私が初めて「屈服」して，ミルクを使ってみると，娘は5時間通して眠りました。これほど長く眠りつづけたのは初めてでした。
　娘が目を覚ますと，以前はすぐ娘のもとへ飛んでいきましたが，そうはせずにそのまま少し泣かせておくと，やがて自分で泣きやんで，また眠りにつくことにも気づきました。
　ベビーシッターを頼んで，手を貸してもらったとき――それだけでなく，夫婦で食事に出かけられるよう，娘を見ていてもらったとき――よい親でいるためには，ときには人の助けを受け入れる必要があるのだとわかりました。

　あなたは新米ママ症候群になったことがありますか？　よい母親でいるためには，子どもだけでなく自分の心身もいたわらなければなりません。
　これまでの人生の中で，どうしても完璧にこなしたいことがあり，ありったけの時間とエネルギーと労力を注いだにもかかわらず，自分の思うとおりにいかなかった経験がありますか？

BTP アドバイス：お母さんは自分をいたわって

お母さんが幸せで健康なら，赤ちゃんももっと幸せで健康になります。あなたが新米ママなのであれば，ぜひ自分をいたわってください。自分のためにそうするのが嫌なら，赤ちゃんのためにそうしてください。信頼の置ける友達が手伝うと言ってくれたら，その言葉に甘えましょう。

運動も必ず少しはしてください。赤ちゃんと一緒に散歩にいくのは最高の運動法です。体操のクラスに出るのもよいことですし，好きなテレビ番組を見ながら室内用のトレーニング器具を使うのもお勧めです。そのほか，夫婦水入らずの時間をもちましょう。夫はかつてあなたの恋人だったのですし，いまは自分の重要度が下がったように感じているかもしれません。以前ほどはゆっくりできなくても，2人の時間を楽しみましょう。家族が幸せで健康なら，赤ちゃんももっと幸せで健康になります。

これから，以下のような極端な考え方が起こりかねない3つの状況を見ていきます。
- 読心術
- 功績の過小評価
- レッテル貼り

私はあなたの心が読めるのよ

前に書いたように，相手の考えを実際には知らないのに決めつけるのは，読心術です。次のような状況について考えてみてください。

　リリーの目から涙がこぼれ，頬を伝いました。
　「私はこの先ずっとパートナーを見つけられないでしょう。完全に負け犬です。ひとりきりで年をとるんです。死後何日もたっても，気づく人さえいないでしょう」
　この日の前夜，半年前からつき合っていた恋人が，仕事に集中したいからとリリーに別れを告げたのでした。
　「彼が本当に言いたかったのは，私は時間を割く価値のない人間だということです。私はクズです」とリリーは断言しました。

リリーの極端な考え方では，次のような理屈になっているようでした。

二者択一の選択肢1	選択肢2
パートナーがいる	永遠にひとりきり
自分を気にかけてくれる人がいる	自分を気にかけてくれる人が1人もいない
愛する価値のある人間	まったく愛されない人間

　これまでに，相手の口から聞いてもいないのに，自分は相手の気持ちを知っていると決めつけたときのことを思い出してみてください。「彼が……と思っていることはわかっている」と言った経験が何回ありますか？　多くの場合，私たちは「わかっている」という言葉さえ省いて，「あの人は，私が……だと思っている」と言っています。私たちはこの言葉を絶対的事実だと信じ込み，頭の中の批判者に思考を操られてしまうことがあります。極端で誤った考え方をすると，不快な気分になりかねません。

それほどでもないよ

　「失敗」の人格化と読心術に加えて，完璧主義者は自分の功績を過小評価しがちです。自分をほめることはめったにありません。あったとしても，ほんの束の間です。つまり，自分の評価の尺度が，「完璧か，出来損ないか」ではなく，「まあまあか，出来損ないか」なのです。しかも「まあまあ」になるためには，完璧主義者ならではの高い基準をクリアする必要があります。ただし，

その基準を満たしたとしても,「よし,完璧にできた」などとはまず言いません。かわりに,「まあまあの出来だったな。今度は次の目標に意識を集中させなくちゃ」と考えるのです。自分が成し遂げたことを噛みしめる時間はごくわずかです。

　この章の初めに出てきた,やせることが目標のアニーを覚えていますか？ セラピー開始から2カ月ほどたった頃,アニーが約7kgやせたと知らせてくれました。
「わあ,それはすごいじゃありませんか」と私。
「ええ。でも,あと少なくとも11kgはやせなくちゃ。まだ半分も達成できていません……」。アニーはそう答えたのです。

　アニーの気持ちが理解できますか？ 以下のうち,あなたに当てはまることはありますか？
- 何かを成し遂げた後,一時的に喜びますが,すぐに自分の成功を大したことではないと考え,次の目標に意識を向けることがありますか？
- 成功を祝う言葉をかけられたとき,話題を変えようとしますか？
- 誰かに「わあ,すごいね！」と言われたとき,「うん,でも……」と答えますか？ たとえば,「うん,でもまだまだこれからだよ」とか,「うん,でもそんなに大変じゃなかったよ。これくらい,誰でもできるよ」などという返事です。
- 人に成功を祝われると,落ち着かない気分になりますか？

　完璧主義者は,なぜこうなのでしょうか？ 理由は主に2つあります。1つは,ものごとがすっかり完了するまでは──完璧に成し遂げられるまでは──成功を祝いたくないということです。極端な考え方のために,未完の仕事を称賛するのはおかしいと感じてしまうのです。2つ目は,「自慢」をするのが好きではないということです。極端な考え方をする完璧主義者は,「人が自分のしたことに大騒ぎするのを止めなかったら,目立ちたがり屋だと思われてしまう。自慢しているとは思われたくない」と考えることが珍しくありません。

> **BTPアドバイス：ありがとうと答えて**
> 自分が成し遂げたことを誇らしく思うのは,自慢とは違います。私たちはよく,自慢するのは,はしたないことだと教わります。若い女性は特に,この教えを頻繁に耳にします。そのため,多くの人はこの言葉を一般化して,自分のしたことに満足感を覚えたり,満足感を人に伝えたりするのは,はしたないことだと解釈してしまいます。自分の優秀さをひっきりなしに吹聴するのは,もちろん望ましくありません。でも,この章で論じているのはその種の極端さではありません。
> ですから,今度,誰かにほめ言葉や祝いの言葉をかけられたら,反論せずに,ただ「ありがとう」と言いましょう。相手の優しい言葉と,自分が成し遂げたことに対する感謝の念を,思いきって味わってください。
> 感謝の念は,完璧よりもすばらしい人生の大切な要素なのです。

　自分の功績の過小評価をやめるために,極端な考え方を変えたらどうなるでしょうか？ まだやりたいことが残っていても,いままでに成し遂げたことを誇りに思うことはできないでしょうか？
　仮に,友達が医師を目指しているとしましょう。その友達が一般の大学を卒業したとき,あなたは「よかったね,でもまだこれから医学部に行かないとね」と言いますか？（訳注：米国で医師になるためには,一般の大学を卒業した後に医学部に進む必要があります。）
　言うはずがありません。きっとあなたは友達と一緒に喜んで,これまでどおり努力を続けるよ

うに励ますでしょう。

それなら，自分にも同じことをしてあげてはどうでしょうか？　もし何かを成し遂げた自分を，自慢することなく称賛し，誇らしく感じられたなら，どのような気分になるでしょうか？　きっと，とてもよい気分でしょう。

レッテル貼り

レッテルは，人に対する極端な見方だともいえます。以下の言葉に馴染みはありませんか？
- 「ああ，彼女は心配性だからな」
- 「あいつは怠け者だ」
- 「私の仕事は最低だ」
- 「弟は自分勝手だ」
- 「同僚は私を嫌っている」
- 「私は出来損ないだ」

「完璧主義者」という言葉もレッテルです。この本の執筆中，私はこの言葉を使うことに深く悩みました。読者のみなさんに自分自身を完璧主義者に分類してほしくなかったからです。なぜでしょう？　人を形容するのにレッテルを使うと，そのレッテルが相手または自分自身を見るレンズになってしまうからです。

「僕はレッテルが好きじゃない。なぜレッテルが必要なのか，わからない。自分自身に何らかの定義を与えると，人がいろいろな期待を抱いてしまう」
——エディ・フアン　人気レストランのシェフ

あなたは，「それはそうだけど，私が使うレッテルは正確です。その人たちとの過去の経験に基づいているからです」と考えているかもしれません。確かに，そのレッテルはその人たちの過去の行動を表していたかもしれません。でも，それを使いつづけると，その人たちとの今後の接し方，ひいては私たちに対するその人たちの接し方に影響を及ぼす可能性があります。

ここで，同じ状況を異なるレッテルのレンズを通して見てみましょう。各シナリオについて考えてみてください。

出来事： 夫が職場から帰宅して，ただいまを言った後，楽な服に着替え，ソファに座って足をテーブルに載せました。

レッテル1：「うちの夫は何て愛情深いんだろう。私たちの生活を支えるために一生懸命，働いてくれている」
- **考え：**「夫は忙しい1日を終えた後，くつろいでいる」
- **行動：** にっこり微笑んで，キスをし，今日の出来事を尋ねる。場合によっては，1〜2分ほ

ど隣に座る。それによって，夫は感謝されているように感じる。夕食後，夫は，自分が後片付けをするから座っていなよと言う。

レッテル2：「うちの夫は怠け者だ」
- **考え**：「信じられない。人がまだ立ち働いている横で座っているなんて，さぞかしいい気分でしょうね」
- **行動**：嫌みを言い，夫と一緒にいたがらない。それによって，夫もあなたを避け，夕食の後片付けもしない。

「レッテルは書類を整理するためのものです。レッテルは衣類に付けるものです。レッテルは人に貼るものではありません」
——マルティナ・ナヴラチロワ　元テニス選手

出来事：職場に新しい社員が入り，その女性はあなたの専門分野のカリスマ的存在だという触れ込みでした。初日の彼女は口数が少なく，少しよそよそしい印象でした。

レッテル1：「彼女は内気だ」
- **考え**：「知り合いが1人もいない新しい職場に入るのは，大変なはずだ」
- **行動**：自己紹介をし，昼食に誘う。彼女は内気だが，とてもおもしろい人間であることがわかる。

レッテル2：「彼女はお高くとまっている」
- **考え**：「私たちとは口もきこうとしない」
- **行動**：彼女を避ける。陰口を叩く。彼女があなたに近づいてこないことが，あなたの判断の正しさを「証明」している。

レッテルは，あなたがほかの人を見るのに使う極端なレンズです。レッテルは，相手に対する感情と考えと行動に影響します。そして，あなたの感情と考えと行動は，あなたに対する相手の反応に影響します。

ただし，レッテルはほかの人への見方を歪めるだけではありません。自分自身に貼っているレッテルも，同じくらい有害な場合があります。

出来事：あなたは新しい仕事，新しい会社，ボランティア，習いごとなど，自分がしたいことに応募しましたが，断られました。

レッテル1：「それでも私は大丈夫だ」
- **考え**：「別のおもしろそうなものをまた見つけよう」
- **行動**：さまざまな仕事や勉強の機会について人と話し，別の，もしかしたらもっとよい機会

を見つけて応募し，受け入れられる。

レッテル2：「私は惨めな人生から抜け出せない」
- **考え**：「やっぱり，わざわざ行動を起こさなければよかった。これが私の人生なんだ。ただ耐えていくしかない」
- **行動**：応募するのをやめる。ふてくされて，絶望感を抱く。

自分自身やほかの人に貼っている極端な否定的レッテルに注意しましょう。

BTPアドバイス：違うレッテルを貼ってみて
身近な人に貼ったレッテルを見直して，新しいレッテルを貼ってみましょう。
たとえば，これまで同僚や近所の人や家族を「無愛想だ」と思っていた場合，無愛想なのではなく「ストレスがたまっている」とか「気分が落ち込んでいる」などと考えてみたら，相手に対するあなたの反応はどう変わるでしょうか？
第4章「恐れか情熱か」で紹介した上下の法則を使って，自分自身を含め，身近な人に対する新たなとらえ方を見つけましょう。前よりも批判的ではなく，共感的にとらえるのです。自分や人の分類のしかたを変えただけで，ものの見方や，考え，行動，感情がどのように変わるか，確かめてみましょう。

私の価値はどれくらい？

　この章では，完璧主義の傾向をもつ人が採りがちな，世界に対する極端な見方を考えてきました。失敗の人格化，読心術，功績の過小評価，自分や人へのレッテル貼りといった特徴です。なぜこのようなことをするのでしょうか？　理由は，条件付きの自己価値にあります。
　完璧主義者は条件付きの自己意識をもっています。自分自身に対する見方を，外的な出来事，つまり自分がする行為か，それに対する人の反応に基づいて決めるのです。
　私が目にする例の1つは，子どもにとって権威ある存在ではなく，友達になりたがる親です。

　　観客席に座っていた私は，巨大なカメラを向けられながらも，平然としている振りをしようと努めていました。
　　顔を上げると，俳優のスティーヴ・ハーヴェイが私を紹介していました。
　　「やあ，先生。また会えたね。ところで，パメラは娘さんのこんな振る舞いにショックを受けるべきなのかな？」
　　それまで私たちはパメラの話に耳を傾けていたのです。十代の娘が日付が変わるまで出歩いていて，要するに，したい放題に振る舞っているといいます。ルールを守らせようと努力しましたが，「できなかった」そうです。
　　スティーヴが，娘にどのような態度で接しているのか尋ねると，パメラは娘の友達になりたいのだと答えました。
　　私は次のようにアドバイスしました。「友達ではなく，親でいましょう」。そして，パメラと視聴者に説明しました。「わかります。お子さんに好かれたいんですよね。でも，成功するための基盤も築いてあげたいでしょう。それはたとえば，品行が正しいことや，正直であること，誠実であること，立ち直る力があること，意志の力があることなどです。
　　子どもはルールがどんなものか，そしてそれを破ったらどんな結果が待っているかを知る必

要があります。子どもは権威を試すものです。そして，親の大切な務めは，ルールを設けてそれを維持することです。つまり，ルールが破られたら，一貫して決まった結果を課すのです。

　お子さんを無条件に愛してください。それと同時に，親でいてください。それが子どもにとって必要なことです」

　そして，お子さんやほかの人からどう思われているかによって，自分の価値を決めないでください。

　身に覚えのある話でしたか？　あなたは人の反応を尺度にして，自分に対する見方を決めていますか？

課題：あなたの価値はどれくらいですか？

この問いに答えるために，自分に満足感を覚えたときのことを考えてみましょう。そのとき満足感を覚えた理由を書いてください。

_____

_____

今度は，自分を心の底から愛するためにはどのような出来事がなければならないか，書いてください。

_____

_____

自分を愛するためには，どのようなことをしたり，成し遂げたりする必要がありますか？

_____

_____

あなたが自分を愛するか，自分に満足感を覚えるためには，人に何をしてもらう必要がありますか？

_____

_____

　自分に対する見方を外的な出来事に左右される人は大勢います。ただ，完璧主義者は極端に走りやすいのです。

完璧主義の中の両極端

　完璧主義者は極端な考え方をするだけでなく，両極端な外見も呈します。この章の冒頭のアニーを思い出してください。極端な考え方によって太ってしまった女性です。これと同種の極端な考え方が，逆方向に働く場合もあるのです。

21歳のメレディスの身体はとても華奢で，いまにもぽきんと折れてしまいそうでした。若草色の長袖のシャツからは鎖骨が浮き上がり，ジーンズを履いた脚は細い枝のように見えました。「父が私の食べ方について文句ばかり言うんです。いつも私の体重に不満たらたらです」とメレディスは話しました。
　メレディスは身長165cmで，体重45kgでした。この身長と体格の女性なら，健康的な体重は59kgから64kg程度です。どこから見ても，メレディスは深刻なやせすぎでした。
　「自分の体重についてどう思いますか？」と私は尋ねました。
　「あと1〜2kg落とせそうだと思います」

　神経性やせ症の特徴は，体重を減らし，太らないために，極端な試みを行うことです。たとえば，過度に運動をしたり，その人に適した食事量をとらなかったりするのです。でも，神経性やせ症の治療の重要なポイントは，食べものが，根底にある問題の1つの表れにすぎないということです。
　神経性やせ症の人は食べものを極端な形で用います。目的はコントロール感を得ることや，自己価値感を高めること，満足感を得ることなどです。ところが，神経性やせ症の人は，いつまでたっても自分がやせた状態に達したとは考えません。その人の「やせ」の定義は常に変化し，どんどん厳格で危険で極端になっていくのです。
　これは，完璧主義者がもつ次のような極端な考え方の表れである場合が少なくありません。
- 「もし私がやせていないのなら，太っているということだ」
- 「太っていたら，私は負け犬だ。やせていたら，私はまあまあということだ」

　知っておいてほしいのは，神経性やせ症が治療しやすい病気だということです。支援と指導を受ければ，コントロール感を取り戻し，極端な考え方を弱め，食べるものについてもっと寛容になり，最終的には無条件に自分を愛する別の方法を見つけることができます。

「俺の言うことはいつも真実だ。たとえ嘘をつくときでも」
　　　　　　　　　　　　——映画『スカーフェイス』の中のアル・パチーノ

極端な言葉

言葉はときに絶大な力をもちます。そして，極端な言葉は極端な考え方をもたらします。
以下の言葉を自分がどれだけ使っているか，考えてみてください。
- いつも
- 決して〜ない（ついでに，その仲間である「断じて〜ない」も）
- 永遠に
- 1人も〜ない

- みんな
- 何も〜ない
- 〜だけ
- 完全な（たとえば「完全な失敗」）
- まったくの（たとえば「まったくのダメ人間」）

　このような言葉は危険信号です。「ちょっと待って。極端に走りはじめているよ」と知らせる警告なのです。なぜでしょう？　このような言葉はいらぬストレスと好ましくない行動を引き起こすことがあるからです。

　この章の冒頭に出てきたアニーが，自分自身について言った言葉を考えてみてください。「太らずにいることなんて，私には絶対に無理です。これからずっと太ったままです！」

　この根深い極端な信念は，最終的には現実になるでしょう。自分についてある信念を抱いていると，それが考え方や，行動，感情に影響を及ぼします。望まないことであっても，信じていると，やがては自ら実現させてしまうのです。

　もっと健康的な身体になりたがるクライエントたちは，ある共通の課題を抱えているように見えます。それは，自分に対する見方を変えない限り，身体を変化させてもそれを維持できないということです。私たちが使う言葉は，気づかないうちに行動に影響することがあるのです。

　BTPプログラムの目標の1つは，①現実的で，②有益な考え方を養う手助けをすることです。

信じていると，それを自ら実現させてしまいます

　極端な考え方は，得てして不正確なものです。本当に極端なことなど，人生にはめったにありません。その理由の1つは，私たちが人間だからです。たとえば，「善い」人がときには悪いことをし，「悪い」人がときには善いことをする場合もあります。よい人間関係にも不愉快なときはありますし，有害な人間関係にも，たぶん楽しいときが少しはあるでしょう。それに，前に見たとおり，食事量と運動量は多すぎても少なすぎても不健康です。私たちのパートナーのさまざまな性質だって，全か無かでは評価できません。

> **BTPアドバイス：幸せな気分でいると最高のパートナーを引き寄せる**
> あなたが幸せであればあるほど，あなたに合う前向きな人を引き寄せる確率が高まります。もしあなたが独身で，パートナーがほしいなら，出会いを求めて外に出ていくだけでなく，自分の幸福感や健康の向上にも取り組みましょう。運動，習いごと，ボランティア，健康的な食事，十分な睡眠といったものは，すべてあなたの心身の健康に役立ちます。おまけに，エネルギーも高まるはずです。そして，エネルギーは同じようなエネルギーを引き寄せるので，あなたと同じくらい前向きな人に出会う可能性が高まります。

　私はよくセラピーで，結婚生活に不満をもつ夫婦の相談を受けます。最初のセッションでは，全か無かの不平不満が飛び交うことが珍しくありません。「夫はいつもとても怠け者なんです」とか，「妻はとんでもなく神経質なんです」などという具合です。2人は「私たちはもう二度と幸せにはなれません」と締めくくります。

そんな夫婦に私が真っ先に出す課題の1つは、つき合いはじめたとき、相手のどこに惹かれたのかを挙げることです。よく聞く答えは、「彼はとてもゆったりして落ち着いていました」とか、「彼女は元気いっぱいで、いつも楽しいことはないかと目を輝かせていました」などです。そして多くの場合、夫婦がセラピー中に批判し合うのは、かつて惹かれた部分そのものなのです。ただ、惹かれた部分は、批判するときほど極端な言葉では描写しません。

以下は、クライエントが初めは惹かれ、いまは不平を述べているパートナーの性質の見本です。

見本：性質を表す極端な言葉

初め，配偶者が惹かれた部分	配偶者の現在の悩みの種
ゆったりして落ち着いている	根っからの怠け者
気前がいい	いつも無駄遣いしている
気の向くまま柔軟に行動する	ひどく衝動的で無責任
自立している	いつだって私と一緒にいたがらない
面倒見がいい	まったくもって支配的
思索的	いつも1つのことにこだわる
几帳面	とてつもなく神経質

1つのことに執着しすぎる人や、衝動的で無責任な人と一緒にいたがる人が一体どこにいるでしょうか？　それは理想的なパートナーの性質ではないでしょう。では、思索的な人や柔軟に行動する人だったら、どうでしょうか？　間違いなく、こちらのほうが魅力的です。

> **BTPアドバイス：パートナーを新たな目で見直してみましょう**
> パートナーがいる人に試してほしい課題があります。まず、自分が最初にパートナーのどのような部分に惹かれたかを挙げてください。次に、パートナーがいまその部分をどのように表しているかを考えます。どうすれば、あなたはその部分を温かく受け入れつづけられるでしょうか？　温かく受け入れたら、2人の関係はどのように改善するでしょうか？

あなたはパートナーや、仕事、人生、それに自分自身のことさえも、表現する言葉を選べるのです。最高の人生を創造するため、賢明に選びましょう。

あきらめたほうがまし

極端な考え方の影響を受けるのは、自分や人に対する見方だけではありません。行動にも影響するのです。完璧主義者は失敗したくないばかりに、極端な考えに屈服することがあります。つまり、あきらめてしまうことが多いのです。

以下のような考えを抱いたことはありませんか？

- 「こんなことをしても、うまくいかない。これからも決してうまくいかないだろう。もうやめよう」

- 「このプロジェクトは計画どおりに進んでいない。完全に時間の無駄だ。打ち切ろう」
- 「私の恋愛はいつも初めはバラ色に見えるけど，その後，ダメになる。だから，もう終わりにしよう」
- 「彼女はいつも僕について文句ばかり言っている。彼女の言うことは何も聞かないようにしよう」
- 「私のパートナーは家事をまったく手伝ってくれない。もう別れたい」
- 「私をわかってくれる人なんていない。この問題についてわざわざ人に話す意味なんかない」

極端な考え方に対する最も極端な反応は，アメリカで急増している自殺です。毎年，人口10万人あたり約12人が自殺で亡くなっているのです。換算すると，年に約3万人の自殺者がいることになります。それ以外に，75万件の自殺未遂が起きています。

BTPアドバイス：とにかく尋ねて！ 命を救えるかもしれません

自殺の危険性がありそうな人に，実際に命を絶とうと考えているかどうか尋ねるのは不安だという声をよく聞きます。自殺という考えを相手の頭に植えつけてしまうかもしれない，というのです。
でも，それは違うということが研究でわかっています。絶望している人は，ただあなたに尋ねられただけで自らを傷つけはしません。逆に，あなたが尋ねれば，その人は必要な手助けを得る可能性があります。
では，どのような言葉で尋ねますか？ たとえば，「最近，気分がとても不安定だよね。僕にできることがあれば，何でもしたいと思っているんだけどな。実は，きみのことも，きみの身の安全のことも心配でたまらないんだ。自分を傷つけたいと思ったことはない？」というような言い方をするとよいかもしれません。言い終わったら，少し黙って，相手の答えを待ちましょう。
大切なのは，共感と愛情を伝えることです。批判はしないでください。おそらく，相手はもう十分に自分を責めているはずです。あなたが批判したら，傷口に塩をすり込むだけでしょう。
もう1つ覚えておいてほしいのは，自殺の危険性がある人はたいてい，理性的にものを考えていないということです。追い詰められているからです。
自殺を考えている人は，それを実行に移すかどうか，気持ちが揺れ動いていることが少なくありません。その気持ちを誰かに話せれば，多くの場合，精神的に楽になります。あなたがその人を楽にできるかもしれないのです。その後は，ただちに必要な専門家の手助けを求めてください。

人が死を選ぶきっかけは，何らかの出来事ではありません。そのような極端な手段をとるのは，極端な考えのせいなのです。
あなたは次のように考えることがありますか？
- 「状況がよくなることは絶対ない」
- 「私はこれからもずっと笑い者にされたり，陰口を叩かれたりするだろう」
- 「心から気にかけてくれる人なんて誰もいない」
- 「この苦しみをわかってくれる人なんて誰もいない」
- 「私がいなくなっても，誰も悲しまない」
- 「私はこれからもずっと負け犬だ」
- 「もう限界だ」

このような極端な考えは，合理的な事実ではなく強烈な感情に基づいたものです。でも，そう考えている人は，立ち止まってその考えが正しいかどうか吟味したりしません。それとは逆に，絶望の淵に沈み込んで，人生を永遠にあきらめるという選択肢しか見えなくなるのです。

座ってこの本を書いているいまも，衝撃的な自殺がまた1件，メディアで報じられています。ある名門大学で，陸上のスター選手だった19歳の女子学生が駐車場から飛び降りたというのです。父親は娘が「完璧主義者」で，亡くなった原因は大学生活の重圧だと語りました。

「高校を卒業してからペンシルヴェニア大学に入学するまで，娘はこの世でいちばん幸せな女の子でした」

その後，試練が訪れました。家族の友人は，「彼女の1学期〈の成績評価点平均〉は3.5でしたが〈通常は4.0が最高値〉，自分自身に高い期待を抱いていたので，とても受け入れられなかったんだと思います」と言っています。

「完璧ではない」成績に対する彼女の解釈が，自殺の大きな要因だったのかもしれません。この決断は家族や友達に想像を絶する苦しみを与えました。極端な考え方が生んだ悲劇にほかなりません。

もしあなたが，自分かほかの人を傷つけようと考えているなら，いますぐ助けを求めてください。そのような極端で誤った考えは，あなたにとって，そしてあなたを愛する人たちにとって，取り返しのつかない行動につながりかねません。自殺が一時的な問題に対する永遠の解決策であることに気づいてください。

行動の手順：灰色を受け入れる
ステップ1：極端な考え方を修正する
ステップ2：小さな一歩から始めてみる
ステップ3：誰かに手助けを求める

人生の大部分は黒でも白でもなく，灰色です。極端な考え方をしがちな人が，極端を排除するような言葉や行動や見方を用いはじめれば，ストレスが弱まり，自信が強まって，完璧よりもすばらしい人生が始まるでしょう。

ステップ1：極端な考え方を修正する
自分が極端な言葉を使っていることに気づいたら，次の3つを実行しましょう。
1．全か無かの言葉を，それほど極端ではない言葉に置き換える。
2．最初に言った文章が正しくない理由を最低3つ挙げる。
3．目を向ける新たな対象を作る。

たとえば，この章に出てきた，恋人に振られて悲しんでいたリリーは，次のように記入しました。

見本：極端な考え方を修正する

極端な考え方を修正する	
極端な文章：	私とつき合いたい人なんて1人も現れないだろう。
使われている極端な言葉	□いつも □決して〜ない ■1人も〜ない □みんな □永遠に □何も〜ない □〜だけ
	□その他：_____
修正した文章：	幸せに目を向けて，新しい出会いに心を開こう。
私の極端な考え方が正しくない3つの証拠：	1. 別れはこれまでにもあったが，その後，新しい交際が始まった。 2. 過去の失敗から多くを学んだので，次回，そのデータを役立てればいい。 3. 恐れではなく愛から行動しようとすると，人が近づいてくるようだ。
目を向ける新たな対象：	幸せに目を向けて，新しい出会いに心を開こう。

課題：極端な考え方を修正する

今度は自分で記入してみましょう。この1週間のうちに，自分が言ったり考えたりした極端なことを思い出してください。思い出したら，以下の表に記入しましょう。

極端な考え方を修正する	
極端な文章：	
使われている極端な言葉	□いつも □決して〜ない □1人も〜ない □みんな □永遠に □何も〜ない □〜だけ □その他：_____

極端な考え方を修正する	
修正した文章：	
私の極端な考え方が正しくない3つの証拠：	1 2 3
目を向ける新たな対象：	

　極端な考え方の危険信号に気づいたら，あなただけでなく周囲の人のためにも必ずこの表を使ってください。

ステップ2：小さな一歩から始めてみる

　望む結果が達成できずに不満を感じると，極端な考え方をして，早々にあきらめてしまう場合があります。そこで，成功するための準備として，短期目標と長期目標を設定しましょう。そして，いかにささやかなことでも，達成できたら喜ぶのです。

　仮に，あなたがエンパイア・ステート・ビルの86階にある展望台まで，階段で上りたいとします。階段は全部で1,576段あります。すべて上りきるまで達成感をお預けにすることもできますが，1階――あるいは1段でも――上るたびに自分をほめることもできます。どちらのほうがよい気分になるでしょうか？　どちらのほうがやる気がわくでしょうか？　そして，どちらのほうが長く上りつづけられますか？

たとえ後退したとしても，全体像の中でとらえればよいのです。3歩前進して2歩下がったとしても，差し引き1歩の前進です。それに，2歩の後退から教訓を学ぶこともできます。

実例として，この章の冒頭で紹介したアニーの状況を思い出しましょう。減量などの健康問題では，アニーのような全か無かの考え方が蔓延しています。極端な考え方を克服できれば，摂食障害に関わる健康リスクを本当に防げると私は強く確信しています。

アメリカ人の約70％が太りすぎで，うち半数が肥満です。肥満は，糖尿病，心臓病，脳卒中，睡眠障害，うつ病，さらには早死にに至るまで，多くの問題を引き起こす危険があります。このような健康問題によって，巨額の経済的損失も生まれます。アメリカでは2005年，肥満関連の医療費が推計1,900億ドルにも上りました。

効果的な減量を行うには，何をどれだけ食べればよいかを知るだけでは足りません。大きな成果を上げ，それを維持するためには，食べることに対する意識も変える必要があります。大半の減量プログラムにはこの心理的な要素が欠けていて，それこそがほとんどの減量失敗の原因だと私は考えています。

私はよく，「減量して，その体重を維持するためには，脳を変えましょう」と言います。

極端な考え方——と極端な食べ方——を変えることによって，私はクライエントが求める健康な身体を実現させてきました。

それどころか，減量に関する全か無かの考え方を何としても一掃したくて，この大切なメッセージを広めるために最近ウェイト・ウォッチャーズ〔ダイエット関連の商品やサービスを手がける企業〕と提携したほどです。たとえば私たちは，食べ方を変えるうえで，「小さな一歩」から始めるよう勧めています。アニーのように「チョコレートとポテトチップとデザートを完全に断ちます」と誓うより，徐々にバランスのよい食事にし，不健康な食べものを健康的なものに替えていけば，ひもじい思いをせずにやせられます。

チョコレートを少し食べたくても，我慢する必要はありません。それに，食べたからといって自分を責める必要もありません。一口一口，堪能してください。ただし，その日に食べるほかのものは，栄養価の高い別のものにしましょう。

減量して，その体重を維持するためには，脳を変えましょう

では，このコンセプトをあなたの人生に応用してみましょう。まず最初に，私自身の実例から話を始めます。

私は自分の仕事を愛しています。あるプロジェクトに夢中になると，時間とエネルギーと思考をすべてそれに注いでしまう傾向があります。もちろん，私は家族も愛していて，一緒に過ごしたいと思いますし，家族に私の愛情を感じてもらいたいと思います。そこで，仕事に極端に集中しすぎないように，プロジェクトとも家族とも関わりを保てるような計画を立てることにしました。それをご紹介します。

> **BTP アドバイス：運動も徐々に始めましょう**
>
> 減量を成功させたいなら，運動は間違いなく重要です。そして，ここでもまた，小さな一歩というコンセプトを応用できます。
>
> たとえば，まずは 10 分間の運動から始めて，だんだん増やしていくのです。
>
> 運動を小分けにしても同じ効果が得られることが，研究によってわかっています。たとえば，10 分間のウォーキングを 3 回行った場合，30 分間のウォーキングを 1 回行った場合と同じカロリーを燃焼できます。どんなに少しでも効果があるのです。運動は，完璧よりもすばらしい方法で行いましょう。どんな場合でも，まったく運動しないより，少しはするほうがましなのです。

見本：小さな一歩から始めてみる

私の目標：心を込めて家族と向き合う時間を増やす		
目標達成までの段階	週 1 回の確認：毎週日曜の夜に確認する	感想
週に 3 回，午後 4:30 には仕事を打ち切って娘たちと過ごす。	2 回，実行。今週は出張していた。	娘たちのそばにいて，宿題を手伝ったり 1 日の出来事を聞いたりできて，よかった。
1 日に最低 20 分ずつ，娘たち 1 人 1 人と 1 対 1 で過ごす。	はい	夜，娘たちと本を読む時間がとても気に入っている。
夫が出張中でなければ，1 日に最低 30 分，夫と 1 対 1 で過ごす。	はい	娘たちが寝た後にディナーを楽しんだ夜が 2 日あった。
出張のとき以外，毎日，家族と一緒に朝食をとる。	はい	スクランブルエッグを作るのを長女が手伝ってくれた日があった。
上記のことをしている最中は，携帯などのメールをチェックしない。	2 回，チェックしてしまった。それ以外は守れた！	最初は容易ではなかったが，日がたつにつれて慣れていった。

課題：小さな一歩から始めてみる

今度はあなたの番です。達成したいことを決めましょう。それを成し遂げるために，目標をいくつかに分割することはできますか？ 下の表に記入してください。

私の目標：		
目標達成までの段階	週 1 回の確認	感想

では，表に書き込んだ最初の段階を見てください。あなたがこの最初の段階を実行するためには，どのようなことが必要ですか？

_____

_____

目標を成し遂げるのはいつになりますか？

_____

目標を成し遂げたら，どのようなご褒美を自分にあげますか？

_____

_____

　目標を達成したご褒美を——一段階ごとに——自分にあげることは，とても大切です。自分が起こした変化，自分がした努力，自分が生みつつある成果への感謝の念を，1段階ごとに味わってください。

　もしあなたの目標がエンパイア・ステート・ビルの展望台に上ることであれば，たくさんの階段を上らなければなりません。1段上るたびに喜びましょう。ただし，展望台まで行くという長期目標は忘れないようにしてください。

> **BTP アドバイス：「でも」を追い払いましょう**
> どのような目標でも，達成するための秘訣をお教えします。それは，「でも」（達成を阻む障害物）より「なぜ」（この目標を達成したい理由）を重んじるようにすることです。

　なぜこの目標を達成したいかに意識を集中していれば，挫折しにくくなるでしょう。達成への障害物や，我慢している楽しみよりも，自分が努力している理由のほうに目を向けてください。たとえば，少しやせようとしているとき，目標までの道のりを「ほしいものを我慢すること」と考えると，避けている食べものがほしくてたまらなくなるでしょう。でも，このような現象が起きるのも，人間の脳が負の側面に注目しがちだからなのです。そうではなく，ウエストが細くなり，健康状態が改善し，エネルギーが高まり，人のお手本にさえなるというプラス面に意識を集中すれば，挫折せずに，最終的には目標を達成できるでしょう。

課題：「でも」を追い払いたい理由

下の表に，あなたにとって重要な目標を1つ書き込んでください。次に，その目標の達成を阻んでいる障害物を，各行に1つずつ記入してください。できるだけ多くの障害物を探しましょう。最後に，障害物1つにつき，目標を追求しつづけるメリットを最低2つ挙げてください。

私の目標：		
目標の達成を阻んでいる障害物の1つは……	目標を追求しつづけるメリットの1つは……	目標を追求しつづけるもう1つのメリットは……

ステップ3：誰かに手助けを求める

完璧主義者はいつも，すべてをひとりでこなさなければいけないように感じます。つい人と心理的な距離をとろうとしてしまうことも少なくありません。でも，距離をとれば，孤独感と孤立感はさらに強まります。

実際には，人間は社会的な生きものです。人間が本来もっている欲求の1つは，社会的なつながりをもつこと，つまり，帰属意識や愛情や受容を感じることです。人生の問題にひとりきりで対処しようとすると，抑うつや孤独感に陥りかねません。それに，目標の達成もはるかに難しくなります。

私は以前，私生活におけるさまざまな試練に人を「立ち入らせる」のに抵抗を感じました。友達をもっと楽しませるため，いつも陽気でなければならないという信念をもっていたのです。それに，愚痴っぽい人間だと思われるのも嫌でした（どちらも極端な考え方の例です）。精神的な支えはもちろん，実際的な手助けを求めることさえ難しく，悩みを秘めておくほうが楽でした。しかも，傷つくことを恐れて，人に弱い姿をさらしたくないとも感じていました。陽気ではない自分を見られたくなかったのです。

あなたはこの気持ちが理解できますか？

やがて気づいたのは，人間は完璧な生きものではないということです。私たちは完璧よりもす

ばらしいのです。ずっと泣きつづけているような極端な状態だけが弱さではありません。身近な人を支えつつ，相手から手助けを受けても，何も悪いことはありません。自分の状況を正直に話すことと，周囲の人に前向きな気持ちと元気を吹き込むことは両立できます。

それに，人を立ち入らせるのは気分がよいものです。クライエントからは，「すべてを吐き出し，この問題を誰かに知ってもらって，自分はひとりではないと知るのは，とてもいい気分ですね」という言葉をよく聞きます。

では，あなたは誰に手助けを求めることができますか？ 悩みを一つ残らず世界じゅうの人に話せと言うわけではありませんが（これもまた極端な考え方の一例です），私のクライエントの中には，自分の苦しみをブログに書き，読者から励ましを受けた人もいます。

ただ，この方法が誰にでも有効なわけではないことは言うまでもありません。では，人から手助けを受けるにはほかにどのような方法があるでしょうか？

- あなたが尊敬する人で，相談相手になってくれそうな人に手助けを求める
- 身近な人に思いきって弱さを見せる
- 目標までの道のりを見守ってくれる伴走者を見つける
- コーチか心理カウンセラーに相談する
- メンターに相談する

課題：誰かに手助けを求める

あなたが手助けを求める相手を，いますぐ1人，挙げてください。

_____

_____

「幸福に勝る美容法はない」
　　　　　　　　　　　　——マリア・ミッチェル　19世紀の天文学者

_____

自分に自信を覚え，目指す目標を達成し，完璧よりもすばらしい人生を謳歌するために，極端な考え方を排除する策を講じましょう。

第10章

C：比較をやめて，創造する

「創造的な人生を送るためには，間違うことへの恐れをなくさなければならない」
　　　　——ジョゼフ・チルトン・ピアス　作家

　理想をいえば，誰もがみな自分の生活に満足し，新たな可能性も積極的に受け入れるべきでしょう。でも，残念ながら多くの完璧主義者はそのように感じていません。完璧主義者は自信をもつために，自分自身や自分の功績をほかの人と比べ，その優劣をもとに自分を定義し評価することに時間をかけます。これによって，「自分対ほかの人たち」という競争意識が芽生えます。また，このような比較の中で，完璧主義者は自分を否定的に判断することが少なくありません。そして，何を隠そう，完璧主義者は負けず嫌いなのです。

　自分と人を比べるのは完璧主義者に限ったことではありませんが，完璧主義者は比較を徹底的に行う傾向があります。確かに，こうしてプレッシャーをかければ，もっと努力する意欲がわくかもしれません。でも，しつこく居座る頭の中の批判者が，強いストレスや，心配，不安，怒りっぽさ，不眠を引き起こす危険性もあります。もちろん，生産性と創造性も低下するかもしれません。多くの場合，最終的には差し引きマイナスとなるのです。次のシナリオについて考えてみてください。

　「私はいつも自分をほかの人と比べて，負け犬のように感じるんです」。コーチングの最初のセッションで，メグはスカイプを通じてこのように話しました。
　もっと詳しい説明を求めると，メグは次のような例を挙げました。
　「パーティーに行ってほかの人の服装を見ると，出かける前は自分の服を気に入っていても，後悔の念がわいてきます。
　職場の人たちを見ると，『みんな，何てしっかりしているんだろう。私のようにストレスで疲れきることなんて，きっと全然ないんだろうな』と思います。それで，自分を厳しく責めます。
　あと，チャンスを逃すことへの恐れもあります。週末の予定を決めるときは，できるだけ大勢の人に連絡をとります。いい機会はどんなものでも逃したくないんです。もし行きそびれたパーティーに理想の男性が来ていたら，どうします？　友達のキャシーはどんな誘いも決して断りません。きっと私より先に結婚するでしょう」
　「あなたにとって，比べるという経験はどのようなものですか？」
　「つらいです。頭の中で，『おまえはダメなやつだ。力不足だ』という怒鳴り声が聞こえます」
　「では，なぜ比べるんですか？」
　「なぜ？　だって，誰でもやることでしょう？　そうする以外に，どうやって自分の良し悪

しを知るんですか？」
　「いい質問ですね。ほかにどうすれば，あなたの良し悪しがわかるでしょう？」と私は尋ねました。
　メグはしばらく黙っていましたが，やがて次のように答えました。「わかりません。ほかのことに目を向ければいいのかもしれません。たとえば，年収はいくらかとか，デートの相手が何人いるかとか」
　「そうですか。では，外的なバロメーターを見ないとしたら，どうやって自分の良し悪しを知りますか？」と，私は尋ね直しました。
　「自分がどれだけ幸せかとか，そういうことをおっしゃりたいんですか？　でも，私は人と比べないと，自分がどれだけ幸せなのかわかりません」
　「それで，比べたとき，あなたはたいてい，どれくらい幸せになりますか？」
　「あまり幸せになりません」
　「では，人と比べずに幸せになる方法を習得できるとしたら，どうでしょうか？　その方法はあなたにとってどんなものになるでしょう？」と私。
　「そんなことができるのかどうか，私にはわかりません。でも，できるとしたら，うれしいですね」
　幸い，その方法は習得できるのです。メグと私は一緒にその方法に取り組みました。

　自分を人と比較して，劣っているように感じるという部分に共感できますか？　あなたは人に対する優劣ばかりを気にして，自分が自分の人生で何を創造したいかをじっくり考えていませんか？

自分対ほかの人たち

　あなたはよく，「自分対ほかの人たち」という意識で人との比較を行いますか？　自分のほうが上だと「証明」したいばかりに，目の前の問題を解決することから注意がそれた経験はありますか？
　絶えず自分を人と比べていると，勝ち負けの考え方が生まれます。自分が勝ちなら相手は負けで，相手が勝ちなら自分は負けだと考えるのです。この考え方をもっていると，ほかの人が「負けた」とき――たとえ相手には競争しているつもりがなくても――（少なくとも一時的には）自分自身に満足感を覚えられます。「もし自分があいつより出来がよければ，自分はまあまあだといえる。もしあいつのほうが出来がよければ，自分は最低だ」となるのです。
　あなたは，次のように考えることがあるでしょうか？
- 「ほかの人は自分よりどんなふうに優れているだろう？」
- 「自分はほかの人よりどんなふうに優れているだろう？」
- 「あの人の上をいくためには，何をする必要があるだろう？」

　完璧主義者は「人並み」になるだけでは飽き足りず，人を打ち負かしたいのです。
　同窓会に出席したとき，自分が人よりきれいだと思ってほくそえんだり，人が自分よりきれいだと思って動揺したりした経験がありますか？　それは頭の中の批判者の仕業です。
　この競争心は自信の低さから生まれます。完璧主義者は自分に自信をもつために，ほかの人の

様子を基準にして，自分の成功度と価値を測ろうとします。

　「少なくとも，コリーンだってそのポストには就けませんでした」。クリスティンは薄笑いを浮かべて言いました。いつものしかめ面とは対照的です。
　クリスティンは，私がコーチングをしている企業幹部です。私に手助けを求めたきっかけは，あるポストに就こうと懸命に努力したにもかかわらず，それがかなわなかったことでした。
　「コリーンにあのポストを奪われていたら，私は死んでいたでしょう」
　コリーンというのはクリスティンが密かにライバル視している同僚の女性です。表向きには優しく接していましたが，心の中には「自分対彼女」という意識がありました。
　「それはなぜですか？」
　「コリーンに奪われていたら，ますます自分に嫌気が差していたからです」

　　　完璧主義者は「人並み」になるだけでは飽き足らず，人を打ち負かしたいのです

　クリスティンに共感できますか？　あなたは，
- ほかの人が失敗すると，それ以前より自信が強まることがありますか？
- ほかの人がへまをするのを見て喜ぶことがありますか？
- ほかの人，特に，何らかの点で自分と比べている相手がつまずくよう，密かに願うことがありますか？

　いつの世も変わらぬ人気を誇るゴシップ欄やテレビのワイドショーは，このようなつまらない競争意識をあおります。社会全体が，スターのノーメイクの顔や，たるんだお腹を見るのが大好きなのです。誰それが浮気をしているという噂話も好きですし，有名人が大失敗をやらかしたときも心を躍らせます。
　なぜでしょう？　スターの「失敗」は自分の得点になるからです。
　有名人の素顔の（おそらく画像加工ソフトでさらに醜くしてある）写真を見ると，私たちは「この人，不細工ね。私の素顔のほうがまだましじゃない」と思うかもしれません。まるで，ほかの人の容姿が完璧ではなかったら，自分が美しくなるかのようです。
　実際には，人の容姿は自分の容姿と関係ありません。私たちは別個の存在だからです。だいたい，この世に存在し得る美に上限はありません。お金や，健康，幸運，豊かさも同様です。でも完璧主義者は，「自分対ほかの人たち」というふうに，稀少なものを取り合うように考えます。

　コリーンがそのポストを逃したことが，クリスティン自身のキャリアアップとどう関係するのか私が尋ねると，クリスティンは最初，黙っていました。首を少し右に傾け，視線を上に向けて，この質問について考えていました。
　「たぶん，あまり関係ないと思います。ただ，私の気分がよくなるだけです」
　「なぜですか？」
　「コリーンもそのポストに就けなかったのなら，私がそれほどダメな人間だとはいえないか

らです」
「あなたがダメな人間だなんて，誰が言ったんですか？」
「私です」
「つまり，あなたは自分に対する見方を決めるために，コリーンと自分を比べているわけですね？」
沈黙。「そうです。これって，かなり情けないことですね」

人が成功しなかったとき自信を感じても，あなたが悪い人間だというわけではありません。ですから，自分を批判する必要はありません。逆に，せっかく自分に対する考え方や評価のしかたがわかったのですから，この重要な情報を活用すればよいのです。「『人』の失敗は自分の成功」という考え方をしても，心の深い部分で，長期的に満足感が高まるわけではありません。それどころか，負のエネルギーが生まれて，ひいてはストレスが強まったり，周囲の人との関係が悪化したりする危険性があります。

妬み——自分と人のもっているものを比べ，自分のほうが劣っていると認識すること——に関する研究が，比較のもたらす影響について重要なことを教えてくれます。その1つは，ほかの人のほうが恵まれていると考えると，自分が実際にもっているものへの満足感が格段に薄らぐということです。たとえ自分がどれだけ恵まれていても，「あの人のほうが恵まれている」と考えると，満足度が低下するのです。

比較は，気分に影響するだけではなく，気分をよくする方法にも影響を及ぼします。人間はほかの人の取り分を減らすためなら，自分のもっているものを手放しさえするのです。たとえば，ある実験で，参加者が別の参加者のお金を取り上げるチャンスを与えられました。ただし，そのためには自分のお金もいくらか手放さなければなりません。結果はどうだったでしょう？　より多くの参加者がほかの人のお金を失わせるほうを選び，結局，自分も無一文になったのです。ここからわかるのは，人と比べて満足感を覚えたいという欲求のほうが，その結果どうなるかを心配する気持ちより強いということです。もちろん，それによって自己価値感が高まったとしても，表面的で一時的なものでしかありません。ですから，賢明な賭けではありませんでした。

自分をほかの人と比べるという反応は人間に限ったことではありません。フサオマキザルは，ほかのサルがもっとよいものをもらっているのを見ると，報酬を受け取ろうとしないのです。このように，人との比較はとても一般的な行為ですが，たいていは誰のためにもなりません。

完璧主義のウォーキングマシン

ポジティブ心理学の世界では，快楽のウォーキングマシンがよく話題に上ります。快楽のウォーキングマシンとは，外的な快楽を通じて幸福を求める傾向のことです。人は，最新のハイテク機器を買ったり長期休暇をとったりした後は，また次の快楽を探します。そのため，幸福探しを絶えず続けるわけですが，永続的な満足感は得られません。「○○が起きれば，私は幸せになる」と思いつづけ，○○は実現するたびに新しいものに変わります。

完璧主義も同じだと私は思います。ただし，完璧主義者が求めるのは快楽そのものよりも，次の功績や，称賛や，財産です。ほかの人に取られる前に手に入れたいのです。

ウォーキングマシンに乗って，片足を一歩踏み出すと，その足が他方の足より前に出ます。で

も，すぐに他方の足より後ろに下がるので，また前に踏み出さなければなりません。一方の足が他方の足より前に出ようとする限り，これが延々と続くのです。

　私自身が経験した完璧主義のウォーキングマシンの例をご紹介します。

- 「博士号をとれば，自分に満足感がもてるだろう」
  済み→次
- 「心理療法の資格をとれば，自分に満足感がもてるだろう」
  済み→次
- 「個人開業をしたら，自分に満足感がもてるだろう」
  済み→次
- 「本を書けば，自分に満足感がもてるだろう」
  済み→次
- 「書いた本がベストセラーになれば，自分に満足感がもてるだろう」
  済み→次
- 「テレビに出演すれば，自分に満足感がもてるだろう」
  済み→次
- 「『トゥデイ』に出演すれば，自分に満足感がもてるだろう」
  済み→次

あなたは理解できますか？（あなたと私のウォーキングマシンを比べるのはやめましょう！）

課題：完璧主義のウォーキングマシンについて考える

「何かを達成したら，自分に満足感がもてるだろう」と思っていたはずなのに，結局はただ目標が別の目標——自分に満足感をもたらすと思う別の外的な経験——に替わっただけだったときのことを，思い出してください。

_____
_____
_____
_____

いますぐ自分に満足感がわいてきたら，あなたの人生はどのようなものになるでしょうか？

_____
_____
_____
_____

「誰もが金持ちになって，有名になって，これまでに夢見たことを片っ端からやってみるべきだよ。そうすれば，それが答えじゃないとわかるから」

——ジム・キャリー　俳優

感謝の念を覚える

完璧主義のウォーキングマシンから降りたらどうなるでしょうか？　自分自身や自分の人生を人と比べるかわりに，強い感謝の念を覚えたらどうなるでしょう？　感謝の念を覚えるとは，人生の中で出会った人たちや，経験や，具体的なものをありがたく思うことです。そうすると，「こんなはずではない」と思う事柄より，いま順調にいっている事柄に意識が向きます。

「感謝が始まるとき，苦しみは終わる」

——ニール・ドナルド・ウォルシュ　著述家

以前，あるクライアントが，「もし感謝の念を覚えたら，私は自己満足して，現状に甘んじてしまうのではないでしょうか？」と私に尋ねました。そんなことは断じてありません。感謝の念を覚えても，向上の努力ができなくなるわけではありません。そのかわりに，自分と人を比べるのをやめ，自分という人間や，自分がもっているものに満足できるようになります。

感謝の念は，不安を減らし，幸せで楽観的な気持ちを強め，健康を増進し，人間関係を改善し，仕事の質さえ高める効果が高いことが研究によってわかっています。感謝の念を覚えている人のほうが友達が多く，人から慕われるうえに，性的魅力さえ感じさせます。

どうやら感謝の念は，脳内でストレスを軽減し，満足感を高め，自己価値感を増す領域を刺激するようです。消化と睡眠を助けることは言うまでもありません。薬も飲まずに，これだけの恩恵が受けられるのです。

BTP アドバイス：職場での感謝

感謝の念をもつと，よりよい管理職になり，生産性を高め，意思決定力を改善するのに役立ちます。

残念ながら，アメリカ人の65％が，過去1年間に職場で感謝の言葉をかけられたことがないと報告しています。感謝されないことは，退職理由でも特に多いものの1つになっています。感謝の言葉をかけないと，企業は幹部1人の俸給額の200％もの損失を被りかねないのです。

幸い，感謝の念は育むことができます。それどころか，私が職場での感謝に関する研修を行うと，より健全な環境になるだけでなく，従業員の幸福感，エネルギー，やる気，売上も向上します。

あなたはどう思いますか？

完璧主義者は，人と優劣を比べるだけでなく，ほかの人の反応に従って自分自身を比較したり評価したりします。完璧主義者は，よい反応をのどから手が出るほど求めているのです。どのような言葉をほしがっているか，例を挙げます。

- 「わあ，徹夜してこれを仕上げたなんて信じられない」
- 「きみの働きぶりは正気の沙汰じゃないよ」
- 「きみは断トツでわが社のナンバーワンだ」
- 「あなたは賞をもらって当然よ。あなた以上の人なんていないもの」
- 「僕にもそんなことができたらなあ」

外部からの称賛がなければ自分に満足感を覚えられないという意味では，かなり手が焼けるといえます。完璧主義者はほめられると（「いや，大したことじゃないよ」などと）謙遜するかもしれませんが，心の中では，よいフィードバックを生きがいにしています。

ときには，この欲求が人間関係に悪影響を及ぼします。私は，何かを成し遂げたとき，思ったほど夫が喜ばないことに腹を立てた経験が何度かあります。でも，後で夫の反応を思い返してみると，当然ながら実際には喜びを表していました。ただ，私がもっと「求めて」いただけです。以前なら，これが口げんかに発展していたかもしれませんが，いまは夫の意思表示をもっと理解するように努めています。それに，もっとほめてほしい場合，たとえば3時間かけて家族のクローゼットを掃除したときなどは，その気持ちを夫に伝えます。

BTP アドバイス：ほかの人の感情表現に耳を澄まして

感情の表し方は人によって違います。私の場合，かなり情熱的です。うれしいときは，周囲の人にその気持ちが伝わります。誰かのことで大喜びしたとき，私がチアガール式の祝福をするのは有名です（チアリーダーに入ったことは一度もなく，フィールドホッケーの控え選手だっただけですが，若い頃，チアのやり方を少し覚えたのです）。娘たちへの愛情を表現するために，自作の歌も熱唱します。

一方で，感情の表し方がもっと控えめな人もいます。控えめだからといって感情を抱いていないわけではなく，伝え方が違うというだけです。

身近な人たちが感情をどう表現するかに，よく気をつけてみましょう。そうすれば，相手の感情をきちんと聞いて，理解することができます。

あなたは，人からのほめ言葉が必要だという話に共感できますか？
- 自分が成し遂げたことに与える意義は，人の反応によってどう変わりますか？
- 誰かの反応にあまり熱がこもっていないからと，腹を立てたことがありますか？
- 自分で自分をほめる前に，人の反応をうかがいますか？

もちろん，人からのよいフィードバックを求めることは悪いことではありません。でも，自分の中と外で示す反応を人の反応をもとに決めると，問題が起こる危険性があります。無条件に自分を愛し，自分のすることすべてに誇りをもつ，チアリーダー兼親友になってみてください。

歪んだ競争欲

完璧主義者は，自分の価値を測る手段として，時間の使い方の良し悪しを評価します。アウトプットを自己価値と同一視するのです。このアウトプットには，成し遂げたこと——成果——と，ただ単に何かをしていることの両方が含まれます（私の場合，腰を下ろすのが難しいときがあります。「何かをして」いるのが好きなのです）。

いつの間にか完璧主義者は，いわば「歪んだ競争欲」をもつようになります。自分に満足感を覚えるために，ほかの人より厳しい状況に身を置こうと張り合うのです。

「昼食をとるのは能なしだけだ」
　　——映画『ウォール街』での，マイケル・ダグラス扮するゴードン・ゲッコー

以下の中に，言った覚えのあるセリフがありますか？
- 「これをやるために徹夜した」
- 「この5年間，4時間以上，眠ったことがない」
- 「もう3年も休暇をとっていない」
- 「有休を全部消化する年はない」
- 「1日14時間労働だ」
- 「自分の1日は，朝5時に始まって，深夜過ぎまで終わらない」

ただし，誤解しないでください。完璧主義者は，一分の隙もないという印象を与えたがります。身だしなみは非の打ちどころがなく，100点満点以下のプロジェクトもありません。とにかく，人より上に見られたがるのです。

でも，たいていの場合，完璧主義者が常に忙しく働いていようとするのは，働いていることと存在価値を同一視しているからです。「何かをしていれば，自分の価値が高まる。何もしていなかったら，私は無価値だ」という意識があるのです。

あなたにはこの意識が理解できますか？

歪んだ競争欲の根底には，自分に満足感を覚えたいという目的があります。これは人間の基本的な欲求なので，おかしいことではまったくありません。問題は，がむしゃらに働いていると，以下のような別の問題が起きることです。
- 生産性が低下する
- 集中することが難しい
- 効率が低下する
- ストレスと不安が強まる
- 怒りっぽくなる
- 押しつぶされそうな気分になる
- 燃え尽きる

あなたにも心当たりのある問題があったでしょう。あまりにも多忙なとき，あなたはどうなりますか？　予定がぎっしり詰まっているから自分に満足感を覚えるというのではなく，自分が自分であるから満足感を覚えられるとしたら，人生はどのようになるでしょうか？

競争相手はあなたではなく，私

自分を評価するために比較する相手は，もしかしたら特定の人ではなく，「自分はこれをこんなふうに行っているべきだ」というイメージかもしれません。例を挙げましょう。

> 私は椅子に座って脚を床につけ，手を膝に置き，目を閉じていました。ほかには何もしていません。コンピューターで文章を書いてもいませんし，メールをチェックしてもいませんし，クライエントと話してもいません。瞑想中だったのです。
> いえ，少なくとも，瞑想しようと努めていました。
> 博士号を取得しようとしていたとき，私は瞑想の効用について論文を書いたことがありました。瞑想が幸福感を高め，健康状態をよくし，ストレスを和らげ，創造力を刺激し，精神機能を向上させるはずであることを，私は知っていました。
> よいことずくめではないか——そう思えたのは，自分で実際に瞑想を試してみるまでの話でした。
> 「このやり方で正しいのかな？」と私はよく自問しました。「これで瞑想になってる？　自分がいま瞑想中なんて思えないけど。瞑想してる気分じゃないなあ。もっと違う気分になるものなのかな？
> あれ，待って。ものを考えてちゃいけないんだった。頭が真っ白で，何も考えていない状態にならないと。よし，始めよう。
> 嫌だなあ，お腹が空いちゃった。朝，何を食べたっけ？　ああ，ヨーグルトだ。それじゃあ，お腹も空くわけだ。もう4時間もたってるし。
> そういえば，ダイアナのメールに返事したかな？　ダイアナはあの情報をなるべく早くほしがってるんだよね。
> ダメだ，また考えてる。考えちゃいけないんだってば。瞑想しなきゃ。
> それにしても，20分は長いな。あまり時間がないのに。もしいま瞑想をやめれば，その時間で軽食をつまんで，ダイアナに返事が書けるんだけど。
> いや，瞑想しなくちゃ。でも，こんなに難しいのはおかしいよね。ただ座ってものを考えずにいることが，なぜこんなに難しいの？　私ってどこかおかしい？」

正しい瞑想体験のイメージと現実を比べると，瞑想の効用を得ることができませんでした。瞑想を試すことさえやめてしまいました。でも，幸い，後で超越瞑想を習うことができました。私は超越瞑想を強くお勧めします。習っているとき，指導者のペギーは次のように話しました。「自分を人と比べる必要はありませんし，自分が過去にした瞑想と比べる必要もないんですよ。どんな瞑想でもいいんです。ときには，心がさまようこともあるでしょう。それはまったく悪いことではありません」
比較をやめて，ただ瞑想に自分を集中させさえすれば，私は超越瞑想の効用を得ることができるのです。

> **BTP アドバイス：瞑想を始めましょう**
> 日頃，瞑想をしていない人は，瞑想が人生に与える強い影響を十分に理解していません。いまこそ，完璧よりもすばらしい生活を実践するチャンスです。どのような瞑想でも，まったくしないよりはましなのです。
> どうすれば瞑想できるでしょうか？　方法はいろいろあります。たとえば，静かに座って行う方法，呼吸に意識を集中する方法，マントラを繰り返し唱える方法，心を鎮める音楽を聴く方法，自然を眺める方法，瞑想を導く音源を聴く方法などです。

それ以外に私が見かける比較の例は，医学的に説明のつかない身体症状（MUS）をもつ人が，自分と人とを比べるケースです。MUS は従来の医療では理解できない身体の不調で，要するに身体のどこかが痛んだり，違和感があったり，思うように動かなかったりするのです。さまざまな慢性痛や，線維筋痛症，慢性疲労痛，非心臓性胸痛，間質性膀胱炎などが，このカテゴリーに入ります。

MUS はとても大きな試練になる場合があります。体調自体がつらいうえに，原因の特定も治療もできないことが痛みや苦しみを悪化させます。救われる可能性が見えないので，病院を転々とする人も少なくありません。

さらに，本当に病気だという医学的「証拠」がないことが，追い打ちをかけます。私たちの社会は，調子が悪ければ病院に行くべきだと考える傾向があります。医師はその人を診断し，可能なら治療します。でも，医師が悪い部分を見つけられなければ，その人が症状をでっち上げていることになります。MUS の人は，ただ関心を引くために症状を捏造する心気症患者だと思われやしないかと，よく心配します。症状を本物だと信じさせる努力がストレスとなり，身体の痛みと苦しみをいっそう悪化させます。

実は，人間が経験する症状の大半は医学的に説明がつきません。アメリカとイギリスで行われた研究で，患者が家庭医に相談した身体的苦痛の4件のうち3件は，医学的に説明がつかないことが明らかになりました。つまり，患者が「先生，ここが痛いんです」と言っても，75％の確率で医師にも理由がわからないということです。

私が10年以上，MUS の人の相談を受けてきて気づいたのは，多くの人が完璧主義者だということです。

リサは嫌々ながら，私のところへやってきました。過去3年間，原因不明の頭痛を治すために，15人以上の治療者に診てもらっていました。

「これまでに会ったのは，神経科医，カイロプラクティック療法師，理学療法士，整形外科医，血管外科医，栄養士。……どんな治療者のところにも行きました。でも，頭痛の原因は誰にもわかりませんでした。この痛みは確かに本物なんです。嘘じゃありません。ふつうなら，こんな感じがするはずはないんです」

リサは，私に相談しにきたのは痛みが精神的な問題だからではない，と念を押しました。私は答えました。「あなたの感じている痛みが本物であることは，わかっています。痛みの原因がはっきりわからないからといって，痛みがないことにはなりません。慢性痛はストレスを引き起こします。そして，ストレスは痛みを悪化させることがあります。私は人のストレスを和らげるお手伝いをしますが，ストレスが和らげば痛みの軽減につながります」

リサは納得したようでした。

セラピーを始めると，リサは，「あまりにも不公平じゃありませんか。こんな痛みを抱えて

いる人は，ほかにいません。どんなにつらいか，誰にもわからないんです。みんな，とても楽そうですもの」と言いました。

確かに，参ってしまうほどの痛みもあります。誰かが味わっている苦しみを軽んじるつもりは毛頭ありません。

ただ，このように不公平さを比較していると，ストレスが強まり，痛みの悪化につながってしまうと気づくことも大切です。リサは，自分が味わっている苦しみは不当なものだ（確かに不当です）と，ほかの人を説得しようとしていました。でも，怒りの感情に目を向けたために，図らずも無用なストレスを弱めにくくしていたのです。

医学的に説明のつかない症状を治す第一段階は，たとえほかの人には理解されなくても，自分が感じている症状が「本物」だと認めることです。そして，不公平ではありますが，これが現時点であなたに配られたカードなのです。批判と比較をやめたほうが，人生によい変化を起こすための手段を講じやすくなります。このように，認知行動療法は，痛みを和らげ，機能を改善する効果があることが，研究によって示されています。

あなたは共感できますか？ MUSを抱えていない人でも，現実と理想の比較ばかりして，「これは不当だ」と感じた経験はあるでしょう。現状を受け入れて，よい変化を起こす手段を講じることなく，この種の比較を続けていると，前に進めなくなります。完璧な人生ではなく，完璧よりもすばらしい人生を手に入れることにエネルギーを注ぎましょう。そうすれば，さらに幸せで健康な人生に近づくことができます。

何らかのMUSを抱えている人は，この本に書いてある，認知行動療法に基づいたさまざまな原則や方略を用いれば，楽になるかもしれません。認知行動療法が痛みなどの身体症状を和らげ，精神的苦痛や抑うつを軽減し，自信を高め，睡眠の質を向上させ，人間関係を改善し，身体の不調とは無関係な情熱と生きがいを見つけるのに役立つことは，研究と私の臨床経験が示しています。

趣味だって？ くだらない！

完璧主義者は，ありとあらゆることを上手にこなしたがります。うまくできないことがあると，「わざわざこれをする必要はない」という理由をつけます。

ここでささやかな告白をします。私は以前，娘たちと一緒に絵を描くことが嫌いでした。絵は得意ではないのです。ですから，子どもに「ママ，一緒にお絵描きしようよ」と言われると，うんざりしたものでした。

なぜでしょう？

それは，自分で自分の絵を批判していたからです。絵を描こうと誘った娘が，私の絵を見て戸惑いの表情を浮かべたとき，私は恥ずかしくなりました。「明らかに私には絵の才能がない。それならやってみる必要はないじゃないか」と思ったのです。

完璧主義者は，自分が行ったことの成果で自己価値を判断するので，時間をかける対象を厳選し，何に時間を使ったかに応じて自分を批判します。多くの人は，時間とエネルギーと労力の大部分を仕事に注ぐでしょう。そして，「商売繁盛のためには，こうしなければならない」とか，「これだけ懸命に働かなければ，クビになってしまう」などという理由をつけるかもしれません。確かに，熱心に働くことは仕事の成功には大切ですが，完璧主義者は働きすぎる傾向があります。

余暇活動を犠牲にして働いてしまうのです。

　働きすぎる傾向を，掃除や整理整頓，あるいは室内装飾に発揮する人もいます。完璧主義者の家にはゴミ一つなく，すべてのものに定位置が決まっているかもしれません。

　一方，それとは逆に，何時間もテレビを見て過ごす完璧主義者もいます。自分はほかの人ほど何かをうまくできるはずがないと考えて，それなら最新のドラマを毎回――見逃した過去5シーズン分も――見てやろうと決心しているのです。このような完璧主義者は，画面の前で過ごす時間は正当化できるのに，ほかの楽しみを自分に許可することができません。趣味は取るに足らない非実用的なものだと見なします。ただ，なぜかテレビは「可」なのです。

　実際には，趣味をもつことにはたくさんのメリットがあります。上手下手は関係ありません。趣味は，意識を集中させ，知的能力を刺激し，ストレスを弱め，健康増進にさえ役立ちます。健康についていうと，たとえば楽しむために何かをすると，血圧や，ストレスホルモンのコルチゾールを下げられるばかりか，ウエストまで細くなることが研究でわかっています。

　それに，趣味などの余暇活動は創造性を発揮する格好の手段です。何かを創ることに情熱を燃やし心を躍らせれば，確実に人生に幸せをもたらせるでしょう。のめり込むほど，その喜びは増し，深まります。

　ここで，あなたの幸せのコーチとしてお尋ねします。あなたがぜひやりたいと思っているのに，やっていないことは何ですか？　それをやらないのは，自分の能力を人と比べてばかりいるからですか？　やりそびれていることは以下の中にありますか？

- ダンス
- 楽器演奏
- 裁縫
- 歌
- 執筆
- 木工
- 絵画
- 発明
- ヨガ
- 彫刻または陶芸
- 語学
- 写真
- 演劇
- 編みもの
- スポーツ
- 料理
- 模型作り
- 体操
- 朗読

人と比べるのをやめて，とにかくやってみましょう！

交友を維持する

　私は自分のオフィスのソファに座って，突然，電話をしてきた友達とのおしゃべりに勤務時間中の数分間を割いていました。その友達とは以前は親しかったのに，2年以上，話していませんでした。

　近況を報告し合った後，友達は言いました。「先週，中年危機らしきものに陥ったの。仕事と家庭は順調だけど，友達との連絡がすっかり途絶えていることに気づいたのよ」

　あなたは共感できますか？　完璧主義者は，仕事，健康，家族，そして人の世話をすることを優先する傾向があります。でも，友達とのつき合いは，「時間があるとき」へと延期してしまいがちです。

　でも，完璧主義者の多忙な生活に時間が空く気配はまったくありません。

「人生の極意がわかったの。友達よ。仲のいい友達よ」
　　――映画『フライド・グリーン・トマト』の中のジェシカ・タンディ

> **BTP アドバイス：孤独を克服しましょう**
> 人に囲まれていても孤独に陥る場合があることを，あなたは知っていましたか？　人が自分のことをあまり気にかけていない，あるいは深く理解していないと感じると，孤独感を覚えるのです。
> 孤独だと，悲しくなったり，孤立感を覚えたりするだけでなく，重大な結果も招きます。実は，孤独は死亡する確率を45％高めるのです。比較のために記しておくと，肥満は23％，過剰な飲酒は37％，死亡する確率を高めます。
> では，どうすればよいのでしょうか？　完璧主義を乗り越えて，もっと人と接しましょう。習いごとを始めたり，ジムに入会したり，教会に通いはじめたり，ボランティアを始めたりして，新しい人と出会うのです。人見知りだというのなら，動物関係のボランティアはいかがですか？
> 外に出ていくようにしましょう。人と会話をし，質問をし，自分のことを少しだけ伝えましょう。自分は人から関心をもたれないのではないかと心配しているかもしれませんが，私の経験では，大部分の人はそれ以上にあなたから気に入られないことを心配しているものです。

　友達がもたらす恩恵は数えきれません。健康によいということは――免疫システムが強くなるという意味でも，がんの攻撃性が弱まるという意味でも，ただ寿命が延びるという意味でも――研究で明らかになっています。友達がいれば，ストレス度が下がったり，つらい時期を乗り切れたり，自分はひとりではないと感じられたりします。親しい友達がいると，自信，幸福感，立ち直る力，目的意識といったものすべてが強まります。そのうえ，より多くの楽しみをもたらしてもくれます。完璧主義者は楽しみを後回しにしがちですが，本当はもっと楽しみを求めています。

　年をとるにつれて，友達を作ったり維持したりすることが難しくなる場合もあります。あなたも，ほかの人も忙しい暮らしを送っています。転居や転職をすることもあるでしょう。行動範囲が変わることもあります。

　ここで，少し考えてみてください。今週，友達と会うか，新しい友達を作るためには，どのような方法があるでしょうか？
- □ランチかディナーの予定を立てる
- □ジムで会う
- □誰かを自宅に招待する
- □ボランティアをする
- □散歩に出かける
- □ネットワーキングか，社交グループに参加する
- □近所の人か同僚をお茶に誘う
- □地域の催しに出席する
- □クラブか，教会などの礼拝所に通いはじめる
- □おもしろそうな講座に参加する

- □その他：＿＿＿＿＿＿＿＿＿＿＿＿＿＿＿＿＿＿

行動の手順：成功を定義し直す

ステップ1：日々の生活にもっと楽しみを組み込む
ステップ2：自分自身の親友になる
ステップ3：感謝の念に意識を集中する

　比べることをやめて，生きることを始めましょう。自分はほかの人と比べて，あるいは自分で定めた基準と比べてどうなのだろうと思い悩まずに，可能な限りすばらしく，幸せで，健康なあなたになってください。

　店に入って，いつものサイズのワンピースやパンツを試着したのに，きついと感じたことはありますか？ このようなときは恐怖や，落胆，不安を覚えます。それは自分が悪いのであって，太ってしまったせいだと考えるからです。でも，実は服のサイズはデザイナーによって違います。あるデザイナーの10号は別のデザイナーの12号だったりするのです。12号のパンツと，着られるべきだと思う10号のパンツを比べると（実際の寸法にかかわらず），自分がダメな人間であるように感じられます。そのような無用な自己批判はやめ，服も自分自身もゆったりさせて，楽になりましょう。成功を定義し直すために，以下のアドバイスを試してみてください。

ステップ1：日々の生活にもっと楽しみを組み込む
　あなたは成功をどのように定義しますか？ もしあなたの「成功した人生」の定義が，何かを達成することに限られているのなら，あなたは絶えず自分と人を比べ，完璧主義のウォーキングマシンの上を歩いているはずです。生活のごく一部分で自分の成功や価値を判断する人は，大半の時間とエネルギーと労力をその部分に注ぎ，家族や友達といった，ほかの大切なものを犠牲にしがちです。

　私の場合，幸せで有意義な人生こそが究極の成功です。その人生に含まれる重要な要素を挙げてみます。

- 娘たちと充実した時間を過ごすこと
- 夫と充実した時間を過ごすこと
- 友達と充実した時間を過ごすこと
- 両親や姉と充実した時間を過ごすこと
- 地域に何らかの貢献をすること
- 運動すること
- 瞑想すること
- 人間として成長しつづけること
- 創造のエネルギーを本の製作や別のプロジェクトに使うこと
- よく眠ること
- 幸せのコーチを（コーチング，講演，執筆，テレビ出演を通じて）務め，ほかの人が真に幸せになる手助けをすること
- 楽しむこと
- たくさん笑うこと

あなたはどうですか？ 次の質問の答えを記入してください。

課題：成功を定義し直す

あなたは成功をどのように定義しますか？

_____

_____

_____

あなたの成功に含まれる要素は何ですか？

_____

_____

_____

_____

_____

_____

_____

さて，あなたのリストをもう一度，見てください。どのような「楽しみ」が含まれていますか？

考えてほしいのは，「自分は完璧になりたいのか，それとも幸せになりたいのか？」ということです。大半の完璧主義者は，口では「幸せになりたい」と答えながら，そのためにはさまざまなことが「完璧」でなければならないと考えるでしょう。

幸福感を高める方法はたくさんあります。1つは，ただ楽しみをもっと味わうことです。何だ，そんな初歩的なことか（これは退行の話なのか？）と思われるかもしれませんが，楽しみは完璧主義者が最優先するものではありません。私自身，以前は楽しむことを長期休暇（それもメールのチェックやクライアントのコーチをしていないとき）までお預けにしていました。

ここで，あなたがたぶん毎日は考えていないことを，考えていただきます。あなたはどうすればもっと楽しみを味わえますか？ 私は何も，お菓子を食べながら何時間もテレビを見ることを勧めているわけではありません。人生をいまより少し，いえ，大いに楽しむ方法を探してはどうかと提案しているのです。

例として，本を読むことや，習いごとをすること，運動すること，料理すること，犬と遊ぶこと，友達とおしゃべりをすること，おもしろい番組を観て笑うことなどが挙げられるでしょう。また，第8章の「失敗を未来につなげる」で書いたように，自分の価値観と強みを用いるのもよいかもしれません。

正解も不正解もありません。ただ，自分のやりたいことをいくつか挙げてみてください。

課題：日々の生活にもっと楽しみを組み込む

今日あなたがする予定の，生活にもっと楽しみをもたらす行為を1つ書いてください。

_____
_____
_____
_____
_____

> 「私の成功の定義は，楽しみをふんだんに，苦しみをほんのわずかしか感じない生き方をすることです。そして，その生き方によって，周囲の人も苦しみより楽しみをずっと多く感じられるようにすることです」
> ——トニー・ロビンズ

ステップ2：自分自身の親友になる

　もし自分の脳にマイクを差し込めるとしたら，自分自身についてどのような言葉が聞こえてくると思いますか？　セラピーを行っているとき，完璧主義者はよく，自分が自分にあまりにも冷酷であることに驚きます。
　あなたは以下のような言葉を自分に言うことがありますか？
- 「おまえはダメだ！」
- 「おまえはもう完全におしまいだ」
- 「へまをするなよ……」
- 「おまえ，本当にそんなことを言ったのか⁉　大ばかだと思われるぞ」
- 「おまえはとんでもない負け犬だ！」

　挙げはじめたら，きりがないかもしれません。
　考えてみてください。あなたはこのような言葉を，親友には決して言わないでしょう。赤の他人にさえ言わないはずです。では，なぜ自分には言うのでしょうか？　このような非難のかわりに，愛の言葉や，支えの言葉，励ましの言葉をかけましょう。
　といっても，もう優れた結果を出すためにがんばらなくてよいわけではありません。もし友達が，「この仕事の出来なんて，どうでもいい」と言ったら，たぶんあなたは同意しないでしょう。かわりに励ましと共感の言葉をかけて，友達が自信をもち，質の高い仕事を目指すように背中を押すでしょう。

もっと具体的に説明するため、冷酷な考えをとらえ直す新たな方法を以下に示します。

見本：冷酷な考えをとらえ直す

やめたほうがよい言い方	新しい言い方
彼女のほうが私よりずっと優秀だ。私はだめだ	前進している自分を誇りに思う。人から学びながら、これからも向上していけばいい
彼がへまをしたから、いい気分だ	彼の気持ちに共感できる
成功を人に認められなければ、自分に満足感を覚えられない	自分の情熱と価値観を用いることを重視するようにしよう。そうすれば満足感を覚えられる
もっと立派な人間にならなければならない	人生で出会ってきた人たちや、経験、ものごとに感謝している

課題：冷酷な考えをとらえ直す

今度はあなたの番です。下の表の左欄に、自分が自分に対して言う不愉快な言葉を記入してください。次に右欄で、情熱と力を引き出す言葉に言い換えてください。思いつかない場合は、仮にあなたの大切な人が同じ状況に陥ったら、何と語りかけるかを想像しましょう。

やめたほうがよい言い方	新しい言い方

ステップ3：感謝の念に意識を集中する

　感謝の念とは、ありがたいと思う気持ちです。感謝の念をもつと、真の幸せに早くたどり着けますし、幸せが長続きします。また、ストレスを弱め、人間関係を改善し、創造力を高め、健康を増進する効果もあります。

　完璧主義者は失敗を防ぐことが最優先なので、わざわざ時間を割いて感謝の対象に意識を集中させることはまずありません。それどころか、仮に感謝の念に意識を向けたら、人生のさまざまな部分で現状に満足してしまい、失敗を招くことになるのではないかと心配する人もいます。でも、それは違います。自分がもっているものをうれしく思っても、状況を改善しつづける妨げにはなりません。それどころか、感謝の念を抱くほど、あなたに感謝の念を抱かせるような人物や経験に出会うようになります。

感謝の念を抱くとき，私たちは人生に起きていること——出会う人物や経験や状況——をありがたく思います。「なぜもっといい状況ではないのか」などと批判したりはしません。ただ自分のもっているものをありがたいと感じるだけです。そう感じたからといって，たとえば健康や，人間関係，経済状態などをよりよくしようと思えないわけではありません。「こういう変化がない限り，状況はよくならない」と思い込む必要はありません。むしろ，「いま順調だし，今後もこの状態が続き得る，あるいは最高の状態にだってなり得る」と考えたほうが，最終的には有益であり，生産的です。

　このように継続的な改善を行う心構えがあれば，前進しつつ，いま自分がもっているものにも感謝できます。

　著述家のウィリアム・アーサー・ウォードはかつて，「感謝の念を抱きながらそれを口に出さないのは，プレゼントを包みながら，それを渡さないようなものだ」と言いました。それをもじって，私は「感謝の念を抱かないのは，あなたを取り囲むプレゼントの包みを開けないようなものだ」と言いましょう。クリスマスの朝が子どもにとってプレゼントを開ける時間であるように，毎朝，いえ1日を通して，私たちはプレゼント，つまり，いま自分の人生に存在するものへの感謝の念を抱くことができるのです。

課題：感謝の念に意識を集中する

試してほしいことがあります。あなたがありがたいと思うものや，人物や，経験を，毎日最低3つ書き出すのです。心に思い浮かぶ，どんなものでも結構です。正解も不正解もありません。

今日，私が感謝しているのは……

1. _____
   _____
   _____

2. _____
   _____
   _____

3. _____
   _____
   _____

この課題を難しく感じる人もいるかもしれません。特に，これまで「すでに順調なことは何か」よりも，「次は何に取り組もうか」とか「何を改善する必要があるか」などと考えてばかりいた人には難しいでしょう。でも，どこから始めてもよいのです。感謝の対象は，どれほどささやかで平凡に思えることでもかまいません。

　3つの感謝の対象を書くときは，それに対する感謝の念をしっかり感じるようにしてください。この課題の目的の1つは，ありがたく思うものを特定して，感謝する力を鍛えることにあります。もう1つの目的は，失敗することへの恐れと不安を感じないようにし，ストレスと不安を弱めることです。要するに，感謝の念は恐れを弱め，現在をもっと楽しくし，将来あなたをさらに成功できるようにするための効果的な方法なのです。

　この課題を行うのに最もよい時間帯はいつでしょうか？　それはあなた次第です。楽しい1日にする準備作業として，朝一番に書きたがるクライエントもいます。その一方で，1日を前向きな気持ちで振り返り，就寝前にストレスを解消するため，夜，書くほうがよいというクライエントもいます。「正しい」方法があるわけではないので，自分に合ったやり方を探してください。

　また，感謝のリストはときどき読み返すようにしてください。自分が挙げた対象に感謝の念を抱きながら読みましょう。これもまた，ストレスと恐れを和らげるのにとても効果的です。ですから，見やすい場所にこのリストを置いておき，ときには対象を書き加えましょう。

BTPアドバイス：感謝の念によって，ものの見方を変えましょう

常にストレスを引き起こしている事柄が生活の中にあるのなら，感謝の念によって見方を変えましょう。パートナーに腹が立つのですか？　仕事に押しつぶされそうなのですか？　お子さんについて不安があるのですか？　体型が気に入らなかったり，身体が思うように動かなかったりするのですか？　何に対して頻繁にストレスを感じるのだとしても，それを毎日の感謝の対象に含めてください。

たとえば，人間関係の緊張を和らげるのに特に効果的なのが，相手の感謝できる部分に目を向けることです。人といがみ合っていると，私たちは相手が犯した間違いや，自分を苛立たせる行動を見つける達人になります。でも，不満よりも感謝の念に目を向けると，たとえ「欠点」があっても，相手の本来のすばらしさがもっとはっきり見えてきます。

相手や状況に感謝できる部分を見つけると，見方を変えやすくなり，ストレスが和らいで，もっと楽しくなるかもしれません。感謝の念は，完璧よりもすばらしい人生を送るうえで大切な要素なのです。

第11章

T：超越する

「超越する」とは，通常の限界を乗り越え，好ましくないものに打ち勝って，その先へ進んでいくことを意味します。「完璧よりもすばらしい」というのは，まさにそれです。自分を縛っていた従来の完璧主義のやり方を乗り越え，頭の中の否定的な批判者に打ち勝って，その先にある，批判ではなく愛に満ちた世界へ進んでいくのです。

パティ・ストーンサイファーは，見事な超越の体現者です。

お金を稼ぐ必要がなくなったら，あなたは何をしますか？　誰かに扇子をあおがせながら，ビーチで冷たい飲みものをすすりますか？　毎日，お昼まで眠りますか？　のんびりと昼下がりを過ごしますか？

パティ・ストーンサイファーは違います。

ストーンサイファーには輝かしい経歴があります。まず，マイクロソフトでは女性社員として最高の役職に就き，最高の給料を得ていました。また，ビル・ゲイツと妻のメリンダがゲイツ財団を立ち上げるのを手伝い，この財団で390億ドルの基金を管理しました。そして，コミュニティ問題解決のためのホワイトハウス評議会の議長と，スミソニアン協会理事会の理事長を務めました。現在はアマゾン・ドット・コムの役員を務めています。

これだけの経歴をもつストーンサイファーは当然，何億ドルもの資産をもっています。やりたいことは何だってできるでしょう。にもかかわらず，ワシントンDCの特に環境の劣悪な地区での長時間労働を希望しているのです。

2013年4月，ストーンサイファーはマーサズ・テーブルの最高責任者になりました。マーサズ・テーブルは，食糧の提供と家族向けのサービスを行う，予算およそ6億ドルの非営利団体です。ストーンサイファーの長い1日は夜明け前から始まり，夜更けまで終わらないことも珍しくありません。『フォーブス』誌によると，働く時間の3分の1を，ワシントンDCとアメリカ全域での子どもの飢餓に関わる問題に当て，もう3分の1をマーサズ・テーブルの将来の戦略計画に，残りの3分の1をスタッフやボランティアや利用者との交流に当てているとのことです。

『ワシントン・ポスト』紙も書いてあったのですが，「ストーンサイファーに小さな地域慈善団体を運営させるのは，ゼネラル・エレクトリックの伝説的経営者ジャック・ウェルチが街角の電気店を切り盛りしにくるようなもの」なのです。

でも，マーサズ・テーブルこそ，ストーンサイファーが時間とエネルギーと情熱を注ごうと決めた場所なのです。「ワシントンDCに子どもの飢餓があふれているなんて，信じがたいことです」と本人は語っています。

これほどの敏腕家の職場について，ストーンサイファーは世間の固定観念や予想を超越しま

した。自分の心と情熱に従ったわけです。

しかも，そのやり方が完璧よりもすばらしいのです。

ストーンサイファーのメモ帳に記された引用句が，そのやり方を見事に表しています。「速く行きたいなら，ひとりで行け。遠くまで行きたいなら，一緒に行け」

生活を自分以外のものにまで広げる

あるクライエントが私に話してくれました。「ホームレスの宿泊施設にボランティアに行くまで，私は自分の家の狭さを愚痴っていました。でも，そこに行った後は，自分のものだと言える場所があることに本当に感謝しましたね」

完璧主義の傾向がある人は——もちろん，完璧主義ではない人の大多数も——自分の身の回りにしか目が行かず，つい全体像を見過ごしがちです。自分の生活の中で改善する「必要がある」ことや，する「べき」こと，「標準に達して」いないことばかりを考え，一歩引いて「自分は本当にこんなふうにエネルギーを使いたいのか？」と自問することをしません。「自分は本当にこう思っているのか？」とさえ考えません。

> **BTP アドバイス：幸福感を高めましょう**
> 霊的な信念を日常生活に積極的に活かしている人は，より強固な人間関係をもち，より健康的な行動をとっています。ほかの人に優しく親切で，ストレスへの対処がうまく，幸福感を強く覚えています。

「速く行きたいなら，ひとりで行け。遠くまで行きたいなら，一緒に行け」
　　　　　　　　　　　　　　　　　——アフリカのことわざ

この本も，霊性を語るのにふさわしい段階まで来ました。「霊性」と「宗教」という言葉は同じ意味で使われがちですが，霊性イコール宗教ではありません。宗教は，通常，複数の人が同意した特定の基本的な信念や慣行だと定義できます。一方，「霊性」は，それよりも形式張らない，あるいは構造化されていない信念体系や儀式に関わる，より広い意味をもった言葉です。霊性は，むしろ人生に関する価値観や意識と関係があります。この言葉を聞くと，存在するものは目に見えるものだけではない——人間は肉体だけの存在ではない——ということを思い出します。霊性という言葉には，すべての人が何らかの形でつながっていて，1人1人がこの世で何らかの役に立ち，何らかの目的をもっているという包括的な認識が含まれています。

あなたはこれまでに，「人生はこんな薄っぺらなものではないはずだ」とか，「自分の人生には何かが欠けているような気がする」などと思ったことがありますか？　あるなら，自分の霊的な考え方を探ってみると，とても有益かもしれません。

以下に挙げるのは，あなたに考えてほしい，霊性に関する重要な問いです。数学のテストと違って，ここでは「正解」も「不正解」もありません。大切なのは，自分自身の信念を探りはじめることと，どうすればそれを生活に組み込めるかです。

課題：生活を自分以外のものにまで広げる

この世でのあなたの目的は何ですか？ この質問が難しすぎると感じる人は，何が目的であってほしいですか？

_____
_____
_____
_____
_____

次の文章を信じたら，あなたの人生はどうなるか，考えてみてください。「どの経験も，人生の中で最終的にはプラスの意義をもっている」。「最終的には」という言葉が重要です。人はみな，人生の中でつらい経験，あるいはトラウマを残すような経験さえ味わっているからです。でも，おぞましい出来事からも，よい結果が得られる場合があります。ですから，どの経験も人生の中で最終的にはプラスの意義をもっていると信じたら，あなたの人生はどうなると思うか，ここに書いてみてください。

_____
_____
_____
_____
_____

　私のクライエントの男性は大きな自動車事故に遭い，数週間，昏睡状態にありました。何とか一命を取り留めましたが，その後，重要な臓器を再建するために7回も手術を受けました。治療とリハビリに要した期間は1年以上に及びます。でも，それを経た後，男性は私に，「私はあの事故に深く感謝しています」と言いました。

　「あの事故は，本当に大切なものとそうでないものを再認識するきっかけになりました。収入を増やして投資信託につぎ込むことは，大切ではありませんでした。昔はそんなふうに生きていたんですけどね。自分がどれだけ家族や友達を愛しているか，そしてどれだけ愛されているかがわかりましたよ。優先順位ががらりと変わりました。私は生まれ変わって，以前よりずっとよい人間になりました」

　あなたは何を信じていますか？

課題：「私はこれを信じている」

あなたが信じている3つのことを書いてください。

1. _____

_____

_____

2. _____

_____

_____

3. _____

_____

_____

私の友人のベン・ミケイリス博士は，心に深く訴えかける質問を1つ投げかけています。

自分の死後も長い間，人々に確実に影響を与えつづけるような変化を1つだけ世界に起こせるとしたら，どのような変化を起こしますか？

_____

_____

_____

課題：「私はこれを信じている」

この節の課題で書いた回答を読み返し，じっくり考えてみてください。そのうえで，以下の質問に対する答えを書いてください。

自分が書いたことのうち，最も印象的なのはどの部分ですか？　最も目を引く点，最も意外な点，最も重要な点はどこですか？

_____

_____

_____

_____

_____

今日のうちにできる，自分の霊的な信念を反映した行動は何ですか？　1つ挙げてください。

_____

_____

　今日のうちにできる，あなたの霊的な信念を反映した行動を1つ挙げましたか？　上出来です。さあ，早速それを実行に移しましょう。実行するときは，自分が何を，なぜしているかに意識を集中させてください。あなたの霊的な信念を反映する行動に——瞑想することでも，人を手助けすることでも，大切な人と一緒にいることでも，祈ることでも，自然の中を散歩することでも——完全に打ち込むようにしてください。

　それをしている自分がどう見えるか，どれだけ上手にできているか，人があなたをどう思っているかは，考えないようにしましょう。自分に与えたこの瞬間を存分に楽しめるように，しっかり注意を払って，現在に集中しましょう。

　霊的な信念を実践するとき，あなたは本物の自分を発揮することになります。苦痛，つまり怒りや，恥の意識，罪悪感，恐れのほか，批判，完璧主義の考え方などは，すべて本当のあなたを発揮する妨げになります。

障害物を克服する

　あなたはこの本を読みながら，完璧よりもすばらしい人生を築くための新たな行動を見出せたはずです。もちろん，目指す場所がわかったからといって，そこに簡単に到達できるとは限りません。仮にあなたが車でニューヨークに行こうと計画し，通るルートの地図を1km単位で描いておいたとしても，予期せぬ工事や，障害物や，迂回が必要な箇所に出会うでしょう。このような場合は少し計画を変えなければならないかもしれませんが，障害物のために計画自体をあきら

めることがないようにしてください。

　かつて私は理学療法に携わっていました。理学療法士は，最高にやりがいと充実感のある職業でした。クライエントに深刻な支障をもたらす痛みをなくす手助けをしたり，事故や脳卒中の後，再び歩けるようになる方法を教えたり，けがをした後，好きだったスポーツを再開するのを手助けしたりするのが私の仕事でした。

　私の人生を変えたのは，あるクライエントに関わったことです。デイヴィッドは56歳の男性でした。持病の糖尿病が抑制できなくなり，片脚に重い神経障害が起きて，脚の一部を切断せざるを得なくなったのです。手術後，デイヴィッドは歩行のしかたや，義足の使い方，日常生活の送り方全般を学ぶために理学療法室に連れてこられました。

　初めて会ったとき，デイヴィッドは背を丸めて車いすに座っていました。私とも理学療法とも一切関わり合いたくないことは，すぐに明らかになりました。私が質問しても，低く小さな声でしか答えません。手術後，初めて歩いてみるために手すりのほうへ連れていくと，「放っておいてくれないか」と怒鳴りました。結局，病室へ帰らせるしかありませんでした。

　その日の午後，医療チームと一緒に回診をしていたときのことです。医師，看護師，理学療法士，作業療法士，栄養士が全員揃って，患者のことや，チームとして患者を最も効果的に手助けする方法について話し合いました。デイヴィッドの名前が挙がると，彼が現在の状況にうまく対処できず，抑うつ状態だという点で全員の意見が一致しました。

　医師は，デイヴィッドに抗うつ薬を服用させるべきだと結論を下しました。

　ほかの全員も，同意してうなずきました。えっ？　私は驚きのあまり，凍りつきました。

　片脚を失ったばかりの1人の男性に，現実に対処できるよう，薬を与えるというのです。そんなことをするよりも，一連の出来事を自分の中で整理できるよう手助けするほうが，理にかなっているのでは？　いまの気持ちを存分に話せるよう手助けするほうがいいのでは？　自分に対する新たな考え方を見つける手助けをするほうがいいのでは？

　まさにこのとき，この場所で，私は心理職に就くために学校に戻らなければならないと確信したのです。デイヴィッドのような人を助けなければならないと思いました。誰もが手足の喪失を経験するわけではありませんが，一生のうちに何らかの喪失を経験しない人はいません。これこそ私がしなければならないことだと，心の中で確信しました。ただ，それがどれだけ大変かということは知りませんでした。

　多くの障害が現れました。まず，それまで十分な収入があったのに，年に4万ドル以上の借金を負うようになったこと。そして，臨床心理学は，博士課程に入るのが特に難しい学科だということ（幸い，当時はそれに気づいていませんでした）。さらに，大半の出願者がすでに心理学の修士号をもっていたのに，私は生涯でたった3つしか心理学の講義をとっていなかったことです。

　そのほか，地理的な障害や，人間関係に関わる障害もありました。ついに博士課程に合格したとき，その大学は私の自宅や友達や恋人から160kmも離れた場所にあったのです。

　でも，そのような障害があっても，自分がしなければならないと思うことをあきらめはしませんでした。

　私がこの道を突き進んだのは，強い情熱と希望からです。健康や人間関係，大切な人，仕事，生き方など，さまざまな喪失に直面した人を手助けしたかったのです。私は障害物よりも自分

の情熱に意識を集中させました。そして，たとえ障害物があっても，それを超越することができました。

　もちろん，完璧にやってのけたわけではありません。途中でつまずいたこともありました。何度もです。それでも，情熱に突き動かされながら，自分が正しい道を歩んでいることを心の中で常に確信していました。そして，この道を行って本当によかったと，いま思っています。

あなたはどうでしょうか？　超越しようとするとき直面しそうな障害物は何ですか？
考えられる障害物と，その克服のしかたを見ていきましょう。

ゴルディロックス症候群：変化に対してストレスを感じる

　ストレスが強すぎると，私たちはこうありたいと思う自分ではいられなくなることがあります。ストレス度が高いときは，考え方が否定的になったり，自分の能力を疑ったり，古いやり方に舞い戻ったりしがちです。

　もちろん，あまりストレスがなさすぎるのも，よいことだとは限りません。ストレスが少しもなかったら，変化を起こす気にならないかもしれません。いま私が言っているのは苦痛〈第4章を参照のこと〉ではなく，ものごとが自分の望みどおりではない状態のことです。人生が申し分なく順調に運んでいたら，さらによくする手段を講じたりはしないでしょう。たとえば，完璧主義者が完璧よりもすばらしい人生を築く気になるためには，「これは私が求めているものではない」と感じる状況が重要です。

　心理学の世界には，一定程度までのストレスは能率を高めることができるという，ヤーキーズ・ドッドソンの法則があります。でも，ストレスがそれ以上になると，能率は低下します。

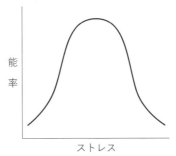

　私はこれをゴルディロックス症候群と呼びます〈ゴルディロックスはイギリスの童話「3匹のくま」の主人公で，くまの家で，ちょうどいい温度のスープを選んで飲んだり，ちょうどいいサイズのベッドを選んで寝てしまったりする女の子〉。多すぎても少なすぎてもダメなのです。ストレス度に関しては，「ちょうどいい」レベルが望ましいということです。

対策：ストレスを利用する

　変化，特に第3章「完璧主義のメリットとデメリット」で挙げた変化を，な・ぜ・起こしたいのかに意識を向けてください。そして，ストレスを弱めるのに必要な，事前管理と事後管理の方法を実行しましょう。ストレス管理を日課に組み込むのです。夜しっかり眠ることや，健康的な食事をとること，瞑想すること，大切な人たちと一緒に過ごすこと，運動することなどが例として挙げられます。

また，ストレス度を0から10までの尺度で定期的に評価する習慣をつけましょう。0はストレスがまったくない状態で，10が最も強い状態です。ストレス度が7以上のときは，必ず効果的なストレス軽減法を実行してください。以下に，数あるストレス軽減法のほんの一部を挙げます。

- 深呼吸を数回する
- 身体を動かす。たとえば，ベッドの上で飛び跳ねたり（この場合，許されます），階段を上ったり，部屋の中で踊ったり，腕立て伏せを15回したりする
- 笑う。おもしろいビデオを観たり，ジョークを読んだりする
- 音楽を聴く
- 大切な人を抱きしめる
- 飼い猫か飼い犬と遊ぶ

もし……だったら？　変化することに不安を感じる場合

誰でも変化を恐れることがありますが，結果を確実に知りたがる完璧主義者は特にそうです。変化には不確実性が伴います。あるクライエントはその恐れを次のように説明しました。

「たとえこのような変化を起こすメリットが理解できて，ものごとは変わり得るのだと納得できても，自分の中に，試すことさえ怖がっている部分があるんです。もしうまくいかなかったら？　もしこれだけの時間とエネルギーをつぎ込んだ末に，かえって事態が悪化したら？　これまで長年してきたことをするほうが簡単です。そうすれば，少なくとも結果が予想できますから」

対策：違和感に慣れる

この章の「行動の手順」でもお話ししますが，自分の恐れと向き合うことは大切です。その方法の1つが，違和感に慣れることです。恐れの最良の克服法は，完全には安心できず，冷静でもいられない状況に身を置くことです。一度に少しずつ，この方法を試してみてください。だんだん簡単に感じられてくるはずです。

自分は何をしているんだろう：いまだに頭の中で自己批判している場合

頭の中の批判者が醜い姿を現して，「おまえ，自分がわかっていないな。おまえが変われるはずがないだろう。変わったとしても，それはおまえの取り柄をすべて失うということだ。懸命に努力することをやめたら，いま以上に出来損ないになってしまうぞ」というようなことを言うかもしれません。あなたが少しでも私と似ているなら，このような頭の中の否定的な独り言を聞いたことがあるはずです。

対策：「ありがとう，でもご心配なく」と言い返す

頭の中の独り言は，あなたを嫌な気分にさせるかもしれませんが，根底にある動機はよいものだということを理解しましょう。詰まるところ，その声はあなたが傷つくのを防ごうとしています。あなたが自分自身に満足感を覚えることを望んでくれているのです。それを認めて，心遣いに感謝し，そのうえで自分自身に満足感を覚えるための，完璧よりもすばらしい方法を探しましょ

う（第10章の「課題：冷酷な考えをとらえ直す」を参照してください）。

　頭の中の批判者の言葉を不快に感じるのは，それが本当のあなたの言葉ではないからです。自分にぴったりの，心地よく感じられる考えを選びましょう。第7章「新しい道を踏み固める」で話した，オーダーメイドのコートを身に着けるのです。頭の中の独り言を，本当のすてきなあなたにぴったり合うものにしましょう。

> **BTPアドバイス：勇敢になりましょう**
> 「勇敢とは恐れがないことではなく，恐れより大事なものがほかにあると考えることです。勇敢な者は永遠に生きられるわけではありませんが，臆病者はまったく生きていません。あなたはいま，自分が思っている自分と，なることのできる自分との間の道を歩いています」──メグ・キャボット

人生は予測不能：自分の境遇が厳しすぎるように思える場合

　作家のジョディ・ピコーはかつて，「夢がたどる運命。それは実生活に邪魔されるということ」と書きました。

　私に言わせれば，「それは邪魔を許した場合だけ」です。

　確かに，超越しようとするあなたにとって逆風となる状況が訪れないとも限りません。その多くは，あなたにはコントロールできない出来事でしょう。でも，だからといって夢を捨てて，元の生活に戻らなければならないわけではありません。

対策：踏みこたえる

- なぜ変わりたいのか，そして変わったとき，どのような新しい人生が待っているかに関するリストを読み返す（第9章「極端を排除する」の中の，課題：「でも」を追い払いたい理由）。変わったときに，感情面，身体面，社交面，仕事面，経済面，霊性の面で得られるはずのメリットを心に留めておきましょう。
- 親しい友達に手助けを求める。
- この章の最後で紹介するヴィジュアライゼーションを用いて，人生の障害物よりも高く舞い上がる。

周囲の人が自分の変化を許さない：人の顰蹙(ひんしゅく)を買うことが心配な場合

　完璧よりもすばらしい人生を目指して努力しているとき，家族，友達，同僚，あるいは赤の他人さえもが，あなたの望むような反応を示してくれないかもしれません。でも，周囲の人が腹を立てたり，あなたの新しいやり方に文句を言ったり，辛辣な言葉を口にしたり，あなたを困らせることや傷つけることをしたりしても，そこで努力をやめて，問題のある古い行動や習慣に戻る必要はありません。

対策：主導権を握る

　あなたが起こしている変化が，周囲の人にも影響を与えているかもしれないことは認識しましょう。たとえその変化が最終的にはよいものであっても，変化を苦痛に感じる人もいるのです。あなたが行っている努力の理由を，周囲の人がよりよく理解できるように手助けしましょう。

　エミリーは私のところへ相談に来たとき，1日に14時間も働いていました。エミリーのチー

ムのメンバーは，たとえ週末でも，エミリーにメールを送ればほんの数分で返事をもらえました。難しいプロジェクトを引き受けるのも，膨大な時間を仕事に捧げるのも，無意識のうちに人の仕事の穴を埋めるのも，いつもエミリーでした。

「チームのメンバーは，私がいつでも何でも引き受けることを知っていたんです」

セラピーの結果，エミリーは生活の各要素のバランスをある程度とるようになってきました。仕事をする時間と，メールをチェックする時間と，引き受けるプロジェクトに制限を設けたのです。こなす仕事は，依然として本来の職務をはるかに超えていましたが，以前に比べれば減りました。

意外ではありませんが，このような変化は同僚の怒りを買いました。どのような反応があったか，エミリーが一部を紹介してくれました。「ジムが嫌みたっぷりの口調で，『この週末，僕たちはエミリー姫と連絡をとれるんでしょうかね？　それとも，お姫さまはご多忙でいらっしゃいますか？』と尋ねてきました」

あるとき，エミリーは午後6時開始予定の会議に出席するのを拒否しました。議題が「翌日の業務時間でも十分に間に合うこと」だったからです。でも，今度は女性の同僚が，上司も会議に出ることをエミリーに思い出させました。「まるで私のことを告げ口してやると脅しているようでした」

エミリーは，自分の変化が引き起こしたさまざまな攻撃的な反応や陰湿な反応に耐えるのではなく，主だった同僚数人と個人的に会い，自分が行っている努力とその理由を説明することにしました。

「こちらで聞いたプロスポーツ選手の例を使わせてもらいました。最高の能力を発揮するために，トレーニングにも休養にも全力で取り組むという話です。ある上司には，私は仕事でも私生活でもよりよい自分になりたいのだと伝えました。疲れているときや，あまりにもストレスがたまっているときは，能率が上がらなくなります。だから，このやり方がうまくいくかどうか，試させてくださいと頼んだんです。上司は了承してくれました」

ほどなくエミリーは，より短時間でより多くの仕事を実際にできることを同僚に証明できました。

本当に，より短時間でより多くの仕事ができるのです

もし周囲の人があなたの変化を嫌ったら，冷静に，しかしきっぱりと，あなたの新しいやり方を伝え，それが最終的には双方にとってプラスになるのだと説得しましょう。たぶん，相手は自分の気持ちが認められたことに満足し，あなたのしていることを理解してくれるでしょう。もしかしたら，あなたの例にならって自分自身の生活も改善させるかもしれません。

感情面の制限を設ける

あと2時間，働くことが・で・き・る・からといって，実際にそうすることが賢明だとは限りません。毎日，運動で・き・る・からといって，そうすることが健康的だとは限りません。

ほかの人に仕事を任せるのではなく，自分が肩代わりで・き・る・からといって，そうすることが最

善だとは限りません。

最も険しい道を行くことができるからといって，それが最善の道だとは限りません。

そうすることができるからといって，そうすべきだとは限りません

　何年も前に2人の友達と交わした会話を思い出します。妊娠していた1人が，自然分娩の話をしていました。「私，絶対それに耐えられる」と言うのです。
　もう1人の友達が答えました。「なぜ？　そんなことをしても勲章がもらえるわけじゃあるまいし。赤ちゃんも，麻酔なしで痛みを味わってくれてありがとうなんて絶対に言わないよ」
　この会話を紹介したのは，自然分娩に対する賛否を論じるためではなく，当時まだ出産未経験だった私が，ある問題について考えるきっかけになったからです。それは，本当はやりたくないのに，ただ自分と他人に能力を証明するためだけにする行為が自分にはあるだろうか，ということです。

　あなたはどうでしょうか？　生活の中で，楽しみたいというよりも，自分の能力を証明したいがためにする行為を，何か思いつきますか？　人に能力を証明するためだけにする行為がありますか？

　私が見つけた例の1つは，セラピーの仕事に関わることでした。以前，私はできるだけ多くのクライエントにセラピーを行うために，可能な限り多くのクライエントと，いつであれ相手が希望する日時に会うようスケジュールを組んでいました。理由の1つは，収入です。もう1つは，できるだけ多くの人を手助けしたかったからです。そしてもう1つは，そうすることができるから，というものでした。そうすることができるのなら，そうするべきだと考えたのです。
　でも，実際にやってみると，このスケジュールの組み方は時間とエネルギーの両面で大変であることがわかりました。
　そこで，クライエントと会う時間に制限を設けはじめました。業務時間を決めて，夜間や週末にはクライエントと会うのをやめたのです。確かに，もっと働けば，収入も増えたでしょうし，より多くの人を手助けできたでしょう。でも，どれだけの代償を払うことになるでしょうか？
　それに，時間を制限したことで何人かのクライエントは失ったかもしれませんが，実際にはほとんどの人が業務時間を尊重して，それを受け入れてくれました。
　さらに，エネルギーにも制限を設ける必要があることに私は気づいたのです。なかには，特に多くの精神的エネルギーが必要なクライエントがいます。そのような人が「悪い」クライエントだと言っているのではありません。ただ，エネルギーを多めに要するというだけです。そこで私は，「完璧」であること，つまり，クライエントが必要とするものをクライエントの都合がよいときに提供することを自分自身に求めるのではなく，一部のクライエントを別々の日に割り振るようになりました。「より多く」を必要とするクライエントを週全体に分散させるためです。

私は，誰かに何かを証明する必要などないということがわかってきました。自分のエネルギー——感情的，精神的，身体的，霊的なエネルギー——を管理することのほうが，「すべてをやってのける」ことよりも，私にとっては大切です。
　これはほかの職業にも言えることです。医師，看護師，看護助手，ソーシャルワーカー，会計士，コーチ，個人向けのトレーナー，理学療法士，作業療法士，弁護士，子どものいる専業主婦。みな，私たちの要求に最高の形で対応するために，自分自身の要求を満たす必要があります。

　あなたはどうでしょうか？　あなたは生活の中にどのような制限を設けたいですか？　働く時間と遊ぶ時間でしょうか？　あるいは，人があなたに話しかけるときの言葉遣いですか？　それとも，引き受けるプロジェクトの種類でしょうか？
　制限を設けることは，仕事や自分の責務をおざなりにすることではありません。あなたにとって，そして最終的には周囲の人にとっても最も有益なやり方で，あなたの望むことを達成する方法があるということです。

前進を阻ませないコツ

　周囲の人に足を引っ張られて，まるで自分が流砂にのみ込まれていくように感じることはありますか？　完璧よりもすばらしい人生を送るためには，世界に対する自分の見方や関わり方を変えるだけでなく，あなたに対するほかの人の接し方にも影響を及ぼせなければなりません。あなたの言動がそのまま，あなたに対する相手の見方や関わり方の模範となります。意識的な言動をとれば，相手の考えや行動に影響を及ぼすことができます。
　先ほどのエミリーの例で，ほかの人に自分を理解させ，協力さえしてもらうには，コミュニケーションが大切であることがわかったはずです。でも，さらに踏み込んだ対応をとることもできます。あなたが設けた制限をほかの人に守らせるのです。

　20代前半で自力で億万長者にのし上がったダレン・ハーディーは，『ニューヨーク・タイムズ』紙のベストセラー本の著者であり，『サクセス』誌の発行者兼編集責任者であり，私の個人的なメンターでもあります。ダレンが与えるビジネスの助言は，財務面だけに留まりません。心理的なコンセプトをビジネスの成功の柱に据えるのです。
　あるとき，私に「自分に対する接し方をほかの人たちに教えなさい」と言いました。
　あなたの周囲にも，遅刻の常習犯がいるはずです。それもほんの数分ではなく，20〜30分，あるいはそれ以上の遅れです。そのような遅刻癖を，あなたは変えることができます。もちろん，怒るという方法もありますが，たいていは効果が長持ちしません。
　同じような状況でダレンがとった方法を紹介しましょう。「その日は，友達と夕食をとる予定だったんだ。そいつは，どんな会合やイベントにも遅れてくることで有名でね。店で10分，待ったけど，来なかったから，車に乗って走りはじめたよ。自宅に向かっている最中に，そいつが携帯に電話してきた。『いま店だけど，おまえ一体どこにいるんだ？』とね。
　それで私は，『うちに向かっているところだ。待ったけど，おまえが来なかったから帰ったんだよ』と答えた。

その時点で，待ち合わせ時間を30分ほど過ぎていたかな。そいつは『いま店に来たから，戻ってこいよ』と言ってきた」

ダレンはどう答えたでしょう？　「いや，戻らない」。そして，自宅に向かって車を走らせつづけたそうです。

さて，次に2人が会ったとき，ダレンの友達はどれくらい遅刻したでしょう？　まったく遅れなかったのです。

ダレンは，「ほかの人と会うときはいまだに遅れていくらしいけど，私のときは遅れないんだ」と笑いました。

BTPアドバイス：攻撃的であることと，自己主張すること

クライエントはよく，誰のことも怒らせたくないので，不満があっても黙っていると言います。問題は，気持ちを胸にしまっておいても，やがてはあふれ出してしまうということです。そして，あふれ出せばトラブルになりかねません。そのため，ほかの人への攻撃的な接し方と自己主張とを区別することが大切です。攻撃的にならずに自分の言い分を述べることは可能です。

- **自己主張**というのは，相手に対して礼儀を保ちながら，自分の要求を直接的に伝えることです。
- **攻撃的**というのは，相手に対して無礼な形で，自分の要求を伝えることです。
- **受動的**というのは，相手を傷つけないように，自分の要求を抑え込むことです。
- **受動攻撃的**というのは，相手に対して無礼な形で，自分の要求を間接的に伝えることです。

大切なのは自己主張すること，つまり，相手に対して礼儀を保ちながら，自分の権利を守ることです。ダレンは攻撃的ではありませんでした。友達と言い争うことも怒鳴りつけることもありませんでした。また，受動的でもありませんでした。不満をのみ込んで，何も言おうとしなかったわけではありません。さらに，受動攻撃的でもありませんでした。たとえば，「ようやく来ることを決断してくれて，恩に着るよ」というような嫌みも言わなかったのです。これら3つの接し方のいずれかをしていたら，双方にとって何のメリットもなかったでしょう。

以上の中でどの接し方が，あなたの完璧よりもすばらしい人生に最もふさわしいと思いますか？　自己主張すれば，無礼な態度をとらずに自分の望みを述べることができます。自分が過去にダレンのような状況にどう対処したか，考えてみてください。

課題：ほかの人との話し方を振り返る

ほかの人の反応に感情を振り回された経験を思い起こしてください。

自分が攻撃的な態度を示した出来事を思い出せますか？　その経緯を書いてください。

_____

_____

_____

課題：ほかの人との話し方を振り返る

受動的な態度を示した出来事を思い出せますか？

_____
_____
_____

受動攻撃的な態度を示した出来事を思い出せますか？

_____
_____
_____

今度は，上に書いた出来事のどれか1つについて，どうすればもっと自己主張できたかを書いてみてください。

_____
_____
_____

　なぜ上記のように言わなかったのかと自分を厳しく責めるのはやめましょう。かわりに，この情報を今後の機会に活かしてください。
　自分の気持ちに正直になるだけではなく，あなたが設けた制限をほかの人にも守らせましょう。

行動の手順

ステップ1：違和感に慣れる
ステップ2：「でも」を「そして」に変える
ステップ3：社会に役立つことをする
最後のステップ：高く舞い上がる

ステップ1：違和感に慣れる

　何年か前，私はスピンバイク〔室内運動用の自転車〕のクラスを教えていました。そして，「違和感に慣れましょう」と生徒に言っていました。なぜでしょう？　理由は3つあります。第一に，最初は違和感を覚えても，繰り返しそれを行えば，やがて不快感がなくなるからです。要するに，それが新しい「ふつう」になるのです。第二に，新しいことを試すのに慣れるほど，新しいことをより多く試すようになるからです。第三に，未知の領域に思いきって踏み出すほど，人生によい変化を起こせるようになるからです。

「興味をかき立てる専門家」であり，世界的に有名な著述家で基調講演者のサム・ホーンは，三段階の変化の枠組みを考案しました。

1. ぎこちなさ
2. 使用
3. 無意識

あなたが設けた制限をほかの人にも守らせましょう

変化の第1段階：ぎこちなさ

最初のうち，新しいことは**ぎこちなく**感じられます。それはあなたが初めて自動車を運転したときと同じです。おそらく不安だったでしょうし，どれくらいの強さでブレーキを踏み，ハンドルを回し，キーをひねればよいのか，自信がなかったでしょう。この変化の第一段階では，戸惑いや違和感を覚えるかもしれません。あるクライエントの経験を紹介しましょう。

> ジェニファーは，「クライエントが連絡してくるかもしれないから，夜中にメールをチェックできるように携帯の電源を切らないでおかなきゃ」という意識をもっていました。この習慣が睡眠を妨げ，翌日の疲労感の原因になっていました。
> そこでジェニファーは，完璧よりもすばらしい人生に近づくため，夜10時に思いきって携帯電話の電源を切り，翌朝6時まで電源を入れないことに決めました。
> それを初めて試した翌日，ジェニファーはこう話しました。「私にはとても難しいことでした。メールをチェックしたい気持ちがずっと消えませんでしたね。誰かが私に尋ねたいことがあったら，どうしよう？　その人は私が怠けていると思うんじゃないかって思って」

ジェニファーと同じ難しさを感じる人は，この時点で新しいやり方を中止し，古いやり方に戻りがちです。そのような人は，「あまりにもストレスを感じたので」とか，「何だか違うような気がして」などと言うことがあります。確かにそのとおりかもしれませんが，だからといって新しいやり方があなたに合わないとはいえません。新しいやり方がぎこちないように感じられるとき，そのぎこちなさを解釈し直してみましょう。「これは持続的な変化を起こす最初の段階だ。ぎこちなく感じて当然なんだ。正しい方向に進んでいる証拠だ」

変化の第2段階：使用

次の段階では，自分が選んだスキルまたは新たな行動を**使用**します。この段階になると，ぎこちなさは弱まりますが，まだそれは意識的な動きであって，注意を集中させる必要があります。先ほどの運転の例でいえば，ハンドルを回すことやブレーキを踏むことは最初より簡単に感じるようになっていますが，まだ注意を払わなければならない段階です。

私たちが変化する努力を特にやめてしまいやすいのは，こうした初期の段階です。リッチの話を考えてみてください。

　　　　リッチは，なかなか人に仕事を任せられませんでした。部長であるにもかかわらず，通常は部下がするような細かい仕事を少なからず自分で処理してしまう強い傾向がありました。そこで，細かい管理を減らすプロセスを開始したところ，リッチから担当を引き継いだ部下の仕事ぶりが，標準以下であるように思われました。
　「こんなにずさんな仕事では，私の恥になります。私がすべてやり直さなければなりませんが，期限までたった1日しかありません。これなら最初から全部自分でやったほうがずっと楽でした」
　私はリッチのストレスに共感を示した後で，「自分で全部引き受けずにプロジェクトの質を上げるには，どうすればいいでしょうね？」と尋ねました。
　リッチはムッとした顔で私を見ました。「まあ，真っ当なやり方を私が部下に教えればいいんでしょうが，それではもっと時間がかかってしまいます。私には時間がないんですよ」
　私はさらに質問しました。「では，今回，部下にやり方を教えたら，今後の仕事にどう影響するでしょう？」
　「次回は，部下が自力でこなせるでしょうね。それどころか，私たちが取り組んでいる大半のプロジェクトに，それを活かしてもらえます。それに，今回のプロジェクトのその部分に部下が責任感をもつようになるでしょう。考えてみると，チームのみんなは私が何でもやることに慣れきっているから，ときどきいい加減な仕事をするんでしょう。私にカバーしてもらえると高を括っているんですよ」
　この点をじっくり考えた結果，リッチはただ古いやり方に戻るより，我慢して変化——部下たちにもっと仕事に責任感をもたせること——を推し進めるほうがよいことに気づきました。我慢するには，もっと部下を教育しなければならず，短期的には時間がよけいにかかりましたが，長い目で見れば，多くの時間とエネルギーの節約につながりました。

　あなたはリッチの気持ちが理解できますか？

課題：生活の中で新しいやり方を使用する

BTPの戦略を使用したところ——生活の中で新しいやり方を実行したところ——自分の望まない結果になったのは，どのようなときでしたか？

_____
_____
_____
_____
_____
_____
_____
_____

課題：生活の中で新しいやり方を使用する

そのとき，挫折せずに変化の努力を続けるために，何をしましたか？　あるいは，次の機会には何ができるでしょうか？

___
___
___
___
___
___
___

いったん違和感に慣れてしまえば，それほど不快ではなくなるでしょう。

変化の第3段階：無意識

　一定の期間，新しい行動を続ければ，ついにはそれが**無意識**の行動になります。これは変化の最終段階です。それをしようと考える必要はなくなり，ただ身体が動きます。自分の車を運転するときと同じです。そして，望まない事態が起きても，その事態をどうすれば改善できるかに目が行きます。この段階では，変化を起こすのをやめるという選択肢は思い浮かばなくなるのです。

　たとえば，初めての車種を運転しているとき，減速するにはブレーキをこれまでより優しく踏まなければならないことに気づくかもしれません。でも，そう気づいたからといって，減速するのをやめはしないでしょうし，新しい車種に乗ってみるのをやめようとも思わないでしょう。ただ，わずかな変更を行って，運転を続けようと思うだけです。

ステップ2：「でも」を「そして」に変える

　大きく立ちはだかる「でも」に変化の邪魔をさせてはいけません。

　第9章で追い払った「でも」を覚えていますか？　どうやら，まだ完全には追い払えていないようです。以下のように考えたことはありませんか？

- 「私は変わりたい。でも……」
- 「そうしようと思った。でも……」
- 「努力した。でも……」
- 「そうするつもりだ。でも……」
- 「よさそうな考えだ。でも……」

私たちは「でも」という言葉を耳にすると，取り除けない巨大な障害物であるかのように見なす傾向があります。「でも」は，「これは既定の事実であって，なす術がない」という意味なのです。その結果，「でも」が言うことは何であれ変更不可能だと信じ込み，それに対して無力だと思ってしまいます。
　ここでお伝えしたいのは，「でも」に支配される必要はないということです。それどころか，目指す目標を達成するのに，「でも」を利用することさえできます。
　どうすればよいのでしょう？　「でも」を「そして」に置き換えるのです。

　「家にいると，頭がおかしくなるように感じるんです」
　これが，セラピー開始時にミッシーが発した言葉でした。
　ミッシーは，家族を愛していると語る一方で，小さな子ども2人と自宅にいると，とてもストレスがたまると言いました。詳しく話し合って判明したのは，ミッシーの完璧主義こそが，子どもと夫に対する怒りっぽさの原因だということでした。
　「子どもが騒ぐと，とてもいらいらします。冷静でいたいんですが，ルールの大切さも子どもに知ってほしいんです」とミッシーは話しました。
　これはミッシーが「でも」を「そして」に変える絶好の機会でした。
　ミッシーは「冷静でいたいんですが，ルールの大切さも子どもに知ってほしいんです」という文章を，「冷静でいたいんです。そして，ルールの大切さを子どもに知ってほしいんです」に変えました。このように意識的に決断することで，子どもの行儀の悪さを叱る前に，自分のストレスに対処する行動をとれるようになりました。
　ミッシーは子育てをジグソーパズルに見立てることにしました。さまざまなピースどうしを組み合わせてみなければ，どれとどれがぴったり合うか，わからないということです。全か無かの考え方（「子どもが騒いだら，これからもルールを決して守らない人間になるだろう」）をするかわりに，子育てをパズルの制作過程と見なし，1つ1つの出来事がピースの置き場所のヒントになると考えることにしたのです。
　その結果，どうなったでしょう？　ストレスが減り，これまでより上手に子育てができるようになりました。

あなたの人生に，この方法をどのように応用できるでしょうか？
___

　大きく立ちはだかる「でも」に変化の邪魔をさせてはなりません
___

課題：「でも」を「そして」に変える

いま，あなたの人生にはどのような「でも」があるか，書き出してください。そのうえで，その「でも」を「そして」に置き換えましょう。出来上がった新しい文章を使って，目標を実現させるためにとれる手段を見つけてください。

いままでの「でも」	新しい「そして」	これから行うつもりのこと
私は変わりたい。でも，	私は変わりたい。そして，	
そうしようと思った。でも，	そうしようと思った。そして，	
努力した。でも，	努力した。そして，	
あなたが考えた文章をここに付け加えてください		

ステップ3：社会に役立つことをする

　誰かを手助けすると，相手だけでなく，自分自身にも驚くほどの恩恵があります。社会に役立つことをすれば，幸福感，健康，人間関係，楽しみ，霊的な健康，そして仕事にさえ，よい影響が現れ得るのです。

　私はよくクライエントが，「ボランティアをしたいんです。でも……」と言うのを耳にします。

　これは，「でも」を「そして」に置き換える絶好の機会です。と同時に，公共の利益のためにする行為は，どのようなことであれ，何もしないよりましだということを思い出す重要なきっかけでもあります。世の中の役に立つためには，100万ドルの寄付をする必要も，アフリカで3週間，働く必要もありません。ボランティアを毎週する必要さえありません。貢献のしかたは完璧である必要はなく，完璧よりもすばらしくあればよいのです。

　お金に余裕がない？　有意義な活動に1人1ドル寄付したら，塵も積もれば山となります（それと同様に，選挙では1人1票しかもっていませんが，それでも投票する価値はあります。1人1人の票が集まれば大きな票となるのです）。時間があまりない？　仮に，あなたが賛同する活動を行っている非営利団体が，イベントを開催するとしましょう。その情報をツイッターやフェイスブックに書き込んだり，自分の知り合いに広めたりすれば，その活動の助けになるでしょう。時間もそれほどかからないはずです。

課題：自分の価値観をボランティア活動に活かす

自分が後押ししたい活動がはっきりわかりませんか？　では，この章の「生活を自分以外のものにまで広げる」の課題で記した答えを参考に，自分が共鳴できることを見つけましょう。そのうえで，以下の質問に答えてください。

試してみようと思えることは何ですか？　いくつか候補を挙げてください。

_____

_____

_____

課題：自分の価値観をボランティア活動に活かす

手助けしたい団体が見つかりませんか？　あなたの地域にある団体を調べましょう。たとえば，ボランティアマッチ（www.volunteermatch.org）のような組織は，あなたのスキルや関心に合う団体を探すよい方法です。

本格的に関わる時間がまだ十分ありませんか？　ハンズオン・ネットワーク（www.handsonnetwork.org）は，「1日だけ」のボランティアの機会を数多く提供しています。いくつかのプロジェクトに取り組んでみて，自分の気に入るものや，最もしっくりくる団体を探しましょう。

あなたの地域にどのようなボランティアの場があるか，探しましょう。見つかったら，興味のもてるプロジェクトまたは団体を，以下に3つ書いてください。

1. _____
2. _____
3. _____

あなたが上記のプロジェクトまたは団体に，ほんの数時間でも関わっている場面を想像してみましょう。もっとやってみてもいいと思うものを最低1つ，ここに挙げてください。

_____
_____
_____

次に，ボランティアを始めるための，最初の行動を書いてください（興味があることを知らせるメールの送信や，説明会への参加，研修の申し込みなど）。

_____
_____
_____
_____

　たとえば私がとても好きなことの1つは，より有意義な人生を，より幸せに，たくましく送るためのスキル習得を手助けすることです。それを実践する方法の1つは，厳しい試練に遭遇した人たちの団体で，ワークショップや訓練を行うことです。ギルダズ・クラブ（がんを抱える人の団体），ドレス・フォー・サクセス，ALS協会（筋萎縮性側索硬化症を抱える人を手助けする団体）との活動は，私の人生をとても有意義にしてくれました。この活動が誰かの役に立ったことを願っています。

最後のステップ：高く舞い上がる

さあ，いまこそ高く舞い上がって，古い考え方や行動を超越し，頭の中の批判者や否定的な独り言，疑念，罪悪感，恥の意識，怒り，不満，無力感，そして無価値感を手放すときです。本来なるはずだった自分，つまり完璧よりもすばらしい自分になりましょう。

その手助けとして，以下にヴィジュアライゼーションの方法を紹介します。まず最後まで読んでから，目を閉じて光景を思い描いてください。あるいは，友達に読み上げてもらうか，自分で読んだ声を録音して，それを再生しながら光景を思い描きましょう。www.ElizabethLombardo.com/BetterThanPerfect で，無料の音源をダウンロードすることもできます。

課題：高く舞い上がる自分を思い描く

座り心地がよく，集中を妨げるもののない場所を見つけてください。楽な姿勢になって，目を閉じます。2・3回，ゆっくりと深呼吸をしてください。吸い込む空気と，吐き出す空気に意識を集中させましょう。

1日のうちほんの少しの間，自分に目を向ける許可を自分に出してください。

さあ，身体と心をほぐしていきましょう。吸い込む空気と吐き出す空気に集中しながら，身体の力を抜きます。頭のてっぺんと，額，口，あごが，さらにリラックスしていきます。

首からもさらに力が抜け，肩の筋肉もほぐれていきます。肩の位置も少し下がるかもしれません。

力が抜ける感覚が，両肩から両ひじ，両手，そして1本1本の指にまで降りていきます。

その感覚は胸とお腹に行き渡り，首から背中へも降りていき，上半身全体がさらにリラックスしていきます。

今度は両脚の力が抜けてきました。お尻，ふくらはぎ，足，足のすべての指。呼吸するたびに気持ちが鎮まり，全身がよりいっそうリラックスしていきます。

心と身体がほぐれた感覚を味わいながら，自分が屋外に座っている場面を想像しましょう。場所は砂浜でも，草地でも，公園でも結構です。どこでも行きたいところを思い浮かべてください。

身体をしっかり支える椅子に座って，背もたれに寄りかかり，さらに身体をリラックスさせます。ここで空を見上げましょう。空は美しく鮮やかな青色で，丸い柔らかそうな雲が点々と浮かんでいます。雲がゆっくりと青空を流れていくのを見ていてください。

椅子の上で楽にしながら，目を閉じて，にっこりと微笑みましょう。

あなたが人生に起こした，一連の見事な変化を思い起こしましょう。

あなたは完璧よりもすばらしい人生を生きているのです。

その人生はどんなふうに見えますか？

自分を無条件に愛することはどのような感じですか？ ほかの人を無条件に愛することはどのような感じですか？

自分の身体をどのように感じますか？

愛情と感謝の念に満ちた新しいあなたに，ほかの人はどのような反応を見せますか？

課題：高く舞い上がる自分を思い描く

自分はこのままで十分であって，何もする必要はなく，いま以上の自分になる必要もないと知っている状態は，どのような感じですか？

あなたは感謝の念でいっぱいです。人間関係も強固です。真の満足感と幸福感を覚えています。

時間の過ごし方も以前より楽しいものになりました。あなたは情熱に満ちています。

それと同時に，生産性もはるかに高まりました。

仕事や人間関係や健康状態に起きた，よい変化について考えてみてください。

本当の自分とも，この世での目的とも，はるかにしっかりつながったように感じます。

これほどよい気分になれるとは，いままで知りませんでした。

これほど心が安らかになれるとは思いもしませんでした。

心身共にすっかりリラックスして，楽観的になり，純粋な喜びに満ちています。

あなたは自分が創造した人生に誇りをもっています。変化した自分に誇りをもっています。

周囲の人が変わったことにも驚きます。家族，友達，そして同僚さえもが以前より幸せそうです。

自分が成し遂げたとてつもない変化に強い感謝の念を覚えています。

完璧よりもすばらしい人生への感謝の念を味わいながら，にっこり微笑んでください。

　さあ，これを実現しようと誓いましょう。恐れより情熱を選ぼうと誓いましょう。最高の人生を創造しようと誓いましょう。完璧よりもすばらしい人生を送ろうと誓いましょう。

おわりに

完璧よりもすばらしく

 何と，この本ももう終わりです。でも，私たちの旅はまだ終わりません。ゴルフをする人がゴルフの本を読むだけでハンディが下がるわけではないのと同じく，自分の求める人生を創造するためには，練習をし，自分をコーチングしつづける必要があるのです。
 多くの人にとって，これは新しい生き方でしょう。ですから，新しい習慣を身につけて，それを練習しつづけなければなりません。

 私は高校生の頃，それほど運動好きではありませんでした。もちろん，運動が身体によいことは知っていましたが，「やりたいこと」リストの上位には入っていませんでした。
 大学生になると，ジムに行きはじめました。最初は嫌々ながらでした。でも，1年もしないうちに，運動するのが楽しみになりました。それどころか，クラスをもって教えはじめるほどになったのです。時間を早送りして現在に飛ぶと，運動は私の人生の半分以上にわたり（ほぼ）日課の1つになっています。
 運動に対する私の反応は，「嫌だなあ」から「必要なことだとは思うけど，何かしっくりこない」に，そして「これは生活の中の大切で楽しい部分だ」に変わったのです。

 完璧主義の思考パターンをやめて，完璧よりもすばらしい人生を送ることは，私にとって，これと同じようなものでした。私はもっと幸せになりたかっただけでなく，人に勧めていることを自ら実践したくもありました。自分も同じ努力をして人生をよりよくすることを嫌だと感じたら，どうしてほかの人を心から手助けできるでしょう？

 数年前，完璧主義に関する本を書くことを考えていたとき，テレビの長寿番組『着てはいけない服』の司会者，ステイシー・ロンドンと話をしました。当時ステイシーは『スタイルに関する真実』という本を書いたばかりでした。この本には，ファッションの話だけでなく，人々の人生の物語も盛り込まれていました。
 ステイシー自身の物語も少し綴られていました。やせすぎだった頃，そしてその後の――一部の基準では――太りすぎだった頃の苦悩も明かされていました。
 私は，「そのことを洗いざらい打ち明けるって，どんな感じですか？ 自分の人生のあまり完璧ではない部分を人に話すわけですよね？」と尋ねました。
 ステイシーは思案ありげに微笑んで，「かえって気分がいいものよ」と答えてから，完璧な人間を装って，いつもしっかりしている振りをしていたら，とてもストレスがたまるでしょう，と説明してくれました。

私は自分がステイシーと同じようにしたいことに気づきました。完璧を装うよりも，人間らしさを世の中の人たちに知らせたかったのです。
　あなたも共感できますか？
　あなたはひとりきりではありません。私たちの社会には，完璧よりもすばらしくありたい，別人になる努力をやめたいという強い願望があります。
　女優のジェニファー・ローレンスがよい例です。その完璧よりもすばらしい人柄は，自分を飾らず本音で語るインタビューからも，2013年と2014年のアカデミー賞授賞式での転倒ぶりからも滲み出ています。それこそがジェニファーの魅力の1つなのです。

あなたの進捗状況は？

　あなたのBTPの旅は順調に進んでいますか？　多くの人は一部のコンセプトをときどきは用いることができるようなので，あなたもそうかもしれません。
　でも，以下のようにも思っているかもしれません。
- 「なぜ私にはこれができないんだろう？」
- 「壊れてもいないものをなぜ修理する？」
- 「理屈はわかるけど，現実にこのような方略を実行するのは難しい」
- 「悪い影響が現れるのが怖い」
- 「1つの方略を試したが，あまりうまくいかなかった」
- 「人生が落ち着いたら，試してみよう」

　あなたは上記のような思いを抱いたことがありますか？
　1つ1つ検討していきましょう。

「なぜ私にはこれができないんだろう？」

　完璧よりもすばらしい人生を送ることは，あなたにも・・・・できます。自分を温かく見守りましょう。これは，あなたにとってまったく新しい考え方や行動のしかたかもしれません。もし最終的な目標がエンパイア・ステート・ビルの86階まで行くことだとしたら，階段を一段上るたびに，あなたは正しい方向に進んでいるのです。
　わざわざ時間を割いて，この新しいやり方を学んでいる自分を誇りに思いましょう。
　今日，実行しはじめる方略を1・だけ選んでください。後出の「ここからどこに行きますか？」という項が，選ぶ参考になるでしょう。自分に対して，鬼軍曹ではなくチアリーダーになってください。

「壊れてもいないものをなぜ修理する？」

　携帯電話がなかった頃の生活を覚えていますか？　もしあなたがその頃を知らない世代なら，iPadなどのタブレット端末がなかった頃の生活を覚えているでしょうか？　バッグにすっぽり入るコンピューターのおかげで，いつでも世界に接続できるようになりましたが，それ以前も，別に毎日が不幸だったわけではありません。でも，この技術がある現在，それなしで暮らすことなど想像もつかないでしょう。

読者の中には、「いまのままで何の不都合もない。変化を起こす必要はまったくない」と考えている人もいるかもしれません。

でも、この本の中で紹介したコンセプトを用いれば、あなたの人生は思いも寄らないような、本当に輝かしいものに変わります。喜び、情熱、そして自分への無条件の愛がある人生を思い描いてみてください。この本の中で紹介したコンセプトを、今日から使いはじめてください。努力が十分に報われるような効果が得られるはずです。

「理屈はわかるけど、現実にこのような方略を実行するのは難しい」

多くのクライエントが、「ここで話しているときは、自分のしたいことがわかっているんですが、人生っていろいろなことが起きるでしょう。結局、やらずじまいになりそうです」と言います。

多くの場合、邪魔をするのはストレスです。ストレス度が低い状況や環境にいれば、BTPのどの方略を使いたいか、理性的に考えることはそれほど難しくありません。でも、ストレス度が高いと、人は古い自滅的な思考パターンに陥りがちです。そのようなときは、きっと潜在意識があなたに向かって、「おまえは新しいやり方がうまくいくと思ったようだけど、古いやり方を続けようぜ」と叫んでいるのでしょう。

対策を1つ紹介しましょう。完璧主義の考え方や振る舞い方が現れたとき、あるいは完璧主義と関わりのある感情がわいてきたとき、立ち止まって、「いまの自分のストレス度は、0から10までのどのあたりだろう？」と考えるのです。

ストレス度が7以上だと、理性的な思考は吹き飛んでしまう可能性があります。これではあなたの望む人生を追い求めることは難しくなります。そこで、ストレス度が7以上のときは、していることを中断して、健康的で有効なストレス軽減法を実行してください。例を挙げます。

- 深呼吸をする。
- 声を出して笑う。
- 立ち上がって踊り出したくなるような楽しい曲を聴く。
- 身体を動かす。ジャンピングジャックをする〈ジャンプして着地するたびに脚を開いたり閉じたりする〉、その場で駆け足をする、少し散歩をする。

あるクライエントは、ストレス度が上がりすぎたと感じると、すぐに床に手をついて腕立て伏せを25回、行います。ストレス度の下げ方は、あなた次第です。ストレス度が下がれば、新しい有益な考え方や行動がしやすくなるでしょう。

「悪い影響が現れるのが怖い」

クライエントからよく聞く言葉の1つに、「おっしゃることはわかるんですが……」というものがあります。完璧主義が何らかの悪影響をもたらしてきたことを認めつつ、これまでに収めたいくつもの成功は完璧主義のおかげだったとも考えているのです。

忘れないでほしいのは、あなたにとって本当に有益な部分を捨てようとしているわけではないということです。優れた結果を出そうと目指すための、ひたむきさや忍耐力、打たれ強さ、粘り強さは保ちます。でも、それと同時に、自分自身に優しくして、間断のない否定的な独り言をやめることも必要です。心の中で自分を厳しく責めることは、ある意味でやる気を出すのに役立つかもしれませんが、心身共に最高の状態でいるための妨げになります。

BTPの方略を実行すれば，自分に対する新しい語りかけ方や新しい見方，周囲の人たちとの新しい接し方，やる気を保ちつつ自分を痛めつけない新しい生き方ができるようになります。

疑う気持ちがわいてきたら，第3章の「完璧主義のメリットとデメリット」に戻って，あなた自身の「現状と変化の利点と欠点」の評価を読み直してください。

「1つの方略を試したが，あまりうまくいかなかった」

すばらしいことです！　まずは，新しい方略を試すのに時間とエネルギーと労力を費やした自分をほめてください。その後で，試してみた結果をデータとして使いましょう。

思い出してください。何かが計画どおりにいかなくても，それは失敗ではありません。求める結果を得るために利用することのできるデータなのです。では，あなたの求める結果が得られなかった原因は何だったのでしょうか？　練習不足でしょうか？　強すぎるストレスでしょうか？　時間不足ですか？　それとも，恐れでしょうか？

求める結果が得られない原因が特定できたら，今後のやり方を調整する具体策を講じましょう。

「人生が落ち着いたら，試してみよう」

それはいつになるでしょう？　本当にその日が来るのでしょうか？　人生はあわただしく，多忙で，いろいろな出来事があり，めちゃくちゃな状態になる場合さえあります。落ち着くまで待つというのは，心臓が止まるまで待つことかもしれません。

自分の世界が少し鎮まるのを待つよりも，BTPの方略が人生の混乱を抑えるのに役立つことを思い出してください。BTPの方略は，より少ない時間とエネルギーで，より多くのことを成し遂げる助けになります。人生の楽しみを増し，ストレスを減らすのにも役立ちます。不安や挫折ではなく，情熱と喜びに満ちた人生を送るのにも役立ちます。早く始めるほど，早く恩恵を受け，新しい方略に慣れていきます。

ここからどこに行きますか？

もしあなたがまだ自分の望む状態になれていなくても，あきらめないでください。7つの方略すべてを，掲載順に読み直せばよいのです。あるいは，特に心に響いた章を選んで，そこから読みはじめてもかまいません。また，この本の随所で紹介したさまざまな行動に目を通して，自分に特に効果がありそうなものを実践してもよいでしょう。

最後の方法をとる際，自分がいまBTPの生き方をどこまで実践しているのかを判断すると，役に立つかもしれません。

課題：あなたの BTP の度合い

以下のようなことがどれくらいの頻度で起きているか，0 から 10 までの段階で評価してください。0 は「まったくない」で，10 が「1日1回以上ある」です。

P：自分の過去を検視する	
完璧主義のパターンを用いたいという「欲求」を感じる。	

E：自分の期待を評価する	
権利意識を覚える。	
ほかの人が自分のルールに従わないと，腹が立つ。	
〈～するべき〉という言葉を実際に発したり，頭の中で考えたりする。	
罪悪感または恥の意識を覚える。	
ほかの人に怒りや恨みを抱く。	

R：新しい道を踏み固める	
自分の首を絞めるような考え方をする。	
ストレス度が高い状態になる。	
効果のない自己肯定の言葉を唱える。	
「夏に冬のコートを着る」	
「臭うコート」を着る，つまり自分やほかの人の否定的な考えを事実だと認める。	
歪んだ考え方を用いる。	
過去のことを悔やむ。	
将来のことを心配する。	

F：失敗を未来につなげる	
失敗を恐れる。	
情熱ではなく恐れから行動している。	
何かをするのを避けるか，先延ばしにする。	
他人から見ると過剰な時間またはエネルギーをかけて，何かをする。	

É：極端を排する	
〈決して～ない〉とか，〈いつも〉などの「極端な」言葉を使う。	
読心術，つまり人が考えていることが自分にはわかると思い込む。	
人の反応に基づいて自分の価値を判断する。	
成し遂げたことに基づいて自分の価値を判断する。	
自分が成し遂げたことを過小評価する。	
あきらめたい気分になる。	
手助けを求めずに，自分だけで人生に対処しようとする。	

C：比較をやめて，創造する	
自分を人と比べる。	
人と競争しているように感じる。	
どれだけ懸命に働いたかに基づいて自分の価値を判断する。	
「時間がない」またはくだらないという理由で，趣味を避ける。	
リラックスすることや，友達と遊ぶことを避ける。	
すでにもっているものに感謝するのではなく，嫌なものに目を向ける。	
T：超越する	
自分の人生には何かが欠けているとか，もっと何かがあるはずだと感じる。	
BTPの方略を実行できない。	
ほかの人の行動やエネルギーに振り回されているように感じる。	
「でも」という言葉を使う。	
完璧よりもすばらしい人生を思い描けない。	

記入したら，この表を最初から見直して，4以上の数字を丸で囲むか，印を付けてください。

これでBTPの「やることリスト」が完成しました。印を付けた項目ごとに，該当する章，あるいは少なくともその項目の説明が載っている部分を読み直しましょう。

完璧よりもすばらしい実例

この本の締めくくりに載せる話を考えていたとき，高校の同窓会のエピソードが頭に浮かびました。完璧主義だと，同窓会のような大きなイベントを存分に楽しむこと，あるいは出席することさえできない場合があります。それに，BTPの方略を紹介する最初の章「P：自分の過去を検視する」で，私は自分の完璧主義の思考パターンが学生時代に始まった経緯を書きました。ですから，その学校の生徒たちと再会する話は，この本の結びにふさわしいように思えます。

「これって誤植よね」。私は高校の同窓会の招待状を見ながら，心の中でつぶやきました。「25年もたっているはずないもの」

たぶん，私のほうが間違っていたのでしょう。

年齢を計算しようとしている読者のために記しておきますが（私が読者なら計算するでしょう），私は1988年に高校を卒業したので，この本を書いている時点で43歳ということになります。

自分はあの土地に戻って同窓会に出席したいだろうか？　私は考えました。以前なら，完璧主義のために出席がためらわれたかもしれません。もし出席すると決めても，少なくとも深刻なストレスに見舞われたでしょう。でも，私は旧友と再会できることを本当にうれしく感じたのです。

クラスメートに会いにいくかどうかを考えたとき，私は**自分の過去を検視する**ことにしまし

た。これまでの同窓会を振り返ると，自分が抱いていた恐れの多くは現実になっていませんでした。同じ女子校で共に学んだ女性たちは，私が会場に入るなり，こきおろそうと待ち構えているような，批判的で底の浅い人たちではなく，再び顔を合わせ，ほかの人がどのような人生を歩んできたかを知って喜んでいました。昔の派閥はもうありません。誰かをからかおうとするのではなく，過去の出来事をみんなで一緒に笑おうとしていました。

　行く前に，私は**自分の期待を評価**しました。ほかの女性たちがどう反応するかを前もって決めつけるのではなく，私自身が楽しむことを重視しようと思いました。弁護士，教師，実業家，編集者，非営利団体の代表として――そして大半が母親として――活躍している，この類まれな女性たちに感謝の念や愛情を感じ，しかもそれを伝えるためには，どうすればよいかに意識を集中させました。

　また，自分の言動や外見を自ら批評するのではなく，その瞬間に注意を向け，楽しむことによって，**新しい道を踏み固める**ことにしました。

　それと同時に，**失敗を未来につなげ**ようと決めました。ばかなことを言ったり，へまをしたりするのではないかという恐れを手放し，失敗する可能性でストレスを感じるのはやめようと決めたのです。

　極端を排除するためには，自分にもほかの人にもラベル――特に悪いラベル――を貼るまいと決めました。

　そして，私は自分をほかの女性たちと**比較するのではなく**，楽しい経験を**創造**しようと思いました。違う人生を歩んでいるのに，ほかの人と自分のいまいる位置を比べても無意味です。重要なのはただ，私たちが自分の現状に満足しているかどうかだけでした。25年前に私を傷つけた女性とも会いましたが，あのときの彼女の行為は彼女の感じ方を反映したものであって，私とは無関係だったということに気づきました。

　全体的に見て，私は自分の恐れを**超越**し，このように対応しようと決めた自分をたのもしく感じ，本当にすてきな人たちとの絆がよみがえったことに大きな喜びを感じました。完璧主義によって萎縮するのではなく，真の喜びによって高く舞い上がったのです。この同窓会は最高の思い出となり，そのとき復活した交友関係を私はいま大切にしています。

　同窓会のような大きなイベントは，自分自身や自分の人生をどう感じているかをあぶり出す，一種のロールシャッハテストにもなります。あなたは，ありのままの満ち足りた自分として，大きなイベントに出ることを想像できますか？　完璧主義に邪魔されずに楽しむことは，あなたにも可能なのです。

　私のクライアントの多くは，BTPの方略を用いることを意識的に練習して，これを成し遂げました。クライアントたちが得た効果は，目覚ましいという表現では足りないほどのものでした。

　この章はそろそろ終わりになりますが，完璧よりもすばらしい人生の追求と実践は終わりにしないでください。この本を目につくところ，たとえばベッドの横や，キッチン，机の上などに置いておいてください。1日の中でいずれかのページを開き，5分だけ読んでください。

　もっと積極的な取り組み方もできます。自分自身も含め，愛する人たちが完璧よりもすばらしくなるような会話，いえ，運動を開始するのです。もし，欠点を指摘するかわりに，完璧よりもすばらしい人生の送り方を採り入れたら，どうなるでしょうか？

完璧よりもすばらしい人生の送り方とは，どのようなものでしょう？　『エッセンス』誌が開催した「ハリウッドの黒人女性」昼食会でのスピーチに，いくつかの答えが示されていました。アカデミー賞を獲得したルピタ・ニョンゴが美について語った言葉です。「根本的に美しいものとは，自分自身と周囲の人たちへの思いやりです。そのような美は心を燃え上がらせ，魂を喜ばせます」。

　思いやりは完璧よりもすばらしいものです。
　愛は完璧よりもすばらしいものです。
　情熱は完璧よりもすばらしいものです。
　目的のある人生は完璧よりもすばらしいものです。
　幸せは完璧よりもすばらしいものです。

課題：あなたにとって完璧よりもすばらしいものは何ですか？

あなたの人生の中で，完璧よりもすばらしい部分は何ですか？　以下の文章を完成させてください。

_____

　　　　　は，完璧よりもすばらしい。

　あなたはもともと完璧よりもすばらしく生まれついています。でも，いつの間にか，自分でその性質を発揮できなくしてしまいました。頭の中の批判者に支配されるようになったのです。いまこそ頭の中の批判者を打ちのめして，最高の人生を創造しましょう。そうすれば，厳しさが和らいで満足感が高まり，ものごとが順調に運び，もっと楽しくてバランスのよい状態になるでしょう。

　完璧主義の鎖を解き放つことを選択しましょう……
　自分自身や自分の人生，周囲の人たちを無条件に愛することを選びましょう。
　本来なるはずだった，すばらしい人間になることを選びましょう。
　完璧よりもすばらしい人生を送ることを選びましょう。

謝　辞

　数多くの親切な方々がいなければ，この本は構想だけで終わっていたでしょう。
　この本にぴったりの出版元に引き合わせてくれた，エージェントのJ・L・スターマー，ローラ・メイザー，そしてシール・プレスのみなさんに謝意を表します。ステファニー・アバーバネルとカーステン・ジャニーン＝ネルソンは，チャーリー・ブラウンのクリスマスツリーのように，編集でこの本に輝きを与えてくれました。ありがとうございます。アンドルー・フロシンガムも，参加してくれたことにお礼を言います。
　この本に自分の体験談を掲載させてくれた方々——ジョーダン・ケンパー，マリリン・キング，ヴィンス・ポシェンテ，ドナ・タウル，ステイシー・ロンドン，ウェイト・ウォッチャーズとケッチャムのみなさん，そして氏名を伏せた大勢の方々にも深謝します。私に多くのことを教えてくれるクライエントの方々に言いたいのは，「みなさんには，自分では想像できないほど似通った部分が多い」ということです。この本に載せたケースの中には，多くのクライエントが抱える問題を合成したものが少なくありません。私を信頼し，とても特別な旅に参加させてくれて，どうもありがとうございます。
　多くの方々が助言や応援や愛情をくださいました。レイチェル・ディアルト，マーシ・シャイモフ，デブラ・ポネマン，ウェンディ・リプトン・ディブナー，ダレン・ワイスマン，メアリー・オドノヒュー，ジェレミー・レミーとナトリア・レミー，キャンパー・ブル，ジェニファー・ブレイク，キンバリー・ローズ，パティ・ハスレットとジョン・ハスレット，マイケル・ロンバード，カレン・スワンソン，キャリー・ガストンとデイヴ・ガストン，ニーナ・ブラウン，ダイアナ・ウェブとクリス・ウェブ，ナターシャ・バックス，スコット・グレイとエイミー・グレイ，クリス・レイン，スー・ボロックとケヴィン・ボロック，そして，みんなが大好きなジュリー・ウッズ。

　これまでお世話になった恩師の方々にもお礼を申し上げます。アーサー・マグス・ネズ博士とクリスティン・マグス・ネズ博士，スティーヴ・ハリソン，ブレンドン・バーチャード，ダレン・ハーディー。そして，執筆とマーケティングのコーチであるサム・ホーンにも感謝しています。この本の多くの部分に，あなたの不思議な力が宿っています。
　私の最高のチームにも謝意を伝えます。シェルトン・マーサー3世，ケリー・テイラー，エンヴィ・マッキー，メロディ・ハースティン＝フォスター，ジム・オーレン，キャンディ・カーター，ビル・キャッシュマン。あなたたちのひたむきさと情熱があれば，この世界を，現在だけでなく未来の世代にとってもよりよい場所にできるでしょう。そして，私のメッセージを大勢の人に広める手助けをしてくれた，理解ある記者とプロデューサーのみなさんにも感謝しています。
　お母さん，お父さん，姉のマーサ，無限の愛情と支えをどうもありがとう。家族からの愛情運に関しては，私は本当についていました。これまでの人生で出会った友達と同僚に対しては，私の完璧主義に辛抱して，見限らないでくれることにお礼を言います。

ケリーとグレイシー，私はあなたたちの母親であることをとても誇りに思うし，互いに抱き合っている愛情に感謝しています。私が完璧よりもすばらしくなりたいのは，あなたたちがいるからです。

　最後になったけれど，完璧主義という泥の下の，本当の私を見てくれたジェフリーへ。あなたの愛情と，ユーモアのセンスと，生きることへの情熱は天賦の才にほかなりません。どうもありがとう！

【監訳者略歴】

大野　裕（おおの・ゆたか）

一般社団法人認知行動療法研修開発センター理事長
ストレスマネジメントネットワーク　代表

1950年、愛媛県生まれ。1978年、慶應義塾大学医学部卒業と同時に、同大学の精神神経学教室に入室。その後、コーネル大学医学部、ペンシルバニア大学医学部への留学を経て、慶應義塾大学教授（保健管理センター）を務めた後、2011年6月より、独立行政法人 国立精神・神経医療研究センター 認知行動療法センター センター長を経て、現在に至る。
Academy of Cognitive Therapyの設立フェローで公認スーパーバイザ、日本認知療法学会理事長、日本ストレス学会理事長、日本ポジティブサイコロジー医学会理事長。
著書に『保健、医療、福祉、教育にいかす簡易型認知行動療法実践マニュアル』（きずな出版，2017）、『こころが晴れるノート』（創元社，2003）、『はじめての認知療法』（講談社現代新書，2011）『精神医療・診断の手引き』（金剛出版，2014）ほか多数。
認知療法・認知行動療法活用サイト『こころのスキルアップ・トレーニング【ここトレ】』　監修

【訳者略歴】

柳沢圭子（やなぎさわ・けいこ）

翻訳業
上智大学外国語学部英語学科卒業

主要訳書に『自殺で遺された人たちのサポートガイド―苦しみを分かち合う癒やしの方法』（明石書店，2007）、『アスペルガー症候群・高機能自閉症の人のハローワーク』（明石書店，2008）、『統合失調症と家族―当事者を支える家族のニーズと援助法』（金剛出版，2010）、『精神疾患診断のエッセンス―DSM-5の上手な使い方』（金剛出版，共訳，2014）、『あなたの自己回復力を育てる』（金剛出版，2015）ほか。

頑張りすぎない生き方
失敗を味方にするプログラム

2017年2月1日　印刷
2017年2月10日　発行

著　者　エリザベス・ロンバード
監訳者　大野　裕
訳　者　柳沢圭子
発行者　立石正信

印刷・製本　音羽印刷
装丁　臼井新太郎

株式会社　金剛出版
〒112-0005　東京都文京区水道1-5-16
電話03（3815）6661（代）
FAX03（3818）6848

ISBN978-4-7724-1540-8　C3011　　Printed in Japan ⓒ 2017

好評既刊

Ψ金剛出版 〒112-0005 東京都文京区水道1-5-16　Tel. 03-3815-6661　Fax. 03-3818-6848
e-mail eigyo@kongoshuppan.co.jp
URL http://kongoshuppan.co.jp/

精神医療・診断の手引き
DSM-IIIはなぜ作られ，DSM-5はなぜ批判されたか
［著］大野裕

精神科診断は，DSMというマニュアルに頼るのではなく「症状をじっくりと観察する」ことが第一である。当たり前のことだが，それが忘れ去られようとしている。「病名を付ければよい，そして，それに基づいて薬を処方すればよい」という風潮が強まったのは，DSM-Ⅲが導入されてからだ，と批判的に言う人がいるが，著者はそうではない，と考える。そこには現代精神医学が抱える問題がある。DSM-IIIが「必要」になった背景とその後の展開，そして，DSM-5の作成をめぐっての「批判」を紹介しながら，著者の精神医療論を語る。　　　　　本体2,400円＋税

精神疾患診断のエッセンス
DSM-5の上手な使い方
［著］アレン・フランセス　［訳］大野裕　中川敦夫　柳沢圭子

DSM-5に定義された診断基準は非常に役立つものであるが，バイブルのように使うのではなく，患者の役に立つように柔軟に活用する必要がある。本書は，各精神疾患のスクリーニングのための質問例と診断典型例の簡潔な記述から始まる。各疾患の本質を捉えやすくするために診断典型例を挙げ，より記憶に留められるような工夫がなされている。典型症例の記述に続いて，筆者が長年にわたり行ってきた診療，DSMの作成にかかわってきた経験を踏まえ，包括的な鑑別診断を示し，除外すべき状態や「各診断のコツ」も明示している。　　　　　本体3,200円＋税

あなたの自己回復力を育てる
認知行動療法とレジリエンス
［著］マイケル・ニーナン　［監訳］石垣琢麿　［訳］柳沢圭子

壊れた生態系の復元，経済的低迷からの復活，災害からの復興など，さまざまな意味をもつ「回復力＝レジリエンス（resilience）」。マイケル・ニーナンはトラウマや喪失や逆境から立ち直る「心の回復力」にテーマを絞り，職場の対人関係や困った人への対処など，実例を紹介しながら解説している。回復力は，外から与えられるものではなく，わたしたち一人ひとりの経験の奥深くに眠っている。大切なことは，それに気づき，掘り起こし，日常生活に活かすことだ。早速ページを開き，認知行動療法家マイケル・ニーナンの水先案内とともに，あなただけの回復力を探しに行こう！　本体3,400円＋税